U0681204

韩庚良 编著

国际象棋

西班牙布局研究

经济管理出版社·棋书中心

图书在版编目（CIP）数据

国际象棋西班牙布局研究/韩庚良编著．—北京：经济管理出版社，2014.12
ISBN 978-7-5096-3154-6

Ⅰ．①国…　Ⅱ．①韩…　Ⅲ．①国际象棋-基本知识　Ⅳ．①G891.1

中国版本图书馆 CIP 数据核字（2014）第 112184 号

组稿编辑：史思旋
责任编辑：郝光明　史思旋
责任印制：黄章平
责任校对：超　凡

出版发行：经济管理出版社
　　　　　（北京市海淀区北蜂窝 8 号中雅大厦 A 座 11 层　100038）
网　　址：www.E-mp.com.cn
电　　话：（010）51915602
印　　刷：保定金石印刷有限公司
经　　销：新华书店
开　　本：720mm×1000mm/16
印　　张：15.75
字　　数：258 千字
版　　次：2014 年 12 月第 1 版　2014 年 12 月第 1 次印刷
印　　数：1-4000 册
书　　号：ISBN 978-7-5096-3154-6
定　　价：45.00 元

前　言

国际象棋这项智力型运动在我国越来越普及，很多学校都在开展这项活动。一些学校大胆创新，把国际象棋列入课程，全校学生都学国际象棋。但目前国内国际象棋的普及读物种类和数量都太少。除了入门类的书之外，很难见到其他种类的书。

初学者在学完入门类的书之后接着阅读本书是最合适的。西班牙开局是初学者最初学到的开局。它包括丰富的战术技巧和深刻的战略理论。希望初学者在仔细研究本书之后，能提高自己的战术技巧和控制局面的能力。本书大部分棋局选自国际象棋《情报》和 Chessbase 9。在评论和变化的选择上是针对初学者和中级棋手的。

目前，在国际棋坛上，西班牙开局封闭体系的各种变例比较流行。现代变例在国内的专著中较少提及。这个变例成型较晚，在国内走的人较少，但是在国际比赛中走的人越来越多，希望能引起国内棋界的注意。

我在网上作了一些国际象棋统计学的研究，统计了国际象棋各个变例的对局数量。我想找出哪个变例走的人多，哪个变例走的人少，哪个变例白棋胜率高，哪个变例黑棋胜率高。作为一章列在最后，希望能对启蒙教练和初学者有帮助。

作者几十年来一直从事国际象棋的普及工作，曾在《国际象棋小世界》杂志上发表过不少文章。本书如有错漏之处，敬请棋界同仁指正。

目 录

第一章 概 述

国际象棋的开局分为开放性开局、半开放性开局和封闭性开局三大类。第1回合双方各把王前兵挺起两格（即 1. e2-e4 e7-e5）的开局，被称为开放性开局。开放性开局的特点是双方在中心地区展开激烈的争夺战，极易将中心兵兑掉从而形成开放性局面，所以称为开放性开局。但是任何事情都不是一成不变的，在开放性开局中也有一些开局变例会形成封闭性局面。

开放性开局有十几种，其中西班牙开局是棋手们使用最多的一种开局。有资料统计，在大型比赛中有 10%～15% 的对局是西班牙开局。理论家认为西班牙开局是战略意义深刻、战术斗争激烈的，因而也是最有吸引力的一种开局。它是青少年棋手学棋的必修课。少年棋手通过学习西班牙开局可以深刻领会国际象棋的许多基本理论问题。比如对弈对方为什么一开局就要在中心展开争夺战？夺取中心的一方为什么占有优势？掌握了主动权对以后的局势有什么影响？开局中的计划对中局有什么作用？这些问题都在西班牙开局中体现出来。西班牙开局中所包含的丰富的战术内容也可以使少年棋手了解到双重攻击和牵制等战术手段的作用，占领了开放线有什么好处以及什么时候挺王前兵（易位以后的）等一些细节问题。

在初学者的比赛中，西班牙开局的使用相当广泛。不学会西班牙开局你就无法享受赢棋的喜悦。在省市级比赛乃至全国比赛中使用西班牙开局的比例也是相当高的，作为一名棋手必须掌握西班牙开局的各种变例。在世界级高手的比赛中，西班牙开局仍然是特级大师们的常用武器。他们不仅掌握了西班牙开局的各种变例，还对各变例中不同着法的细微区别了如指掌。他们常常在一个熟知的变例中走出一步新着，给你一个冷不防。有时他们又会暗设陷阱等你入套。

20 世纪 70 年代，卡尔波夫与柯尔奇诺依在世界冠军挑战赛上曾大斗西班牙开局。1991 年秋季谢军战胜奇布尔达尼泽的那场女子世界冠军对抗赛上 15 个对局中竟有 9 局大战西班牙开局，可见西班牙开局的重要性。

西班牙开局是因西班牙棋艺理论家鲁塞纳和路易·洛佩兹于 15 世纪至 16 世纪进行研究而形成的一种开局，因此称为西班牙开局，又称路易·洛佩兹开局。它的基本着法为：1. e2-e4 e7-e5 2. 马 g1-f3 马 b8-c6 3. 象 f1-b5。起初白方进象 b5 的用意仅在于威胁要吃 e5 兵这样一个简单的战术目的。因此在 17~18 世纪并不流行。直至 19 世纪中叶，由于新的战略思想开始注入西班牙开局，它才得以逐步取代意大利开局而被广泛应用。20 世纪以来发展成最为流行的开局之一，以致目前仍然是世界特级大师们常用的开局武器。

西班牙开局的现代战略原理是：白方从威胁 e5 兵开始，逐步使己方的兵力部署协调、合理，以争夺局面优势。象在 b5 具有持久攻击性的功效，虽然现在白方没有直接的威胁（在 4. 象×c6 dc 5. 马×e5? 得兵之后，黑方有 5... 后 d4 的棋，把兵得回并且局势良佳），但它总是迫使黑方去考虑对 e5 兵的防卫。如果走 a7-a6 和 b7-b5，把白象驱退到 b3，那么一则黑方后翼受到削弱，二则白象在 b3 又对 f7 位颇有压力。一般来说，白方采用复杂的子力调动，以实施对中心 d5 格和 f5 格的控制，并从王翼进行战略性攻击。而黑方则在中心和王翼进行防御，并在后翼展开反击。有时可以准备中心反击，即把 d 兵冲到 d5，如果打开 d 线则兑去重子、争取均势局面。如白方进兵 d5 封闭中心，则黑方酌情在两翼中的一翼寻求反击。但这时黑方的着法必须准确，由于黑方活动空间较小，要找到适宜的子力配置方案具有一定的难度。

西班牙开局变化繁复，内容丰富。既有讲究局面性弈法，白棋保持微小优势的持久战，又有短兵相接的尖锐变例。前者适合于对局面有深刻理解的棋手，后者则适合于渴望激烈战斗、希望在复杂的战术组合中寻找战机的棋手。它有一开局就兑子，然后大斗残局的变例，又有许多开局陷阱，让那些刚出道的初生牛犊陷进去就一败涂地。西班牙开局有许多弃兵弃子的着法，其构思之巧妙令人叹为观止，因此吸引了全世界数不清的棋手去研究它。在国际象棋的各种开局中，西班牙开局是被研究得最为详尽透彻的开局。有的变着一直被解拆到二三十个回合（要知道，有些棋二三十个回合已经下完了，可是西班牙开局的这些变着二三十个回合刚进入中局）。在各种书刊上介绍的西班牙开局的变化达上千种之多，足见棋手们对西班牙开局的研究既有深度又有广度。这里只能择要介绍其中的一些主要着法。

下面，我们通过世界冠军对抗赛上的一局棋，来了解一下一百多年前的西班牙开局。这是第一位世界冠军斯坦尼茨 58 岁时的一局佳作。

第1局　斯坦尼茨——拉斯克

1894 年弈于纽约　C62

1. e2-e4 e7-e5　2. 马 g1-f3 马 b8-c6　3. 象 f1-b5 马 g8-f6　4. d2-d3 d7-d6　5. c2-c3 象 c8-d7　6. 象 b5-a4

退象灵活。以后可根据情况到 b3 格攻击黑王或到 c2 格加强中心。

6. . . g7-g6　7. 马 b1-d2 象 f8-g7　8. 马 d2-c4 0-0　9. 马 c4-e3 马 c6-e7　10. 象 a4-b3 c7-c6

黑方先解脱 c6 马的牵制，再把王翼象出到 g7，显然是力图对中心施加压力。但是白方走 4.d3 的意图就是不准备在中心发起会战，所以黑方拟订的子力配置就不十分有效了。

斯坦尼茨是第一位国际象棋世界冠军，拉斯克是第二位国际象棋世界冠军。这是他们在世界冠军对抗赛上的一局棋。一百年前的这种开局现在已经很少有人走了。但白棋的攻王战略和漂亮的弃子战术还是很有指导意义的。

11. h2-h4

白棋把自己的王留在中路，开始着手侧翼进攻。

11. . . 后 d8-c7　12. 马 f3-g5 d6-d5!

先用皇后保住 e5 兵，然后冲兵 d5 进行中心突破，以此来制止对方的侧翼进攻。

13. f2-f3!

巩固 e4 以对付黑棋的中心反攻。

13. . . 车 a8-d8　14. g2-g4! d5×e4　15. f3×e4 h7-h6　16. 后 d1-f3!! 象 d7-e8

白方想弃一马打开 h 线，这是常用的攻王战术。如果吃马走 16. . . h×g5 17. h×g5 马 h7　18. 马 f5!（再弃一马）18. . . g×f5　19. 后 h3 车 e8 20. 后×h7+ 王 f8　21. g×f5，白方胜势。

17. 象 b3-c2 马 f6-d7　18. 马 g5-h3

既然黑棋不接受弃马，就退回来，改用小兵去进攻。

18. . . 马 d7-c5　19. 马 h3-f2

这几个回合，黑方要攻击的和白方要防守的都是 d3 格。理论上认为，只有中心稳固之后才能进行侧翼进攻。这里显示了斯坦尼茨调动子力的目的性和灵活性。

19...b7-b5

事后拉斯克自己承认，这一着改走
19...f6 更为有力。

20. g4-g5 h6-h5（图1）

21. 马 e3-f5!

白方在 f5 格弃马，现在已成为西
班牙开局中的传统攻王战术了。

21...g6×f5

其他走法如 21...f6　22. 马×g7
王×g7（22...f×g5　23. 马×e8）
23. g×f6+ 车×f6　24. 象 h6+ 王 f7
25. 后 e3，黑方子力配置极差。又如

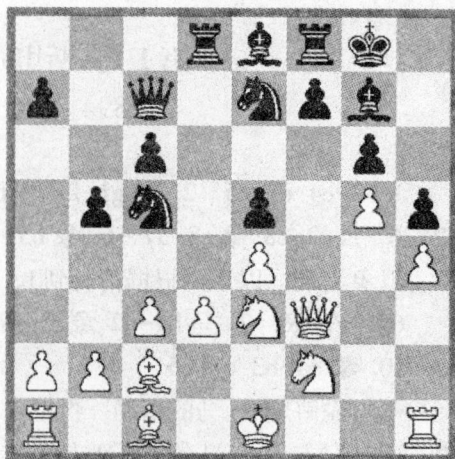

图 1

21...象 h8　22. 马 h6+ 王 h7　23. 马 fg4，白棋优势。

22. e4×f5 f7-f6　23. g5-g6 马 e7×g6

因为有后×h5 的威胁，黑方被迫以马换两兵。此后黑方虽多一兵，但开放
的 g 线掌握在白方手中，黑王极不安全。

24. f5×g6 象 e8×g6　25. 车 h1-g1 e5-e4?

黑方准备打通中路攻击白王，但着法欠佳。应走 25...象×d3!　26. 象×d3
车×d3!　27. 马×d3 e4　28. 后×h5 马×d3+，黑方有充分的反击。而白方如应
26. 象 h6，则有 26...车 f7　27. 象×g7 车×g7　28. 0-0-0 象×c2，黑方满意。

26. d3×e4 王 g8-h7

还是走 26...象 e8 好一些，经 27. 象 h6 车 d7，黑棋还能守住。

**27. 车 g1×g6! 王 h7×g6　28. 后 f3-f5+ 王 g6-f7　29. 后 f5×h5+ 王 f7-g8
30. 后 h5×c5**

白方现在多半子多一兵，已取得子力优势。此外，白方还有局面优势。

30...后 c7-e5　31. 象 c1-e3 a7-a6　32. a2-a4

准备将后翼车投入战斗。

**32...车 f8-e8　33. a4×b5 a6×b5　34. 后 c5×e5 车 e8×e5　35. 车 a1-a6
车 d8-c8　36. 马 f2-g4 车 e5-e7　37. 象 e3-c5 车 e7-e8　38. 马 g4-e3 象 g7-f8
39. 象 c5-d4 王 g8-f7　40. h4-h5 象 f8-e7　41. 象 c2-b3+ 王 f7-f8　42. 马 e3-f5**

白棋双象和马位置优越，h 兵将到达升变格。黑方认输。

在这一局棋中我们感到 58 岁的斯坦尼茨自始至终都充满着豪迈的气概，
而国际象棋的魅力也由此可见一斑。

第二章　各种古老变例

由于西班牙开局历史悠久，在漫长的历史过程中，有一些变例也曾经辉煌过。还有一些变例在沉寂多年之后，被后来的著名棋手研究、开发，注入新的内容之后又在实战中取得成功，而再次被棋手重视起来。

有些古老的变例现在虽然走的人不多了，但还没有绝迹。在世界各地大大小小的比赛中总有人会冷不防走出一些不常见的变例来。如果说某些变例已有定论，认为对黑方不利，那为什么在一些超级棋手的开局节目单中还有这些变例呢？为什么在世界最高水平的大赛上还能不时地见到呢？可见，什么事都不是一成不变的。不管棋手们出于什么目的使用这些变例，对于青少年棋手来说，只要有人走这个变例，你就不能不知道。所以，在掌握了西班牙开局的常见变例之后，你也应该学习各种古老的变例。

我们可以把这些古老的变例统称为古典体系。在研究过程中，我们发现西班牙开局的各种变例绝大部分是由黑方主动变化形成的。古典体系的特征是：1. e2-e4 e7-e5　2. 马 g1-f3 马 b8-c6　3. 象 f1-b5 之后，不走 3...a7-a6 的各种变例。

第一节　斯米斯洛夫防御
索引号　C60

1. e2-e4 e7-e5　2. 马 g1-f3 马 b8-c6　3. 象 f1-b5 g7-g6（图 2）

这原是古老的着法，棋艺理论界认为对黑方不利，后经苏联棋手斯米斯洛夫深入研究并成功运用于比赛，又一度流行。

变一

4. d2-d4 e5×d4　5. 象 c1-g5 象 f8-e7　6. 象 g5×e7

变一 a

6... 后 d8×e7   7. 象 b5×c6 d7×c6

8. 后 d1×d4 马 g8-f6   9. 马 b1-c3
象 c8-g4

双方均势。

变一 b

6... 马 g8-e7   7. 马 f3×d4 d7-d5

8. 马 b1-c3 d5×e4   9. 马 c3×e4 0-0

10. 象 b5×c6 马 e7×c6

白方稍优。

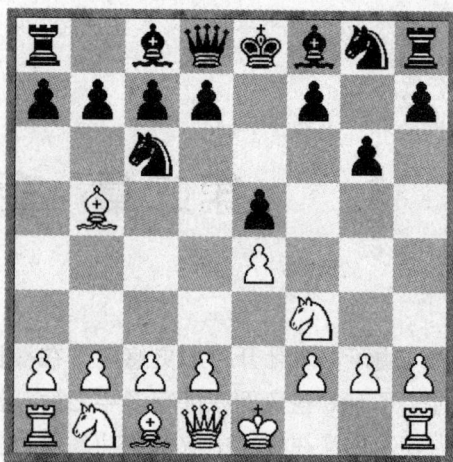

图2

变二

4. d2-d4 e5×d4   5. 马 f3×d4 象 f8-g7

6. 象 c1-e3 马 g8-f6   7. 马 b1-c3 0-0   8. f2-f3 马 c6-e7

白方稍优。

变三

4. c2-c3 d7-d6   5. d2-d4 象 c8-d7   6. 0-0 象 f8-g7   7. 象 c1-e3 马 g8-f6

8. d4×e5 马 c6×e5   9. 象 b5×d7 马 e5×d7   10. 后 d1-c2 后 d8-e7   11. 马 b1-d2

0-0   12. 车 f1-e1   h7-h6

双方均势。

第2局   提夫雅克夫（Tivjakov）——索科洛夫（Sokolov）
1995年弈于维克安泽   C60   62/353

1. e2-e4 e7-e5   2. 马 g1-f3 马 b8-c6   3. f1-b5 g7-g6

这是西班牙开局斯米斯洛夫防御。

4. c2-c3 马 g8-e7   5. 0-0 象 f8-g7   6. d2-d4 e5×d4   7. c3×d4 d7-d5

8. e4×d5 马 e7×d5   9. 象 c1-g5 后 d8-d6   10. 车 f1-e1+ 象 c8-e6   11. 马 b1-d2

0-0   12. 马 d2-e4 后 d6-b4   13. 象 b5×c6 b7×c6   14. 后 d1-c1 车 f8-e8

15. h2-h3 车 a8-b8   16. b2-b3 象 e6-f5   17. 象 g5-d2 后 b4-f8

这一着也可走 17... 后 b6 或 17... 后 b5。

18. 马 e4-g3

走 18 马 c5 也不错。

18... 车 e8×e1+   19. 象 d2×e1 象 f5-d7   20. 马 f3-e5 后 f8-e8

既守住 d7 象又守住 c6 兵。

21. 后 c1-c5　象 g7×e5　22.d4×e5　后 e8×e5　23. 车 a1-d1　车 b8-a8

索科洛夫认为这着棋不好处理，a7 兵不能不要，但是走 23… 车 b7 或 23… 车 b6 也并不好。

24. f2-f3

白方走这着棋的想法很多，以后可以走马 e4、车×d5、象 c3、马再从 e4 到 f6 等。

24… f7-f5

看穿了白方意图，守住 e4 格，让白方的想法全成泡影。

25. 象 e1-f2

白方继续实施用黑格象占领大斜线的战略意图。

25… 后 e5-d6

应该走 25… a5，再冲 a4，就能把黑方这个防守的车变成进攻的车。

26. 后 c5-a5　象 d7-e6　27. 马 g3-e2

白方再把马的位置调整好，全部子力就都协调了，而黑方车象尚不能发挥作用。

27… 后 d6-e5　28. 马 e2-d4　象 e6-d7　29. 马 d4-c2!

奔向白马的最佳位置 c4 格，如走 29 车 c1 并不好。

29… 车 a8-e8　30. 马 c2-a3

a7 兵是黑方抛出的一个小小的诱饵。如走 30. 象×a7 车 a8!；若 30. 后×a7 后 e2!，黑方形势马上改观。

30… f5-f4　31. 马 a3-c4　后 e5-g5　32. h3-h4!

把黑后从 g 线上赶走。如走 32. 王 h2? 象×h3! 33. g×h3 车 e2 34. 车 d2 车×f2+ 35. 车×f2 后 g3+ 36. 王 h1 后×f2，黑方多兵占优。

32… 后 g5-f5　33. 后 a5×a7 马 d5-c3　34. 车 d1-d2 g6-g5!　35. h4×g5?

错误。应走 35. 后×c7 先得一兵，经马 d5 36. 后 a7 g4? 37. 马 d6 捉双，白优。或 36… 车 e7 37. h×g5 象 e8 38. 后 b8 后×g5 39. 马 d6，白优。

35… 马 c3-e2+(图 3)

36. 车 d2×e2! 车 e8×e2　37. 后 a7×c7 后 f5-d5

如走 37… 后 b1+ 38. 王 h2 车×f2 39. 后 d8+ 王 f7 40. 后×d7+ 王 g6 41. 后 d6+ 王 g7（若走 41… 王×g5 42. 后 c5+，抽吃 f2 车）42. 后 f6+ 王 g8 43. 马 e5!，白胜。

38. 马 c4-d6 车 e2×f2？

在时间的压力下，黑方又走出坏棋。此时应走 38... 车 e6　39. 马 e4 车×e4！　40. f×e4 后 d1+　41. 王 h2 后 h5+，长将和棋。

39. 后 c7-d8+！ 王 g8-g7

40. 后 d8×d7+ 王 g7-g6　41. 后 d7-e8+ 王 g6-g7　42. 后 e8-e7+ 王 g7-g8

43. 后 e7-d8+ 王 g8-g7　44. 马 d6-e8+

注意不能走 44. 王×f2？，经 44... 后 d2+　45. 王 g1 后 e1+　46. 王 h2 后 g3+，否则长将和棋。

黑方认输。

接下来是：44... 王 f7　45. 后×d5 c×d5　46. 王×f2 王×e8，白方多兵胜。

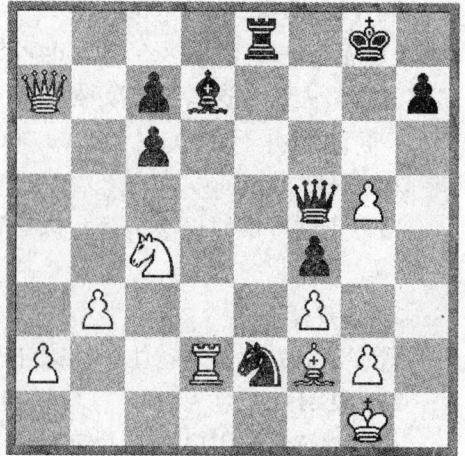

图 3

第 3 局　雅各波夫（Jagupov）——姆哈莫托夫（Muhametov）
1995 年弈于雅沃隆奇　C60　64/301

1. e2-e4 e7-e5　2. 马 g1-f3 马 b8-c6　3. 象 f1-b5 g7-g6　4. d2-d4 e5×d4
5. 象 c1-g5 象 f8-e7

在这儿如改走 5... f6　6. 象 f4 象 g7　7. h4 马 ge7　8. h5！，白方急攻黑方王翼，白优。

6. 象 g5×e7 马 g8×e7

同年，在布拉哈，这个变例的创始人斯米斯洛夫执黑迎战朱迪·波尔加时走的是：6... 后×e7　7. 象×c6 d×c6　8. 后×d4 马 f6　9. 马 c3 象 g4　10. 马 d2 c5　11. 后 e3 0-0-0　12. h3 象 e6　13. 0-0-0 马 d7，双方均势。

7. 马 f3×d4 d7-d5　8. 马 b1-c3 d5×e4　9. 马 c3×e4 0-0　10. 象 b5×c6 马 e7×c6　11. 马 d4×c6 后 d8-h4

以前，有人走 11... 后 e8　12. 后 d4 象 f5　13. 马 e5 象×e4　14. 0-0-0，白棋稍优。

12. 后 d1-e2

如走 12. 后 d4，黑有车 e8　13. 0-0-0 车×e4　14. 后 d8+ 王 g7，局势

难料。

12...　象 c8-f5（图4）

此时不能走 12...　车 e8?，因
13. 马 f6+!，抽吃黑车。

13. 马 e4-d6!　象 f5-g4

白方弃马，好棋。如黑方走 13...
c×d6　14. 马 e7+　王 h8　15. 马×f5
g×f5之后，白方长易位或短易位均可保
持优势。

14. 马 c6-e7+　王 g8-h8

15. 后 e2-e5+　f7-f6　16. 后 e5-f4　c7×d6

图4

17. 0-0　后 h4-g5　18. 后 f4×g5　f6×g5

19. 马 e7-d5　车 a8-c8　20. 马 d5-e3　象 g4-f5　21. c2-c3　象 f5-e6　22. 马 e3-c2
象 e6-d7　23. 车 f1-e1?!

现在应该全力围剿黑方 d 线孤兵，走 23. 马 d4，再车 a1—d1—d2，车 fd1
等。若 23. 车 ad1 也不好，23...　象 a4!　24. 车 d2（若 24. b3　车×c3!）象×c2
25. 车×c2，白车位置不佳。

23...　车 f8-e8　24. 车 a1-d1　车 e8×e1+　25. 车 d1×e1　车 c8-e8　26. 车 e1-e3
王 h8-g7　27. 王 g1-f1　车 e8×e3　28. f2×e3　象 d7-c6　29. 马 c2-d4　象 c6-e4
30. 王 f1-f2　a7-a6　31. 马 d4-f3　王 g7-f6　32. 马 f3-d2　象 e4-c6　33. e3-e4
d6-d5?　34. e4×d5　象 c6×d5　35. c3-c4　象 d5-c6

白方形成后翼多兵的优势。

36. 马 d2-f3　象 c6-d7　37. 王 f2-e3　h7-h5　38. g2-g3　象 d7-c6
39. 马 f3-e1　王 f6-f5　40. 马 e1-d3　h5-h4　41. 马 d3-f2　h4×g3　42. h2×g3
王 f5-e5　43. b2-b4　象 c6-g2　44. 马 f2-d3+　王 e5-f5

黑王不能不管王翼的兵。

45. 王 e3-f2　象 g2-c6　46. 马 d3-c5　象 c6-h1　47. a2-a4　象 h1-c6
黑方已无取胜的可能，只有死死地守住大斜线，力求和棋。

48. a4-a5　王 f5-g4　49. 马 c5-e6?
错误，白方没有看到最简捷的取胜方法：49. b5!　a×b5　50. c×b5　象×b5
51. 马×b7　象 c4　52. 马 c5　王 f5　53. a6　王 e5　54. a7　象 d5　55. 马 d7+　王 d6
56. 马 b6，白棋胜势。

49...　象 c6-e4　50. 马 e6-d8?

白方仍然没有发现取胜的方法，还是应该走 50. 马 c5 象 c6 51. b5!。

50... 王 g4–f5 51. 王 f2–e3 象 e4–h1 52. 马 d8–f7 王 f5–g4 53. 王 e3–f2 王 g4–f5 54. c4–c5? 象 h1–c6 55. 王 f2–e3 象 c6–d5 56. 马 f7–h6+ 王 f5–e6 57. 马 h6–g4 王 e6–f5 58. 王 e3–d4 象 d5–c6

如走 58... 王×g4? 不行，59. 王×d5 王×g3 60. b5! a×b5 61. a6，白胜。

59. 马 g4–e3+ 王 f5–e6 60. 马 e3–c4 王 e6–f5 61. 马 c4–e5 象 c6–g2? (图5)

黑方错过了最后的守和机会，应走 61... 王 f6。黑象在 c6 不动，白方毫无办法。

现在白方的机会来了。

62. b4–b5! a6×b5 63. c5–c6 b7×c6 64. 王 d4–c5!

封锁，妙手。现在黑王、黑象都无法阻挡白方 a5 兵升后了。

图 5

64... b5–b4 65. a5–a6 b4–b3 66. 马 e5–c4! 象 g2–f1 67. a6–a7 象 f1×c4 68. a7–a8(升后) b3–b2 69. 后 a8–b7

以后是 69... 象 b5 70. 后 f7+ 王 g4 71. 后 b3。

黑方认输。

第二节　别尔德防御
索引号　C61

1. e2–e4 e7–e5 2. 马 g1–f3 马 b8–c6 3. 象 f1–b5 马 c6–d4 (图6)

此着法是英国棋手别尔德最早应用于比赛，故名。

变一

4. 马 f3×d4 e5×d4 5. 0–0 象 f8–c5 6. d2–d3 c7–c6

变一 a

7. 象 b5–a4 d7–d6 8. f2–f4 f7–f5 9. 马 b1–d2 马 g8–f6 10. 象 a4–b3 白方先手。

变一 b

7. 象 b5-c4　d7-d6　8. 后 d1-h5
后 d8-e7　9. 马 b1-d2　马 g8-f6
10. 后 h5-h4　象 c8-e6　11. 象 c4×e6
f7×e6

双方均势。

变二

4. 象 b5-a4　象 f8-c5　5. c2-c3
马 d4×f3　6. 后 d1×f3　后 d8-f6　7. d2-d3
后 f6×f3　8. g2×f3　马 g8-e7　9. f3-f4
e5×f4　10. 象 c1×f4　象 c5-b6

图 6

11. 马 b1-d2　0-0　12. 马 d2-c4　d7-d6

因开局不久就兑掉了后，现局势平稳。

第 4 局　诺维克（Novik）——梅斯特（Mejster）

1991 年苏联冠军赛　C61　53/320

1. e2-e4　e7-e5　2. 马 g1-f3　马 b8-c6　3. 象 f1-b5　马 c6-d4　4. 马 f3×d4
e5×d4　5. 0-0　象 f8-c5　6. d2-d3　c7-c6　7. 象 b5-a4

这是西班牙开局别尔德防御。此时，也可以走 7. 象 c4 d6　8. 后 h5 后 e7
9. 马 d2 马 f6　10. 后 h4 0-0，双方均势。

7...d7-d6　8. f2-f4　f7-f5　9. 马 b1-d2　马 g8-f6　10. 象 a4-b3

控制黑王，让它不能短易位。如果走 10. e5 d×e5　11. f×e5 马 g4　12. 马 f3
象 e6　13. h3 马 e3　14. 象×e3 d×e3　15. 后 e2，双方均势。

10...马 f6-g4　11. e4×f5　象 c8×f5　12. 车 f1-e1+　王 e8-d7

这几个回合双方都有巧妙构思。黑马想奔 e3 捉双。白方不是简单地走
11. 马 f3，让黑格象防守 e3 格，而是打开 e 线用车将军。黑方则简单地应以
12... 王 d7 进行人工易位。

13. 马 d2-f3　后 d8-f6　14. h2-h3（图 7）

14...h7-h5!

黑马在 g4 对白王的威胁太大了，白方想赶走它。谁知黑方竟走 h5! 弃
马。吃还是不吃？吃了马，打开 h 线，有 15... 后 h6，然后再后 h1+ 的威胁。
不吃马，又对白棋很有威胁。怎么办？

15. 马 f3-g5?!

白方思考再三，还是不敢接受弃马。诺维克在赛后的评论中分析了白方接受弃马之后的局面，认为只要白方应对无误，还是可以走的。至少不会输棋。15. h×g4！h×g4 16. 马 g5 后 h6 17. 象 e6+ [17. 马 e4? 后 h1+ 18. 王 f2 后 h4 + 19. 马 g3（或者 19. 王 f1 象×e4 20. d×e4 后 g3 21. 后 d2 车 ae8，以后黑方有车 h1+，后×g2+以及车×e4 等多处威胁，白方无法防守）19... 车 ae8，然后有车 e3 的威胁] 17... 象×e6

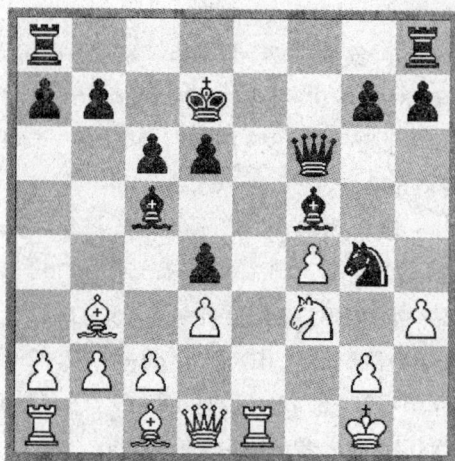

图 7

18. 马×e6 后 h1+ 19. 王 f2 后 h4+ 20. 王 f1（20. 王 g1 g3，黑胜）20... 后 g3 21. 王 g1！（如果 21. 后 d2 车 h1+ 22. 王 e2 后×g2+ 23. 王 d1 后 f3+ 24. 后 e2 后×e2+ 25. 王×e2 车×e1+ 26. 王×e1 王×e6，黑棋多兵，优势）21... 车 h2 22. 后 e2 车 ah8，黑棋以为下一步车 h1 绝杀，白棋无法防守。然而此时白棋有妙手解杀：23. 马×c5+ d×c5 24. 后 e6+ 王 d8 25. 后 e7+ 王 c8 26. 后 e6+ 王 b8 27. 后 e5+ 王 c8 28. 后 e6+ 王 c7 29. 后 f7+！王 b6 30. 后 b3+，黑王躲不开长将，和棋。

不过诺维克的分析还是漏算了。其实，白棋接受弃马之后是必输的局面。请看分析：15. h×g4 h×g4 16. 马 g5 后 h6 17. 象 e6+ 象×e6 18. 马×e6 g3！19. 马×c5+ 王 d8（19...d×c5？ 20. 后 g4+ 王 c7 21. 后×g3，白棋多子胜）20. 马×b7+（20. 马 e6+ 王 c8！）王 c7，黑王不能到白格去（因有 21. 后 g4+，再 22. 后×g3）21. 车 e7+ 王 b6，白方再也没有将军了。22. 王 f1 后 h1+ 23. 王 e2 后×g2+，黑胜。

15... 马 g4-e3 16. 后 d1-f3 车 a8-e8 17. 马 g5-e4 象 f5×e4 18. d3×e4 g7-g5 19. 象 c1×e3 d4×e3 20. f4-f5

如果走 20. f×g5 后×g5，然后车 hf8，黑棋优势。

20... g5-g4 21. 象 b3-e6 王 d7-c7

白棋孤注一掷，极力制造麻烦。黑棋则避其锋芒，把王走向安全地带。

22. 后 f3-g3 后 f6×b2 23. 王 g1-h1 后 b2×c2 24. e4-e5 d6-d5 25. 车 e1-c1

如果白棋走 25. 象×d5 诱黑棋走 c×d5 然后再车 ec1，但黑棋可应 25...

后 f2！，白方失象。

25... 后 c2-b2　26. 车 a1-b1　后 b2-d4　27. 象 e6-f7　后 d4×e5！
28. 后 g3×e5　车 e8×e5　29. 车 c1×c5　车 e5×f5　30. 象 f7-g6　车 f5-f2
31. 车 b1-e1　g4-g3！

好棋，给白棋制造一个底线弱点，使白车不敢吃 e3 兵。

32. 车 c5-c3　d5-d4　33. 车 c3-c4　车 f2-d2　34. a2-a4　h5-h4　35. 象 g6-
e4　车 h8-e8　36. 象 e4-f3　e3-e2

黑棋中心两联兵升变已不可阻挡，白方认输。

第 5 局　勃伦克（Brenke）——宾得（Binder）
1994 年通讯赛对局　C61　64/302

1. e2-e4　e7-e5　2. 马 g1-f3　马 b8-c6　3. 象 f1-b5　马 c6-d4　4. 马 f3×d4
e5×d4　5. 0-0　象 f8-c5　6. 象 b5-c4　d7-d6　7. d2-d3　马 g8-e7　8. 象 c1-g5
0-0　9. 后 d1-h5

白方走得积极主动，一开局就获得了攻王的优势。今后只要冲 f 兵即可，
f4-f5-f6，攻势甚猛。

9... 象 c8-e6　10. 后 h5-h4！　车 f8-e8

因黑方走了象 e6，无法走 10...f6。

11. 象 c4×e6　f7×e6　12. f2-f4

此时就不要讲什么均衡发展了，现在若走 12. 马 d2 就太缓了，等黑方后
d7 再马 g6，白方就什么也捞不到了。现在应抓住时机攻王。

12... 后 d8-d7　13. 车 f1-f3！

及时升车助战。

13... 马 e7-g6

现在走 13...h6？是坏棋，14. 象×h6　g×h6　15. 后×h6，白方优势。

14. 后 h4-h5　马 g6-f8　15. 马 b1-d2　a7-a6

黑方这步棋说明他没有危险意识，应该马上兑后，走 15... 后 f7。

16. 车 a1-f1

又有一个子加入到了攻王的行列。

16... d6-d5　17. 车 f3-g3　象 c5-e7

邀兑黑格象，正确，但可惜晚了一步。

18. 象 g5-h6　g7-g6（图 8）

若走 18... 马 g6，则 19. f5；若走 18... 象 f6，则 19. e5。总之，黑方已经没有更好的防御方法了。

19. f4-f5！

显而易见，不需要多高的水平就能看到这步棋。

19... e6×f5

如走 19... 象 d6　20. 车×g6+ h×g6 21. f×g6 c6　22. 车 f7 车 e7　23. 车×f8+ 车×f8　24. 象×f8 车 g7！（如走 24... 车 e8？　25. 象×d6！）25. 象×g7，白方优势。

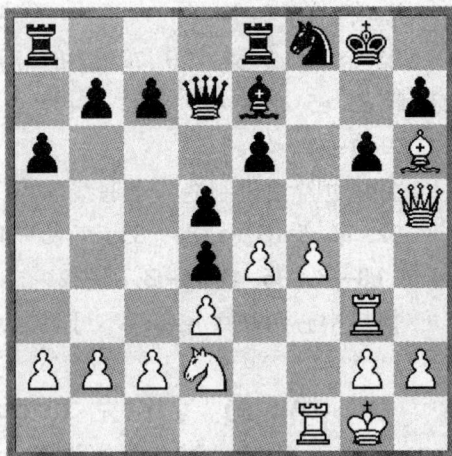

图 8

20. e4×f5 象 e7-d6　21. 车 g3-g5 王 g8-h8　22. f5×g6 马 f8×g6

23. 车 g5×g6 h7×g6　24. 后 h5×g6 车 e8-e6　25. 象 h6-g7+ 后 d7×g7

26. 后 g6×e6 后 g7-g5　27. 后 e6-h3+ 王 h8-g8　28. 马 d2-f3 后 g5-e3+

29. 王 g1-h1 车 a8-f8　30. 后 h3-g4+ 王 g8-h7　31. 后 g4-h5+ 后 e3-h6

如走 31... 王 g7　32. 后×d5，白优。

32. 马 f3-g5+ 王 h7-g8

如走 32... 王 g7　33. 车 f7+ 车×f7　34. 后×h6+ 王×h6　35. 马×f7+ 王 h5 36. 马×d6 c×d6，白方多兵胜。

33. 车 f1×f8+

此时，如白方走 33. 后×h6?? 车×f1 杀，反而黑胜。

33... 象 d6×f8　34. 后 h5×h6 象 f8×h6　35. 马 g5-e6

白方多兵胜。这是简洁的取胜方法。

第三节　斯坦尼茨变例

索引号　C62

1. e2-e4 e7-e5　2. 马 g1-f3 马 b8-c6　3. 象 f1-b5 d7-d6（图 9）

这是一个以第一位国际象棋世界冠军的名字命名的变例。

变一

4. d2-d4 象 c8-d7　5. 马 b1-c3 e5×d4　6. 马 f3×d4 g7-g6　7. 象 c1-e3

象 f8–g7　8. 后 d1–d2　马 g8–f6

9. 象 b5×c6　b7×c6　10. f2–f3　0–0

11. 象 e3–h6　车 f8–e8　12. 象 h6×g7

王 g8×g7　13. 0–0

　　白方稍优。

　　变二

　　4. d2–d4　象 c8–d7　5. 马 b1–c3

马 g8–f6　6. 象 b5×c6　象 d7–c6

7. 后 d1–d3　e5×d4　8. 马 f3×d4

象 c6–d7　9. 象 c1–g5　象 f8–e7

10. 0–0–0　0–0

　　白方稍优。

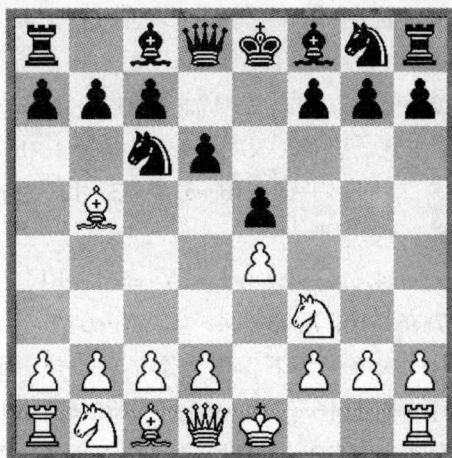

图 9

第 6 局　赛佛尔延（Seferjan）——沃尔（Vul）

1998 年弈于莫斯科　C62　74/350

　　1. e2–e4 e7–e5　2. 马 g1–f3 马 b8–c6　3. 象 f1–b5 d7–d6　4. d2–d4
e5×d4　5. 后 d1×d4 象 c8–d7　6. 象 b5×c6 象 d7×c6

在不受弱子攻击的情况下，尽早让后出来是正确的。

　　7. 马 b1–c3 马 g8–f6　8. 象 c1–g5 象 f8–e7　9. 0–0–0 0–0　10. h2–h4

反向易位之后，马上进行侧翼进攻是激烈的变化。另有一种稳健的着法：
10. 车 he1，从中路发动进攻。

　　10. . . h7–h6　11. 马 c3–d5

当车在 h 线的时候，在 g 线弃一子打开 h 线，是常用的进攻手段。

　　11. . . h6×g5　12. 马 d5×e7！

好棋，先把象兑掉。如果走 12. h×g5 马×d5　13. e×d5 象×g5+　14. 马×g5
后×g5+　15. f4 后×d5，黑方弃还一子，保持多兵优势。

　　12. . . 后 d8×e7　13. h4×g5（图 10）

　　13. . . 马 f6–h7！

吃一兵的诱惑是很大的。但是前景很难预料。比如有一路棋：13. . . 马×e4
14. 车 h5 f5　15. g6 后 e6　16. 马 e5！马 f6（16. . . d×e5？　17. 车 dh1 后×g6
18. 后 c4+，白胜）　17. 车 h8！+ 王×h8　18. 后 h4+ 王 g8　19. 车 h1，白胜。

　　14. 车 h1–h4

现在走 14. 车 h5 不行了。因 14... 后×e4 15. 车 dh1 后×d4 16. 车×h7 后 f4+ 17. 王 b1 f6 18. g6 后 h6!，黑胜。又如 14. 车×h7 王×h7 15. 车 h1+ 王 g8 16. e5 象×f3 17. 后 h4 f5，也是黑胜。

14... 马 h7×g5 15. 车 d1-h1 f7-f6 16. 后 d4-c4+ 马 g5-e6?

大好形势下，黑方走错一步棋。此时，如走 16... 后 e6?? 17. 马×g5!，白胜。应走 16... d5!，经 17. e×d5 象 d7 18. 马 d4（如走 18. d6+ 后 e6，黑多子）

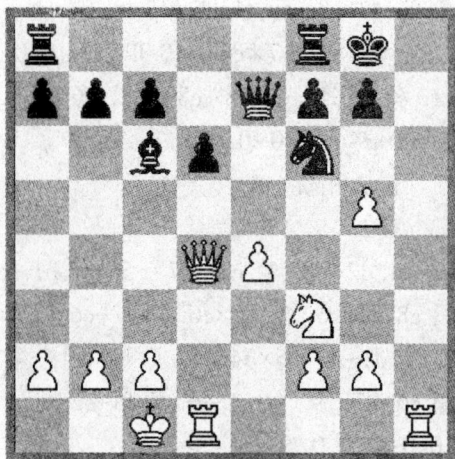

图 10

后 d6 19. f4 马 e4 20. 马 e6 马 g3，黑方稍优。

17. 马 f3-d4 车 a8-e8

此时，不可走 18... 象 d7，白方 19. 马 f5 后 e8 20. 马×g7 王×g7 21. 车 h7+ 王 g8 21. e5!，白胜。

18. f2-f4 d6-d5

黑方走 18... 象×e4? 19. f5 象×f5 20. 马×f5 后 d8 21. 马×g7，白胜。

19. e4×d5 马 e6×d4 20. d5×c6+ 后 e7-e6

如走 20... 马 e6? 21. f5 b×c6 22. 后 g4，白胜。

21. 后 c4×d4 后 e6×c6 22. 后 d4-d3 后 c6-e4

白方终于吃回弃子，现在双方势均力敌。

23. 后 d3-b3+ 后 e4-e6 24. 车 h4-h8+ 王 g8-f7 25. 后 b3×e6+ 王 f7×e6 26. 车 h1-e1+ 王 e6-f7

和棋。

第四节　雅尼什弃兵变例

索引号　C63

1. e2-e4 e7-e5 2. 马 g1-f3 马 b8-c6 3. 象 f1-b5 f7-f5（图 11）

此着法由 19 世纪棋手雅尼什所创，故名。

变一

4. 马 b1-c3　f5×e4　5. 马 c3×e4
d7-d5

变一 a

6. 马 e4-g3　象 c8-g4　7. h2-h3
象 g4×f3　8. 后 d1×f3　马 g8-f6　9. 0-0
象 f8-d6　10. 马 g3-h5　e5-e4
11. 马 h5×f6+

如果你喜欢保持复杂的局面，也可
以走 11. 后 f5。

11. ... 后 d8×f6　12. 后 f3×f6
g7×f6　13. d2-d3　0-0-0

双方均势。

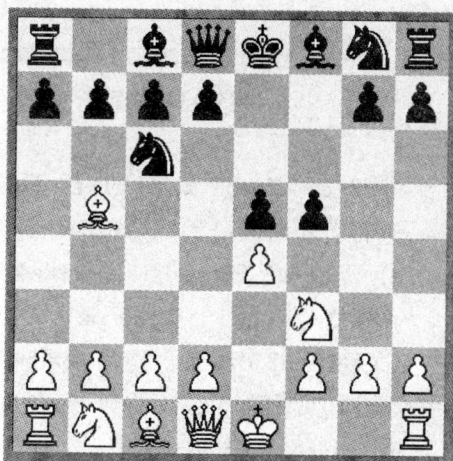

图 11

变一 b

6. 马 f3×e5　d5×e4　7. 马 e5×c6　后 d8-d5　8. c2-c4　后 d5-d6　9. 后 d1-h5+
g7-g6　10. 后 h5-e5+　后 d6×e5　11. 马 c6×e5+　c7-c6　12. 象 b5-a4　象 c8-e6
13. d2-d4　e4×d3　14. 象 c1-g5

白方优势。

变二

4. d2-d4　f5×e4　5. 象 b5×c6　d7×c6　6. 马 f3×e5

变二 a

6. ... 象 c8-f5　7. 0-0　象 f8-d6　8. 后 d1-h5+　g7-g6　9. 后 h5-e2　后 d8-h4
10. 马 b1-c3　马 g8-f6

双方均势。

变二 b

6. ... 后 d8-h4　7. 马 b1-c3　马 g8-f6　8. h2-h3　马 f6-d5　9. 0-0　马 d5×c3
10. b2×c3　象 f8-d6

双方均势。

变三

4. 马 b1-c3　f5×e4　5. 马 c3×e4　马 g8-f6　6. 马 e4×f6　后 d8×f6　7. 后 d1-e2
象 f8-e7　8. 象 b5×c6　d7×c6　9. 马 f3×e5　象 c8-f5　10. d2-d3　0-0　11. 0-0
车 a8-e8　12. 马 e5-c4　后 f6-g6　13. 王 g1-h1　象 e7-c5

黑方弃兵换得出子速度，对白方王城有压力。

第7局 阿姆巴库缅（Ambarcumian）——哈奇安（Hachian）

1993年弈于亚美尼亚 C63 58/357

1. e2-e4 e7-e5 2. 马 g1-f3 马 b8-c6 3. 象 f1-b5 f7-f5

这种着法叫西班牙开局雅尼什弃兵。

4. 马 b1-c3 f5×e4 5. 马 c3×e4 马 g8-f6

此时，也可以走 5...d5 6. 马 g3 象 g4 7. 0-0 后 f6，黑棋满意。

6. 后 d1-e2 d7-d5 7. 马 e4×f6+ g7×f6 8. d2-d4 象 f8-g7 9. d4×e5 0-0

黑方也太大胆了，王前兵如此空虚也敢短易位。

10. e5-e6?! 马 c6-e5

如走 10... 车 e8 11. 象 e3 象×e6 12. 0-0-0，白棋稍好。

11. 0-0 象 f8×e6 12. 马 f3-d4 象 e6-g4 13. f2-f3 象 g4-d7 14. 象 b5×d7 后 d8×d7 15. f3-f4 马 e5-c6 16. 后 e2-e6+ 车 f8-f7 17. 后 e6×d7 车 f7×d7 18. 马 d4×c6 b7×c6 19. 车 f1-e1? （图12）

理论错着。应当走 19. f5，把 f6 兵顶住，黑象即难以发挥作用，而白象则出路畅通。

19... f6-f5!

只此一着，黑象威力大增，白象则受阻。可以说第 19 回合是双方关键的一个回合，而 f5 格则是双方关键的一个格子。把兵布置在与自己的象不同颜色的格子里，是象残局的基本理论。

20. 车 a1-b1 车 a8-b8 21. b2-b3 象 g7-c3 22. 车 e1-e6 车 d7-d6 23. 车 e6-e7

图 12

既然不敢兑车，何必走 22. 车 e6?。

23... 象 c3-f6! 24. 车 e7-e2

此时走 24. 车×c7? 是坏棋。黑可 24... 象 d8 25. 车×a7 象 b6+，抽吃白车。

24... c6-c5

黑方开始进行小兵升后的计划。

25. 象 c1-b2 d5-d4

不兑象是小兵升后的关键。

26. 车 b1-e1?

应走 26. 车 d1 才能阻止黑兵挺进。

26... c5-c4!   27. 车 e2-e6?

应走 27. 象 a1。

27... 车 d6×e6   28. 车 e1×e6（图 13）

28... d4-d3!!

好棋。算准白棋若敢吃象，d 兵就一定升后。

29. 象 b2-c1 象 f6-c3   30. 车 e6-c6

若走 30. c×d3 c×d3，白棋还是无法阻止黑方走兵 d2。

图 13

30... c4×b3!   31. a2×b3

如果走 31. 车×c3 d2!   32. 象×d2 b2，黑兵升后。

31... d3-d2   32. 象 c1×d2 象 c3×d2   33. 车 c6×c7 象 d2×f4   34. 车 c7-e7 车 b8-c8   35. g2-g3 象 f4-g5   36. 车 e7-e5 车 c8×c2   37. 车 e5×f5 象 g5-e3+   38. 王 g1-h1 象 e3-c5

白方认输。

第 8 局   蒂曼（Timman）——皮盖特（Piket）
1995 年弈于维克安泽   C63   62/356

1. e2-e4 e7-e5   2. 马 g1-f3 马 b8-c6   3. 象 f1-b5 f7-f5   4. 马 b1-c3 f5×e4
5. 马 c3×e4 d7-d5   6. 马 f3×e5 d5×e4   7. 马 e5×c6 后 d8-d5   8. c2-c4 后 d5-d6
9. 后 d1-h5+ g7-g6   10. 后 h5-e5+ 后 d6×e5   11. 马 c6×e5+ c7-c6

这可是真正的开放性开局。短短 11 个回合，在有的开局中可能局面还没展开，可是在这一局里已经兑掉了很多子。目前，白方多一兵且局面稍好。

12. 象 b5-a4

如果走 12. 马×c6? 是坏棋。经 12... a6   13. 象 a4 象 d7   14. b3 象 g7，白方失子。

12... 象 c8-e6   13. d2-d4 e4×d3   14. 象 c1-g5! 象 f8-g7   15. 0-0-0!
象 g7×e5   16. 车 h1-e1 h7-h6

应走 16... 王 f7 17. 车×e5 象×c4。

17. 车 e1×e5 h6×g5?

还是应该走 17... 王 f7 18. 象 e3 象×c4 19. 象 b3 象×b3 20. a×b3。

18. 车 e5×e6+ 王 e8-f7 19. 车 e6-d6 马 g8-f6 20. 车 d1×d3 g5-g4
21. f2-f3 车 h8×h2 22. f3×g4 马 f6-e4 23. 车 d3-f3+ 王 f7-g7

若走 23... 王 e7 24. 车×g6。

24. 车 d6-d7+ 王 g7-h6

25. 车 f3-e3 马 e4-c5?（图 14）

26. g4-g5!

黑方认输。

如果 26... 王×g5 27. 车 e5+抽吃
黑马。又如 26... 王 h5 27. 象 d1+，
黑方亦失子。

这一局棋，黑方走得不好。开局不
久就失兵失势。到对局结束时，一只车
一动未动，另一只车只走了一步，岂有
不输之理。而白方子力灵活，双车占领

图 14

开放线，其攻击力当然比黑方双车大得多，胜负也就不言自明了。

第9局 卡姆斯基（Kamsky）——皮盖特（Je. Piket）

1995 年弈于格罗宁根 C63 65/318

1. e2-e4 e7-e5 2. 马 g1-f3 马 b8-c6 3. 象 f1-b5 f7-f5 4. 马 b1-c3
f5×e4 5. 马 c3×e4 d7-d5 6. 马 f3×e5 d5×e4 7. 马 e5×c6 后 d8-g5
8. 后 d1-e2 马 g8-f6 9. f2-f4 后 g5×f4 10. d2-d4 后 f4-d6 11. 马 c6-e5+
c7-c6 12. 象 b5-c4

双方选择了雅尼什弃兵中的一路常见变化。

12... 象 c8-e6

若黑方贪吃兵走 12... 后×d4?! 13. 马 f7 车 g8 14. 象 e3 后×b2
15. 0-0，白方有攻势。

13. c2-c3

走 13. 象 f4 也不错。

13... 象 e6×c4 14. 马 e5×c4

如走 14. 后×c4 后 d5，黑方满意。

14... 后 d6-e6 15. 0-0 象 f8-e7 16. 象 c1-g5 0-0 17. 车 a1-e1 车 a8-e8 18. 马 c4-d2

双方针对黑方的 d4 孤兵展开争夺。也可先走 18. a4 之后再走马 d2。

18... 后 e6×a2?!

过于简单。卡姆斯基赛后指出，既然白方想围剿 d4 兵，黑方不妨将计就计，走 18... 后 d5!，如白方走 19. 象×f6? 象×f6 20. 马×e4 象×d4+! 21. c×d4 后×d4+ 22. 王 h1 车×f1+ 23. 车×f1 车×e4 24. 后 f3 后 f6!，黑棋反多一兵。

19. 象 g5×f6 象 e7×f6 20. 马 d2×e4 车 e8-e6!

好棋。如 20... 象 e7? 21. 马 d6! 之后黑方难走，若接走 21... 象×d6，则 22. 后×e8，白胜；或接走 21... 车×f1+ 22. 车×f1，黑象必失。

21. 后 e2-g4 h7-h6（图 15）

22. 车 f1×f6

弃车砍象，好棋! 此前一着黑方改走 21... 象 e7 也不行，经 22. 车×f8+ 象×f8 23. 车 f1，下一步走后 f5 威胁后×f8# 杀。对此，黑无好对策。若接走 23... 后 d5，则 24. 马 f6+ 车×f6 25. 车×f6，黑失半子。或者接走 23... g6，则 24. 马 f6+ 王 g7 25. 后 h4 h5 26. 后 g5 象 e7 27. 马×h5+ 王 h7（或 27... 王 g8 28. 后 f4，白优。黑方不敢吃白马，如果 28... g×h5 29. 后 f7+ 王 h8

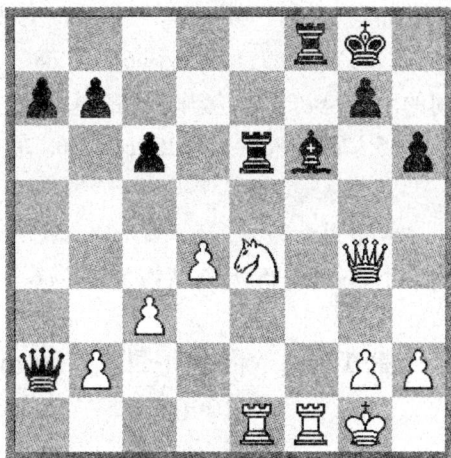

图 15

30. 后×h5+ 王 g8 31. 后 e8+ 王 g7 32. 车 f7+，后面是连将杀王）28. 车 f7+ 王 h8 29. 后 h6+ 王 g8 30. 后 g7#杀。

22... 车 f8×f6 23. 马 e4×f6+ 车 e6×f6 24. 后 g4-c8+ 王 g8-h7

25. 后 c8×b7 a7-a5

经过一组战术组合，白棋多一兵。

26. h2-h3 车 f6-g6?

自堵黑王的出路，坏棋。应走 26... a4! 积极进兵。

27. 后 b7-b8! a5-a4

如走 27... 后 d5 28. 车 e2，白优。

28. 车 e1-e8

叫杀。正因黑车在 g6 才有此着。

28. ... 车 g6-e6　29. 车 e8-h8+　王 h7-g6　30. 后 b8-g3+　王 g6-f7

31. 车 h8-b8　后 a2-b1+　32. 王 g1-h2　车 e6-e1

黑方也如法炮制。

33. 车 b8-b7+　王 f7-e6

黑王若逃到底线也是死路一条。

34. d4-d5+!

其实，白棋怎么走都是赢。如 34. 后 g4+　王 d5（若 34. ... 王 f6
35. 后×g7+　王 e6　36. 后 f7+　王 d6　37. 车 d7#杀）35. 后 d7+　王 e4
36. 后×c6+，白棋大优。

34. ... 王 e6×d5

如走 34. ... c×d5　35. 后 g4+　王 d6　36. 车 d7+　王 c5　37. 后 b4+　王 c6
38. 车 d6+　王 c7　39. 后 b6+　王 c8　40. 车 d8# 杀。车、后把对方的王夹在中
间的杀法是初学者应当掌握的基本杀法。

35. 车 b7-d7+　王 d5-c4　36. 车 d7-d4+　王 c4-b3　37. c3-c4+

黑方认输。

以下是：37. ... 王×b2　38. 车 d2+　王 a1　39. 后 a3#杀，或 37. ... 王 b4
38. 后 a3+　王 a5　39. 后 c5+　王 a6　40. 后×c6+杀。

第 10 局　科尔尼耶夫（Korneev）——哈奇安（Hachian）
1996 年弈于鄂木斯克　C63　69/308

1. e2-e4 e7-e5　2. 马 g1-f3 马 b8-c6　3. 象 f1-b5 f7-f5　4. 马 b1-c3

对付 f5，这是最常见的着法。除此之外还有 4. d4、4. d3 和 4. 象×c6 等多
种着法。

**4. ... f5×e4　5. 马 c3×e4 马 g8-f6　6. 后 d1-e2 d7-d5　7. 马 e4×f6+
g7×f6　8. d2-d4 象 f8-g7　9. d4×e5 0-0　10. e5-e6**

也有人走 10. 象×c6 b×c6　11. e6 车 e8　12. 0-0 车×e6　13. 后 d3 c5，
白方稍优。

10. ... 马 c6-e5　11. 象 c1-f4

还可考虑走 11. c3，黑方若走 11. ... c6，则 12. 象 a4，再象 c2 控制 b1-h7 斜线。

11. ... c7-c6　12. 象 b5-d3 马 e5×d3+　13. 后 e2×d3 象 c8×e6　14. 马 f3-d4

象 e6-f7　15. 0-0-0

长易位后，黑方双象都瞄准了白方王前兵，等于把王往对方象的枪口上送，所以还是短易位好。

15...　后 d8-d7　16. h2-h4　车 f8-e8　17. h4-h5

应走 17. f3!?，控制 e4 格。

17...　车 e8-e4　18. g2-g3　c6-c5　19. 马 d4-b5　车 e4-b4!

不能走 19...c4? 经 20. 后×e4 后×b5　21. 后 f5，黑失半子。

20. 马 b5-c3　d5-d4　21. h5-h6　象 g7-h8　22. 马 c3-e4　后 d7-d5

如走 22...　象×a2　23. b3 车 c8，双方各有顾忌，但黑方机会较好。

23. a2-a3　车 b4-b6　24. c2-c4　后 d5-d7?!

太软。应走 24...　后×c4+　25. 后×c4 象×c4　26. 马×c5 车 c6!，白棋失子。

25. 马 e4×c5?

应走 25. 王 b1。

25...　后 d7-c8　26. 后 d3×d4

这就是应走 25. 王 b1 的原因，现在如走 26. 马 e4 象×c4　27. 后 c2 象 b3，白方失子。

26...　车 b6-c6　27. 象 f4-d6　b7-b6　28. 车 h1-h4　f6-f5!

一箭双雕，既守住 g4 格，又亮出大斜线攻击白后。

29. 后 d4-d2　b6×c5?（图 16）

坏棋！到手的胜利就这样跑了。赛后哈奇安评论道：应走 29...　象 f6! 捉车，30. 马 a4 象×h4　31. g×h4 车×c4+，黑棋得子。

白棋净少一马，似乎败局已定。但是……

30. 车 h4-g4+!!

弃车将军！出其不意的一着改写了对局的比分。

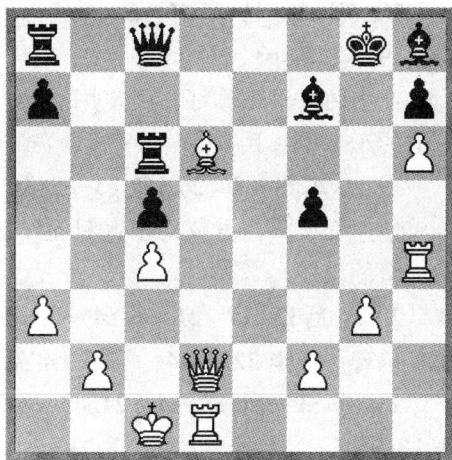

图 16

30...　f5×g4

唯一之着。若走 30...　象 g6?　31. 后 d5# 杀王。

31. 后 d2-g5+　象 f7-g6　32. 后 g5-d5+

三次重复局面，和棋。

第11局　波林克（Brenke）——潘曼（Panman）
1996年通讯赛对局　　C63　69/309

1. e2-e4 e7-e5　2. 马 g1-f3 马 b8-c6　3. 象 f1-b5 f7-f5　4. 马 b1-c3
f5×e4　5. 马 c3×e4 马 g8-f6　6. 马 e4×f6+ 后 d8×f6　7. 后 d1-e2 象 f8-e7
8. 象 b5×c6 d7×c6　9. 马 f3×e5 象 c8-f5　10. 0-0 0-0

黑方选择了弃一兵换取出子快的战略。

11. d2-d4 象 e7-d6　12. c2-c3 象 d6×e5　13. 后 e2×e5 后 f6-f7

14. 后 e5-g3 车 a8-e8　15. 象 c1-f4 车 e8-e6　16. 车 f1-e1 象 f5-e4?!

如果走16... 车 g6　17. 后 e3 车 e6　18. 象 e5，白棋稍优。

面对黑方捉象和下一步走 g6 的威胁，白方有何良策？

17. 象 f4×c7!

白方若老老实实地走17. f3，但是
经过17... 后×f4　18. f×e4 车×e4，黑
方稍优。

17... 车 e6-g6 （图17）

18. 车 e1×e4! 车 g6×g3

19. 象 c7×g3

原来白方早已算好，决定用后换取
对方的车、象、兵。

19... 车 f8-e8　20. 象 g3-e5!

通过交换，白方获得了这只比车还
有力量的象。

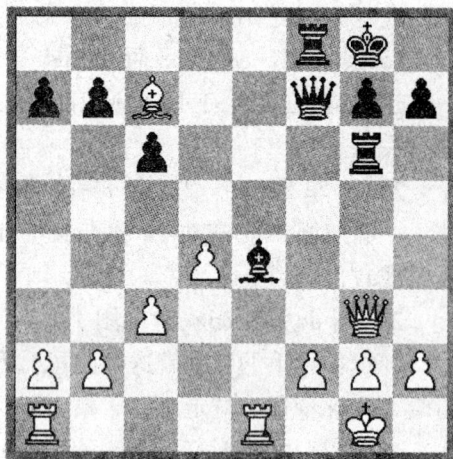

图17

20... 后 f7-d5　21. 车 e4-e3 a7-a5　22. b2-b3 b7-b5?

软着。应走22... a4!　23. c4 后 a5。

23. 车 a1-c1! a5-a4　24. c3-c4 b5×c4　25. 车 c1×c4 a4×b3　26. a2×b3
车 e8-e6

c6 兵现在是黑棋的弱点。

27. h2-h3

先消除底线弱点。

27... 车 e6-g6　28. f2-f3 h7-h5　29. 车 c4-c5 后 d5-d7　30. 王 g1-h2

现在体会一下白方 e5 象的威力：攻能直逼黑方 g7 兵，守能控制 b8-h2 斜

线。就是因为有这只象，黑方很难威胁到白王。

30...h5-h4?!

废棋。应走 30... 后 a7　31. 车 ec3 后 a2　32. 车 c2 后×b3　33. 车×c6 车×c6　34. 车×c6 后 d5　35. 车 c5 后 e6。

31. 车 e3-c3 后 d7-e8　32. f3-f4 后 e8-d7

应走 32... 后 a8。

33. b3-b4 王 g8-h7　34. 车 c3-c2 王 h7-g8　35. 车 c2-f2 王 g8-h7 36. f4-f5

白方的 e5 象主宰了全局。黑方只有招架之功，毫无还手之力。白兵全线出击，黑车无路可逃。

36... 车 g6-f6

如果走 36... 车 g5　37. b5 c×b5　38. 车 c7 后 d5　39. f6 车×e5 40. 车×g7+ 王 h6　41. d×e5 后×e5+　42. 王 g1 后 a1+　43. 车 f1 后 d4+ 44. 王 h2 后 d6+　45. 王 h1 后 d4　46. 车 f4! 后 d1+　47. 王 h2 后 d6 48. 车 gg4，白棋胜势。

37. b4-b5

白象比车的威力大，岂能和车交换。黑方眼看局势无望，只好认输。接下来是：37... c×b5　38. 车 c7 后 d8　39. 车 f4，白棋胜势，或 37... 车×f5 38. 车×f5 后×f5　39. b×c6，白棋胜势。

本局给我们感受最深的就是白棋 e5 象，能攻能守，控制了局面，是白棋取胜的关键。

第五节　古老防御

索引号　C64

1. e2-e4 e7-e5　2. 马 g1-f3 马 b8-c6　3. 象 f1-b5 象 f8-c5（图 18）

这是西班牙开局中最古老的着法之一。

变一

4. 0-0 马 c6-d4　5. 马 f3×d4 象 c5×d4　6. c2-c3 象 d4-b6　7. d2-d4 c7-c6　8. 象 b5-a4

白方稍优。

变二

4. c2-c3 马 g8-f6　5. 0-0 0-0

6. d2-d4 象 c5-b6　7. 车 f1-e1 d7-d6

8. h2-h3 马 c6-e7　9. 马 b1-d2

白方稍优。

变三

4. c2-c3 马 g8-f6　5. d2-d4 象 c5-b6

6. 后 d1-e2 e5×d4　7. e4-e5 0-0

8. c3×d4 车 f8-e8

白方稍优。

图 18

第 12 局　萨洛夫（Salov）——皮洛夫（Perov）

1994 年弈于通讯赛　C64　62/357

1. e2-e4 e7-e5　2. 马 g1-f3 马 b8-c6　3. 象 f1-b5 象 f8-c5

这种着法叫西班牙开局古老防御，15 世纪末即被棋手采用，是西班牙开局中最古老的着法之一。现代棋手已较少使用，但在初学者中还是屡见不鲜。

4. c2-c3 马 g8-f6　5. d2-d4 象 c5-b6

6. 后 d1-e2 e5×d4　7. e4-e5 0-0

不怕白方吃马。黑方设下一个小小的陷阱：8. e×f6？ 车 e8！　9. 象 e3 d×e3，黑方优势。

8. c3×d4 车 f8-e8　9. 象 c1-e3 马 f6-g4　10. 马 b1-c3 d7-d6 11. 0-0-0 马 g4×e3　12. f2×e3 象 c8-d7 13. 车 h1-f1 d6×e5　14. 象 b5-c4！ e5×d4（图 19）

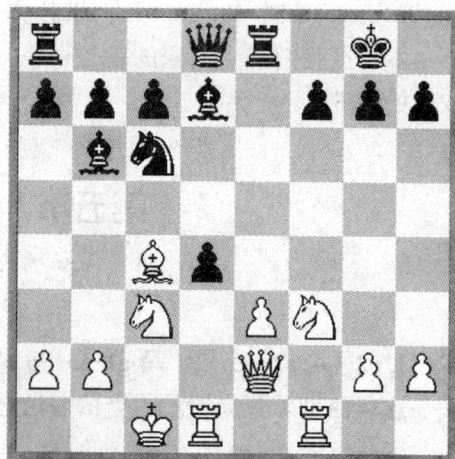

图 19

黑方不管三七二十一，只知道一味吃子，完全没想到对方会弃子攻王，这样下棋是不行的。

15. 象 c4×f7+！ 王 g8×f7　16. 马 f3-g5+

面对白方的弃子，黑方承受了巨大的心理压力。现在黑王只有三个格子可走，先看前两个：一、16... 王 e7?　17. e×d4+! 王 d6（象 e6 后×e6#，杀王）18. 马 f7#，杀王。

二、16... 王 g8!　17. 后 c4+! 象 e6　18. 马×e6，好像白方已经大优了，白马要吃后，白后要将军。但是，18... 马 a5! 白后没有好格子去。如19. 后 d3 车×e6　20. e×d4 后 g5+　21. 王 b1 后 g6，兑掉后，黑方多子。但是，黑方的选择是：

16... 王 f7-g6?（图 20）

弃子是很有威慑力的。在弃子的压力下，大部分棋手在现场找不到正确着法。如果你算不清楚，先大胆弃子杀进去再说。

现在黑王已经爬上三楼，黑方子力一大堆，却没有一个能保护黑王。白方面临如何选择最佳方案，用最简洁的手段去杀王。

17. h2-h4?

可惜，白方最终没能找到最佳的杀王手段。应该走 17. 后 d3+ 王 ×g5
18. 后×h7，黑方无法应对，白胜。

图 20

17... 车 e8-e5!

只能这样走。假如走别的，形势更差。比如：

一、17... 车×e3?　18. 后 c2+ d3　19. 车×d3 车×d3　20. 后×d3+ 王 h5
21. g4+! 王×g4!（若 21... 王×h4　22. 后×h3+ 王×g5　23. 后 h5#，白胜。或21... 象×g4?　22. 后×h7#）22. 后 f3+ 王×h4　23. 马 f7，白胜。

二、17... 象 f5?　18. 车×f5 王×f5　19. 车 f1+ 王 g6　20. 后 d3+ 王 h5
21. 后×h7+ 王 g4　22. f5+ 王 h5　23. 马 f7+ 王×h4　24. 后 h3#，白胜。

18. 后 e2-d3+ 象 d7-f5　19. 车 f1×f5! 车 e5×f5　20. g2-g4 后 d8-d7
21. g4×f5+ 后 d7×f5　22. h4-h5+! 王 g6×g5　23. 车 d1-g1+ 王 g5-f6
24. 车 g1-f1 后 f5×f1+　25. 后 d3×f1+

白方弃子攻王之后的一系列战术打击告一段落。白方不但吃回了弃子而且取得了子力优势。

25... 王 f6-e6　26. 后 f1-c4+ 王 e6-e7　27. 马 c3-d5+ 王 e7-d6

28. 马 d5-f4

白方的计划是：29. 后 e6+ 王 c5 30. 后 d5+ 王 b4 31. 马 d3+ 王 a4 32. b3+ 王 a3 33. 后 b5，然后 34. 后 a4#，杀王。

28... 车 a8-e8 29. 后 c4-d5+ 王 d6-e7 30. e3-e4

进兵正确，增加了攻王的力量，如果兑兵就把黑象放出来了。

30... 车 e8-f8 31. 后 d5-e6+ 王 e7-d8 32. 后 e6-g4 车 f8-f7 33. 马 f4-e6+ 王 d8-e7 34. 马 e6×g7 车 f7-f1+ 35. 王 c1-d2 王 e7-f6 36. 王 d2-e2! 车 f1-g1! 37. e4-e5+! 马 c6×e5 38. 后 g4-e6+ 王 f6×g7 39. h5-h6+! 王 g7-f8 40. 后 e6×e5 车 g1-g6

双方交换了马之后，白方取胜的最好方法就是 h 兵升后。

41. 后 e5-h8+ 王 f8-f7 42. 后 h8×h7+ 王 f7-f6 43. 后 h7-h8+ 王 f6-f7 44. h6-h7 车 g6-g7 45. b2-b4!

白 h 兵暂时无法升后，进 b 兵控制黑方黑格象的活动至关重要。

45... a7-a5 46. a2-a3 a5×b4 47. a3×b4

黑方陷入无子可动局面，此时走任何一个子都会失子。

47... d4-d3+ 48. 王 e2×d3 象 b6-g1 49. 后 h8-c8!

黑方认输。

以下的着法是：49... 车×h7 50. 后×c7+ 王 g8 51. 后 c8+ 王 f7 52. 后×b7+ 王 g8 53. 后 c8+ 王 f7 54. 后 f5+ 王 g8 55. b5 车 g7 56. b6 象×b6 57. 后 e6+ 王 f8 58. 后×b6，白方得子胜。

第六节　柏林防御
索引号　C65

1. e2-e4 e7-e5 2. 马 g1-f3 马 b8-c6 3. 象 f1-b5 马 g8-f6 4. 0-0 马 f6×e4 5. d2-d4（图 21）

变一

5... 马 e4-d6 6. 象 b5×c6 d7×c6 7. d4×e5 马 d6-f5 8. 后 d1×d8+ 王 e8×d8 9. 马 b1-c3 象 c8-e6 10. 马 f3-g5 王 d8-e7 11. 车 f1-d1

白方稍优。

变二

5... 象 f8-e7 6. 后 d1-e2 马 e4-d6 7. 象 b5×c6 b7×c6 8. d4×e5 马 d6-b7

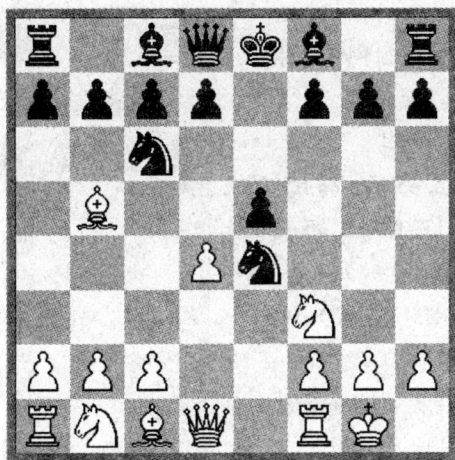

图 21

9. 马 f3-d4　0-0

白方稍优。

以后白方可走 10. 车 d1、10. 马 c3、10. 马 f5、10. 马 d2 等。

第 13 局　斯维德勒（Svidler）——列科（Lékó）
1999 年弈于利纳雷斯　C65　75/302

　　1. e2-e4　e7-e5　2. 马 g1-f3　马 b8-c6　3. 象 f1-b5　马 g8-f6　4. 0-0
象 f8-c5　5. c2-c3

　　利纳雷斯超级赛是当今世界棋坛最高水平的循环赛。八位顶尖高手捉对厮杀。
也许是列科偏爱这一路变化，在伊万丘克——列科的对局中走的是：5. 马×e5
马×e4　6. 后 e2　马×e5　7. d4　象 e7　8. d×e5　马 c5　9. 象 f4 0-0，最终走成
了和棋。

　　5. . . 0-0　6. d2-d4　象 c5-b6　7. 后 d1-d3

　　还是这次比赛，在托帕洛夫——列科的对局中经过：7. 象 g5 h6　8. 象 h4 d6
9. 象×c6 b×c6　10. d×e5 d×e5　11. 后 a4 后 d6，最终也走成了和棋。

　　7. . . d7-d6　8. 象 c1-g5　h7-h6　9. 象 g5-h4　象 c8-d7　10. 马 b1-d2　a7-a6
11. 象 b5-c4　e5×d4　12. c3×d4　g7-g5　13. 象 h4-g3

　　新手。如果走 13. 马×g5? h×g5　14. 象×g5 王 g7！　15. e5 d×e5　16. 马 e4
象 f5！　17. d×e5 马×e4！　18. 象×d8 车 a×d8　19. 后 f3 象 g6，黑棋稍优。

　　13. . . 马 f6-h5（图 22）

14. e4-e5！

这一步中心突破是很自然的，黑方冲兵 g5 有点冒进，形成了后方空虚。白方有 15. 后 g6+！的好棋。

14... 王 g8-g7　15. e5×d6 马 h5×g3

16. d6×c7 后 d8×c7　17. f2×g3 g5-g4

18. 马 f3-h4 马 c6-e5　19. 马 h4-f5+

象 d7×f5　20. 后 d3×f5 象 b6×d4+

21. 王 g1-h1 后 c7-d6！

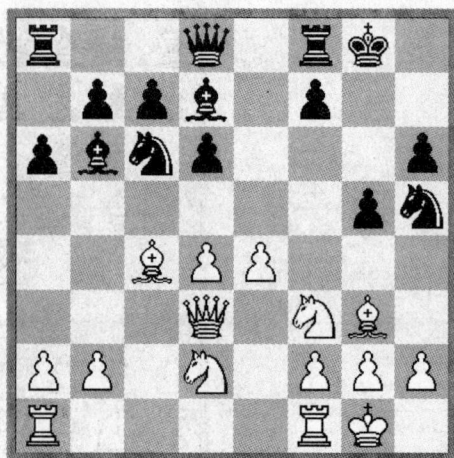

图 22

黑方打算到 g6 兑后以减轻压力。如走 21... 马×c4　22. 车 ac1！（或 22. 后×g4+ 王 h7　23. 后×d4，白优）白优。

22. 车 a1-e1 车 a8-d8

23. 象 c4-b3！

此象是进攻黑王的主力，不能让黑马兑掉。

23... 象 d4×b2　24. 马 d2-c4 马 e5×c4　25. 后 f5×g4+ 后 d6-g6

26. 后 g4×c4 b7-b5　27. 后 c4-b4 车 d8-c8　28. 车 e1-e3！

切不可贪吃，如走 28. 象×f7？象 c3！白棋反而不好办了。

28... 后 g6-g5　29. 后 b4-d2 象 b2-f6　30. h2-h4 后 g5-c5　31. 车 e3-e4 h6-h5　32. 车 e4-f4 车 c8-c6　33. 车 f4-f5 后 c5-c3　34. 后 d2-f4 车 f8-d8 35. 车 f5×h5 后 c3-d2

唯一着法。否则白方走 36. 后 h6+ 王 g8　37. 后 h7+ 王 f8　38. 后×f7#杀。

36. 后 f4-g4+ 王 g7-f8　37. 车 h5-h8+！

妙手！黑 f6 象不能动，白有车×f7+。

37... 王 f8-e7　38. 车 h8-h7 车 d8-f8　39. 后 g4-e4+ 王 e7-d7 40. 象 b3×f7！

好棋。黑方认输。

走 40. 车 d1？，不好。黑有 40... 车 c1。

第14局 马特洛维奇（Matulovic）——克拉拉季奇（Karaklajic）
1991年南斯拉夫冠军赛 C65 53/322

1. e2-e4 e7-e5 2. 马g1-f3 马b8-c6 3. 象f1-b5 马g8-f6 4. 0-0 马f6×e4 5. d2-d4 马e4-d6

这种走法叫西班牙开局柏林防御。它与西班牙开局开放变例稍有不同。

6. 象b5×c6 d7×c6 7. d4×e5 马d6-f5 8. 后d1×d8+ 王e8×d8 9. 车f1-d1+ 王d8-e8

刚开局8个回合，黑王就移动了，失去了易位的权利，这样多少有点被动。

10. 马b1-c3 马f5-e7

这样退马比较少见，明显失先。应该尽快出动子力，走10...象c5或10...象e6。

11. 马f3-d4 马e7-f5

黑马自堵黑格象的出路，白马不失时机地控制黑方白格象的出路，白棋已占优势，黑马又回f5格，等于白白送给白方两步棋。如果走11...c5？12. 马db5!，黑方a线车必失。

12. 马d4-e2 象f8-e7 13. b2-b3 象c8-d7 14. 象c1-b2 车a8-d8 15. 马c3-e4 h7-h5 16. c2-c4 a7-a5 17. 车d1-d3 象d7-c8 18. 车a1-d1 车d8×d3 19. 车d1×d3 b7-b6 20. h2-h3 h5-h4 21. 象b2-c1 a5-a4

先弃一兵，引诱对方吃掉，再去攻击对方散乱的兵阵，各个击破。这种方法常用于攻击对方的三联兵。

22. 象c1-g5 a4×b3 23. a2×b3

对付敌人上述战术最好的方法就是不予理睬。

23... 车h8-h5 24. f2-f4!

挡住黑车的路线，好棋，若走24. 象×e7就错了。

24... 象c8-e6 25. 王g1-f2 b6-b5 26. c4×b5? c6×b5

白棋兑兵错误，形成黑棋后翼多兵。此时一般应走26. c5，以后再走b4，以两兵压住黑棋三兵。以后简化局面无后顾之忧。另外，当对方拥有双象时，应尽量保持局面封闭，以限制双象的行动。

27. 象g5×e7 王e8×e7

不要忘记王也是有战斗力的棋子。快到残局了，王也该出来参加战斗了。

28. b3-b4?!

此着棋有疑问。正着为 28. 马 c5。

28... 象 e6-c4! 29. 车 d3-c3 c7-c6?

坏棋。如果走 29... 象×e2 30. 王×e2 马 d4+ 31. 王 e3 马 e6 32. 马 c5!，白棋稍优。但此时黑方有好棋：29... 车 h6! 如果白棋应 30. 马 d2，则有象×e2 31. 王×e2 车 c6! 32. 车×c6 马 d4+，黑棋把自己那只位置不好的车，与白棋灵活的车兑掉，扭转了被动局面。

30. 车 c3-a3! 象 c4×e2 31. 车 a3-a7+ 王 e7-e6 32. 王 f2×e2 f7-f6 33. 马 e4-c5+ 王 e6-d5 34. 王 e2-d3!

将黑王堵住，使其无路可逃。白有 35. 车 d7# 杀王。

34... f6×e5 35. 车 a7-d7+ 马 f5-d6 36. 马 c5-e4 车 h5-h6（图 23）

这只车从开局到现在只走了两步。以前它像个旁观者，毫无用处地停在 h5。现在它才刚刚起点作用，担当防守之职，与有攻击力的白车相比，它不知要逊色多少。双方优劣不言自明。

37. f4-f5!!

好棋。这是典型的局面性弈法。白棋已经完全控制了局面。黑方虽然多一兵，但所有的子都不能动了，局势已经完全无望了。

37... c6-c5

现在，黑方只能走这一步棋。

图 23

38. b4×c5 王 d5-c6 39. 车 d7×d6+ 车 h6×d6 40. c5×d6 王 c6-d7 41. 王 d3-c3

黑方认输。

第15局 考斯顿（Kosten）——培恩（Pein）

1991 年弈于乌泽 C65 53/325

1. e2-e4 e7-e5 2. 马 g1-f3 马 b8-c6 3. 象 f1-b5 马 g8-f6 4. 0-0 马 f6×e4 5. d2-d4 象 f8-e7 6. 后 d1-e2 马 e4-d6 7. 象 b5×c6 b7×c6 8. d4×e5 马 d6-b7

同样是西班牙开局柏林防御，这一局从第 5 回合起又有不同。

9. b2-b3 0-0　10. 象 c1-a3 d7-d6！?

此着值得注意。以前常走 10... 车 e8！。

11. 马 b1-c3 a7-a5　12. 车 a1-d1 象 f8-g4　13. h2-h3 象 g4-h5?

一般人都认为易位之后的王前兵不敢乱挺。这可不一定。请大家注意考斯顿怎样处理王前兵挺起来之后的局面。此时走 13... 象×f3　14. 后×f3 d5 好一点。

14. g2-g4！象 h5-g6　15. 马 f3-d4 后 d8-d7

如果走 15... c5? 给白棋以机会：16. 马 c6 后 d7　17. 马 d5！象 h4 18. 后 b5！，之后有马 ce7 和后×b7 两个威胁，白棋大优。

16. 后 e2-f3 马 b7-d8　17. 马 d4-f5 象 g6×f5　18. g4×f5 车 f8-e8

面对白兵 f6 的冲锋，黑棋无可奈何。如果走 18... f6，白则冲 e6 兵也颇具威胁。黑棋的着法表明他宁愿让白棋冲 f6。

19. f5-f6 g7×f6

无可奈何。如果走 19... 象 f8　20. e×d6 c×d6　21. f×g7 象×g7　22. 车×d6，白棋攻势甚猛。

20. e5×f6 象 e7-f8　21. 王 g1-h1

这步躲王，攻守兼备。现在 g 线已经开放，谁能控制这条开放线，谁就掌握了攻王的主动权。白方若想调动重子攻击 h 线，走 21. 车 d4 王 h8　22. 车 h4 车 e5！，白后已无法进入 h 线，若接走 23. 后 d3 后 f5！，黑棋形势大为改观。

21... 王 g8-h8　22. 车 f1-g1 马 d8-e6　23. 象 a3-c1！

好棋！这步棋走得很有深度，准备下一着走后 g4。

此时如果直接走 23. 后 g4? 似佳实劣。黑棋应以 23... 象 h6　24. 后 h5 象 g5！，以下如走：a) 25. 车×g5? 马×g5　26. 后×g5?? 后×h3+　27. 王 g1 车 g8，黑胜。b) 25. 马 e4 马 f4　26. 后 f3 象 h6，双方各有顾忌。

除此还有一步棋值得注意：23. 马 e4！?，以下如走：a) 23... d5　24. 后 g4 象×a3（如 24... 象 h6 则 25. 象 c1）25. 后 g7+ 马×g7　26. f×g+ 王 g8 27. 马 f6#，白胜。b) 23... 马 f4　24. 马 g5（24. 后×f4? 车×e4！　25. 后×e4? 后×h3#，黑胜）24... 马 g6　25. 后 h5 h6　26. 马×f7+ 后×f7　27. 车×g6，白棋胜势。c) 23... 象 h6　24. 后 h5 象 f4（24... 马 f4　25. 后×h6）25. 车 g7！马×g7　26. f×g7+ 王×g7　27. 车 g1+ 王 f8　28. 车 g8+！王 e7（28... 王×g8 29. 马 f6+！）29. 后 h4+ 王 e6　30. 后 f6+ 王 d5　31. 马 c3#，白胜。

23... d6-d5（图 24）

24. 车 d1-d4！！

如果走 24. 后 g4?! 象 d6　25. 象 h6
车 g8　26. 象 g7+ 车×g7　27. f×g7+ 王 g8，
白方要想赢棋还颇费周折。所以弃车将
e6 马引开，构思巧妙。

24... 象 f8-a3！

黑方不敢接受弃车。否则：a）24...
马×d4　25. 后 g2 象 h6，因为必须同时
保卫 g7 和 g8 两个格，26. 象×h6 马 f5
27. 象 g7+ 王 g8　28. 象 f8!＋，白胜。
b）24... 象 d6　25. 后 f5（威胁
26. 后×h7+ 王×h7　27. 车 h4#，白胜）
马 f8　26. 车 dg4!，白胜。

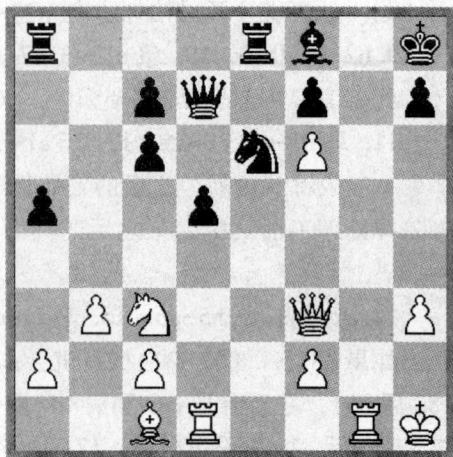

图 24

25. 车 d4-h4　象 a3×c1　26. 后 f3-h5！

白方集中后，双车三个强子攻王，黑方已无法防守。

26... 马 e6-f8　27. 车 g1-g7！

黑方认输。

以后的着法是：27... 车 e1+　28. 王 g2 h6　29. 后×h6+ 象×h6
30. 车×h6+ 马 h7　31. 车 hh7#，杀王。

第七节　改进的斯坦尼茨变例
索引号　C74-C76

古老的斯坦尼茨变例是指 1. e4 e5　2. 马 f3 马 c6　3. 象 b5 a6 之后的各
种变化。后来棋手们又尝试在 3. 象 b5 之后走 a6，先把白象赶到 a4 格再走
d6。这就是改进的斯坦尼茨变例。它与古老的斯坦尼茨变例有些相似，都是
先挺兵 d6，给 e5 兵生根，并开通白格象路。它的基本着法是：

**1. e2-e4 e7-e5　2. 马 g1-f3 马 b8-c6　3. 象 f1-b5 a7-a6　4. 象 b5-a4
d7-d6**（图 25）

变一　C74

5. c2-c3 f7-f5　6. e4×f5 象 c1×f5　7. d2-d4 e5-e4　8. 马 f3-g5 d6-d5
9. f2-f3 e4-e3　10. f3-f4 马 g8-f6　11. 0-0 象 f8-d6

双方均势。

变二　C74

5. c2-c3　f7-f5　6. e4×f5　象 c8×f5

7. 0-0　象 f5-d3　8. 车 f1-e1　象 f8-e7

9. 象 a4-c2　象 d3×c2　10. 后 d1×c2

马 g8-f6　11. d2-d4　e5-e4

双方得失相当。

变三　C75

5. c2-c3　象 c8-d7　6. d2-d4

马 g8-e7　7. 0-0　马 e7-g6　8. 象 c1-e3

象 f8-e7　9. 马 b1-d2　0-0

10. 车 f1-e1

白方稍优。

变四　C76

5. c2-c3　象 c8-d7　6. d2-d4　g7-g6　7. 0-0　象 f8-g7　8. d4-d5　马 c6-e7

9. 象 a4×d7+　后 d8×d7　10. c3-c4　h7-h6　11. 马 b1-c3　f7-f5

双方均势。

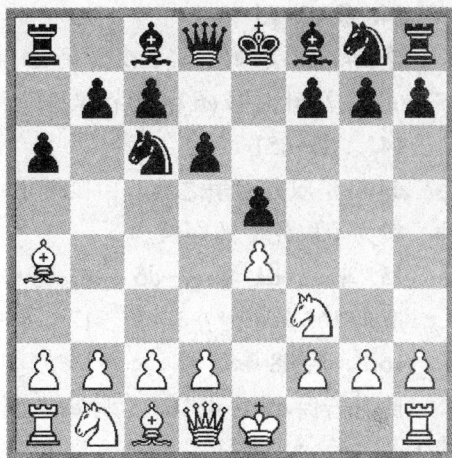

图 25

第 16 局　高尔金（A. Galkin）——沃罗尼科夫（Vorotnikov）

1998 年弈于俄罗斯　C74　74/360

1. e2-e4　e7-e5　2. 马 g1-f3

马 b8-c6　3. 象 f1-b5　a7-a6

4. 象 b5-a4　d7-d6　5. c2-c3　f7-f5

6. e4×f5　象 c8×f5　7. 0-0

也可以走 7. d4　e4　8. 马 g5　d5

9. f3。

7... 象 f5-d3　8. 车 f1-e1　象 f8-e7

白方后翼马象被黑象压制，暂时无法出动。

9. 象 a4-c2　象 d3×c2　10. 后 d1×c2

马 g8-f6　11. d2-d4　e5×d4　12. c3×d4

0-0　13. 马 b1-c3　王 g8-h8（图 26）

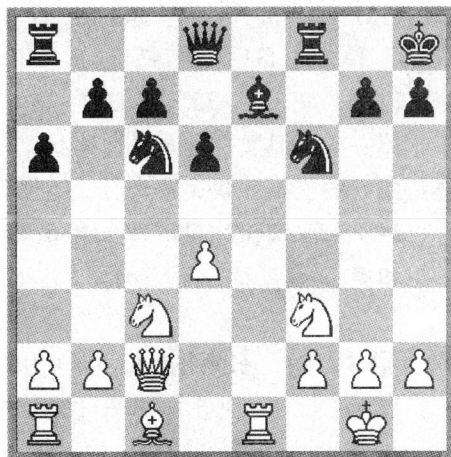

图 26

14. 象 c1-g5

走 14. d5! 较好。经 14... 马 b4   15. 后 b3 之后白棋主动，因为有马 f3-g5-e6，白马可占据 e6 格这个有利位置。

14... d6-d5!

d5 格是双方必争之地，白棋缓了一着没去抢占，黑兵立即抢先占领 d5 高地，实为争取先手的好棋。

15. 车 a1-d1   象 e7-d6   16. 马 f3-e5

应走 16. 象×f6!？ 车×f6   17. 马 e5! 马 e7   18. 后 b3，黑方必失一兵。

16... 后 d8-e8

此时若保 d5 兵走 16... 马 e7，则 17. 车 d3，再车 h3，白棋有攻势。而实战 16... 后 e8，暗含以后走后 h5 的先手。

17. 象 g5×f6   g7×f6

此时若走 17... 车×f6？ 坏棋，白有 18. 马×d5 并威胁 c7 兵。

18. 马 e5×c6

走 18. 马 g4!？ 较好。18... 后 h5   19. h3，白有较多机会，比如 20. 后 b3、20. 马 e3 或车 e6 都不错。

18... 后 e8-h5   19. g2-g3   b7×c6   20. 后 c2-a4   车 a8-b8   21. 后 a4×c6

若走 21. 后×a6?！ 车×b2   22. 后×c6 后 f3   23. 车 f1 车 b6!，白失 c3 马。

21... 车 b8×b2   22. 后 c6×d5 后 h5×d5   23. 马 c3×d5 车 b2×a2

24. 车 d1-a1

过于平淡。这里有一个变化，比实战着法更有进取性：24. 车 c1!？ 车 f7   25. 车 a1! 车 d2   26. 车 e8+ 王 g7   27. 马 e3 f5   28. 车 a5 f4   29. 马 f5+ 王 g6   30. g4! f3!   31. 车 e6+ 车 f6   32. 马 h4+ 王 g7   33. 车 g5+ 王 h6   34. 车×f6+ 王×g5   35. 马×f3+ 王×f6   36. 马×d2 a5!，白方经过千辛万苦终于吃掉一兵，但黑方有 a 线通路兵，牵制了白马。究竟是黑方的 a 兵先升后，还是白方的王翼三联兵先升后，还很难预料。

24... 车 a2-d2   25. 车 a1×a6 车 d2×d4

和棋。

第 17 局   托帕洛夫（Topalov）——尤苏波夫（Yusupov）
1995 年弈于诺夫格罗德   C75   63/290

1. e2-e4 e7-e5   2. 马 g1-f3 马 b8-c6   3. 象 f1-b5 a7-a6   4. 象 b5-a4

d7-d6　5.c2-c3　象c8-d7　6.d2-d4　马g8-e7　7.象c1-e3　马e7-g6　8.h2-h4

针对黑马在g6，白方果断地挺起了h兵，进攻黑马。

8...h7-h5　9.g2-g3　象f8-e7　10.d4-d5!　马c6-b8　11.象a4×d7+
马b8×d7　12.马f3-d2

托帕洛夫说他当时的计划是从后翼进攻：冲c4、马c3、冲b4、马b3再冲
c5，用双马象支持后翼兵群向前冲。整个计划与古印度防御中的白棋后翼进攻
差不多。

12...马d7-f6　13.f2-f3

先把g4格控制住，免得黑马来捣乱。

13...0-0　14.c3-c4　c7-c5

黑方冲兵c5，制止白棋冲兵b4的企图。

15.马b1-c3

赛后，托帕洛夫认为更好的着法是15.a3，然后再冲b4，坚定不移地执行
后翼进攻的计划。

15...后d8-d7　16.a2-a4　a6-a5?

白方放弃了冲兵b4的打算，而黑方一走a5就给自己留下了一个永久弱
格——b5，那正是白马进驻的绝好位置。其实黑方应走16...b6，然后把马经
e8运动到c7，加强对后翼的防守。

17.后d1-e2　王g8-h7　18.0-0-0　车f8-h8　19.马d2-f1

白棋想把子力调动一下：象到d2，马到e3加强对f5格和g4格的控制。

19...王h7-g8

黑方花了三步棋的时间把车从f8调到h8，难道他想打开h线？目前还看
不出他有什么手段。

20.象e3-d2　马f6-e8　21.马f1-e3　马g6-f8?!

这种子力配置不好，大部分子力都在底线怎么能行？如果走马c7、车e8、
象f6，还能稍好一点。

22.b2-b3?!

此着稍缓，应走22.车df1，然后冲f4，从王翼展开进攻。

22...g7-g6?

黑棋的战略不对。还是应走22...马c7守住b5格，再象f6、车e8。

23.f3-f4　象e7-f6　24.车d1-f1　后d7-e7（图27）

25.f4-f5!

白方进兵，吹响了攻王的冲锋号。

25... 马 e8-g7　26. 马 c3-b5
b7-b6?

废棋。应走 25... 马 d7，经 26. f×g6
f×g6 之后，白棋一时难有突破。

27. f5×g6　f7×g6　28. g3-g4!
象 f6×h4　29. 马 b5×d6　后 e7×d6

如果走 29... 象 f6　30. g5　象×g5
31. 马 f7!，白棋优势。

30. 车 h1×h4　马 f8-d7

如果走 30...h×g4　31. 车×h8+
王×h8　32. 马×g4，白方再走象 c3，
后 h2 围剿 e5 兵，白方更好一些。

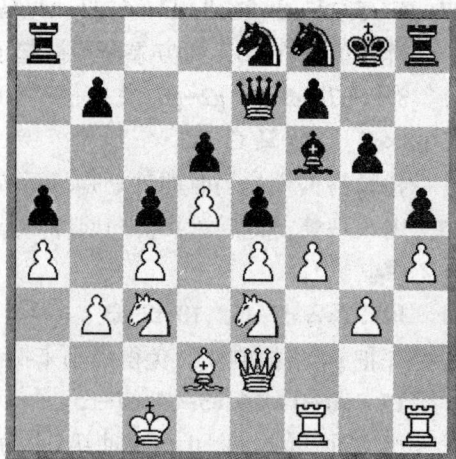

图 27

31. g4×h5　车 h8×h5　32. 车 h4×h5　马 g7×h5　33. 马 e3-f5!
黑方认输。

以下是：33... 后 c7　34. 车 g1　王 h7　35. 车×g6! 王×g6　36. 后 g4+
王 f6（若 36... 王 h7　37. 后×h5+ 王 g8　38. 后 g6+，白胜）37. 象 g5+ 王 g6
38. 象 e7+ 王 f7　39. 后×h5+ 王 g8　40. 后 g6+ 王 h8　41. 后 g7#，白胜。

整局棋黑方走得死板、沉闷，毫无攻击能力。而白方则在后翼攻击受阻之
后，迅速调整子力部署，在王翼展开进攻，一举攻破城池。

第 18 局　希洛夫（Shirov）——劳特尔（Lautier）
1995 年弈于多斯·赫尔马纳斯　C75　63/291

1. e2-e4 e7-e5　2. 马 g1-f3 马 b8-c6　3. 象 f1-b5 a7-a6　4. 象 b5-a4
d7-d6　5. c2-c3 象 c8-d7　6. d2-d4 马 g8-e7　7. 0-0 马 e7-g6　8. d4-d5
马 c6-b8　9. 象 a4-c2

这步退象是新着法，以往走 9. c4 象 e7　10. 马 c3　0-0，白方稍优。

9... 象 f8-e7　10. h2-h3

挺了 h3 之后，f4 格就成了黑马入侵的好点，因为不能走 g3。

10... h7-h6

黑方计划走象 g5。

11. c3-c4 象 e7-g5　12. 马 b1-d2 a6-a5!
黑马可经 a6 到 c5。

13. b2-b3 马 b8-a6   14. a2-a3 马 a6-c5   15. 车 a1-b1 马 g6-f4

至此黑方双马活跃，已略占先手。

16. 马 f3-e1

因为中心封闭，黑方不急于易位是正确的。现在不能走 16. 马×g5，因黑 h×g5，打开 h 线对黑方有利。而马在 e1 可以加强 d3 格和 g2 格的防守。

16...0-0   17. b3-b4?!

白方太想赶走 c5 马了。既然黑方已经易位，应走 17. 马 df3 加强自己王前的防守才是。

17...a5×b4   18. a3×b4 马 c5-a4   19. 车 b1-b3 b7-b5   20. 车 b3-a3 b5×c4

还是走 20...后 e8，加强对 a4 马的防守好一点。

21. h3-h4！

一个不露声色的小陷阱。如果走 21. 象×a4 象×a4   22. 车×a4 车×a4 23. 后×a4 马 e2+   24. 王 h1 马×c1   25. 马×c4 后 a8   26. 后×a8 车×a8，黑方稍优。

21... 象 g5-e7

若随手吃兵就中计了，21... 象×h4   22. g3！，捉双！

22. g2-g3 马 f4-h3   23. 王 g1-g2 马 a4-b6   24. 车 a3-c3 后 d8-c8 25. 车 f1-h1

此时不能走 25. 马×c4，经马×c4   26. 车×c4 象 b5，黑方优势。

25... 车 a8-a1！ 26. 马 d2×c4?

吃兵错误。应走 26. 象 b1，再马 c2 把黑车赶走。

26... 马 b6×c4   27. 车 c3×c4
（图 28）

27... 象 e7×h4！ 28. f2-f4

唯一着法。若走 28. g×h4 马 f4+ 29. 王 h2，可惜 c1 象被牵制，无法行动（如走 29. 王 g1 车×c1！，黑胜）。 29... 象 b5   30. 车 c3 马 e2！，黑棋胜势。

28... 象 h4×g3   29. 王 g2×g3 马 h3×f4

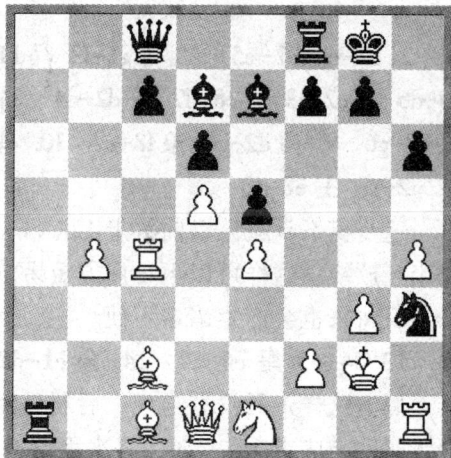

图 28

好棋，威胁车×c1。

30. 车 h1-h2?!

此时走 30. 马 d3 稍好。

30... 象 d7-b5　31. 车 c4-c3　后 c8-d8　32. 后 d1-d2　后 d8-g5+

33. 王 g3-f3　后 g5-g1

威胁走 34... 车×c1　35. 后×c1　后×h2，黑方胜势。

34. 象 c2-d1　f7-f5　35. 车 c3×c7　f5×e4+　36. 王 f3×e4　象 b5-e8

37. 车 h2-f2　象 e8-g6+

另一种杀法是：37... 后×f2　38. 后×f2　象 g6+　39. 王 e3　马 d5+!
40. 王 e2　车×f2+　41. 王×f2　马×c7，黑方胜势。

38. 王 e4-e3　马 f4-h3

威胁 39... 后 g5+　40. 王 e2　车×f2#杀王。

39. 马 e1-f3　后 g1-g3　40. 车 f2-g2?

较好的着法是 40. 车 f1　后 f4+　41. 王 e2　后 e4+　42. 后 e3　马 f4+
43. 王 f2　马 d3+　44. 王 g2　车×c1　45. 后×e4　象×e4，但也无法挽回败势。

40... 后 g3-f4+　41. 王 e3-e2

白方认输。

以后是 41... 后×f3+　42. 王 e1　后 f1#。

第19局　恩斯特（Th. Ernst）——高塞尔（Gausel）

1992 年弈于高斯达尔（Gausdal）　　C75　53/328

1. e2-e4　e7-e5　2. 马 g1-f3　马 b8-c6　3. 象 f1-b5　a7-a6　4. 象 b5-a4
d7-d6　5. c2-c3　象 c8-d7　6. d2-d4　马 g8-e7　7. 象 a4-b3　h7-h6　8. 马 b1-d2
马 e7-g6　9. 马 d2-c4　象 f8-e7　10. 马 c4-e3　象 e7-g5　11. 马 f3×g5　h6×g5
12. g2-g3　王 e8-f8

这步棋不常见。以前常走 12...e×d4。黑方把车留在 h 线，是因为 h 线已
是半开放线。这样可以阻止白方短易位。但是这样黑方的双车就被自己的王隔
开了，将来也会产生诸多不便。

13. d4-d5　马 c6-e7　14. 象 c1-d2　马 e7-g8

黑方这样走马没有道理，后翼马经过长途跋涉，走到王翼马的位置上，浪
费了时间。应走 14...c6，将来无论怎样兑兵，这只马留在 e7 总会在 c6 和 f5
格找到一个落脚的位置。也许黑方想保持局面的封闭性，认为在封闭性局面中

浪费几步棋没关系。现在走 14...f5 也不好。经过 15. e×f5 马×f5 16. 后 f3 后 f6 17. 马 g4 后 e7 18. 后 e4！，白棋有双象优势，黑方王前空虚，白方稍优。

15. 后 d1-e2 a6-a5 16. 0-0-0 a5-a4 17. 象 b3-c2 马 g8-h6 18. f2-f3 f7-f6 19. 王 c1-b1 马 h6-f7

黑方用了 5 步棋把这只马走到这么别扭的地方。这也实属无奈。原来他想冲 c 兵，考虑到会形成 d6 落后兵，预先走马 f7 来保护 d6。

20. 象 d2-c1

白方猜出黑棋意图，亮开车路。

20...c7-c5 21. d5×c6！ b7×c6 22. 马 e3-c4

黑方果然形成 d6 落后兵。白方立即进马对 d6 兵施加压力。

22...象 d7-e6 23. 象 c1-e3 马 g6-e7 （图 29）

现在白方各子协调，只需在 d 线上叠起车来，即可将 d 线攻破。反观黑方，空间局促，子力调动不畅，一只车孤零零待在 h8，成了旁观者。黑方解脱困境的唯一办法是将 d6 兵冲到 d5，那时半开放线上的压力就会减轻。白方如何阻止黑方冲兵 d5？

24. 马 c4×d6！ 马 f7×d6

25. 象 e3-c5 马 e7-c8

原来白方是用弃马的方法阻止黑方冲兵 d5 的。现在象在斜线瞄准黑王，车在直线牵住黑后，d6 马无法脱身。如

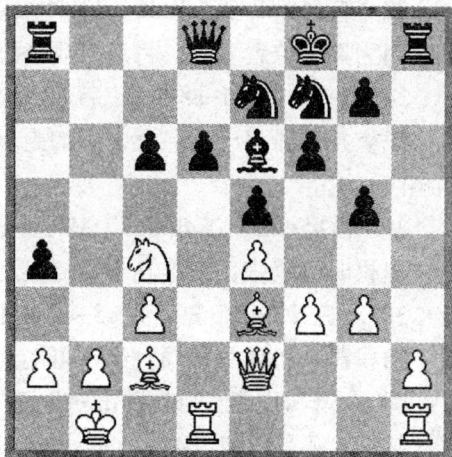

图 29

果走 25...马 d5，立即弃还一子也无法减弱白方攻势。白方有：26. e×d5 c×d5 27. 象 e4！，白方优势。

26. 车 d1-d2 a4-a3 27. b2-b3 后 d8-c7 28. 车 h1-d1 王 f8-e7

黑方摆脱了车对后的牵制，却无法摆脱象对王的牵制。

29. f3-f4！

冲兵好棋。此时在 d 线上继续增加兵力已毫无意义，如 29. 后 d3？ 车 d8！。鉴于黑王位于中路，白方应尽量使局面开放以利攻王。

29...车 a8-a5

此时走 29...车 d8 较软，属单纯防守。经过 30. f×e5 f×e5 31. 后 h5 车 a5 32. 后×g5+ 王 f8 33. 后×e5，白优。

30. 象 c5×d6+！

如走 30. 象 b4？c5！，黑弃半子反而好走。

30. . . 马 c8×d6　31. 车 d2×d6　后 c7×d6

黑方用后换双车，正确。以下两种着法，对黑棋都不好：

一、31. . . g×f4？　32. 车×e6+　王×e6　33. 后 g4+，白棋胜势。

二、31. . . e×f4，比上一种变化好一点，32. 车×e6+　王×e6　33. b4　车 aa8
34. 后 c4+　王 e7　35. 后 c5+　王 e8　36. e5！，有象 g6#的威胁，36. . . 车 h6
37. 后 c4　王 f8　38. 象 b3　车 h8　39. g×f4　g×f4　40. e×f6　g×f6　41. 车 d6！，
黑棋无法防守白棋后、车、象的进攻。

在这两种变化中，32. 车×e6+弃车砍象是进攻要点。黑棋没有白格象很难
防守白方沿白格的斜线进攻。

32. 车 d1×d6　王 e7×d6　33. f4×g5　f6×g5

因为黑王位置不好，将黑棋兵形打乱以利白后打将抽吃。

34. b3-b4　车 a5-a8　35. 后 e2-d2+　王 d6-c7　36. 后 d2×g5　王 c7-d6？

黑棋几个孤兵已难保全，不如走 36. . . 车×h2！，与白棋对攻，或许有长将
和棋。

37. 后 g5-d2+　王 d6-c7　38. 后 d2-g5？！

白棋时间紧张，想走几步重复棋度过时限危机。

38. . . 王 c7-d6　39. 后 g5-d2+　王 d6-c7　40. 象 c2-d3

白棋已获得优势残局，绝不可能走出三次重复局面。

40. . . 车 a8-d8　41. 后 d2-e3　王 c7-b7？！

错误。还是应该走 41. . . 车×h2！，与白棋对攻。黑棋又一次失去和棋机会。

42. h2-h4　车 d8-d7　43. 后 e3-g5！　车 h8-d8　44. 象 d3-e2　车 d7-d2？

黑方没有找到好的攻击点。应走 44. . . 象 g8！　45. c4　象 h7！，从这个位
置攻击 e4 兵。46. 后 g4　车 d4　47. 象 f3　车 8d7　48. 王 c2　王 c7，黑棋还有
机会守和。

45. 后 g5-e7+　王 b7-b8　46. c3-c4　车 d2-b2+　47. 王 b1-c1　车 d8-d2
48. 象 e2-d1　象 e6-g4　49. 后 e7×e5+

机敏。黑棋那只弃象万万不能吃。如走 49. 象×g4？，黑方可走成长将
和棋。

49. . . 王 b8-a8　50. 象 d1-a4　象 g4-d7　51. 后 e5-c7　车 b2×a2
52. 象 a4-b3　象 d7-h3

如走 52. . . 车 ab2　53. 后 a5+　王 b8　54. 后×a3，仍是白优。

53. 后 c7×c6+ 王 a8-b8　54. 象 b3×a2 车 d2×a2　55. 王 c1-b1 车 a2-b2+ 56. 王 b1-a1 车 b2-b3　57. 后 c6-e8+ 象 h3-c8　58. 后 e8-e5+ 王 b8-a8 59. 王 a1-a2 车 b3-f3　60. 后 e5×g7

黑方认输。

第 20 局　奥尼休克（Oniscuk）——玛拉纽克（Malanjuk）
1995 年弈于尼克拉耶夫　C76　63/292

1. e2-e4 e7-e5　2. 马 g1-f3 马 b8-c6　3. 象 f1-b5 a7-a6　4. 象 b5-a4 d7-d6　5. c2-c3 象 c8-d7　6. d2-d4 g7-g6　7. 0-0 象 f8-g7

这是西班牙开局改进的斯坦尼茨防御中的又一路变化，黑方挺兵 g6，走象 g7 是引入了斯米斯洛夫防御的思想。

8. d4-d5 马 c6-e7　9. c3-c4 h7-h6

还是走 9...b5 捉象好，经 10. c×b5 a×b5　11. 象 b3 马 f6 之后，黑方满意。

10. 马 b1-c3 f7-f5

王翼兵挺得太早必有后患。黑方想先挺 f5 再走马 f6，这样可以省一步棋，但是却要冒一点险。

11. e4×f5

黑方挺 f5 的理论根据是中心封闭，王在中心暂时无危险。白方则因黑王在中心而兑兵，让局面开放一些。由此，我们可以看出对局双方在开局理论上的争斗。

11...g6×f5　12. 马 f3-h4

企图 13. 后 h5+，黑王就不能易位了。

12...马 g8-f6　13. f2-f4 e5-e4　14. 马 c3-e2 象 d7×a4　15. 后 d1×a4+ 马 f6-d7　16. 象 c1-e3 0-0

走 16...象×b2 不好。白有 17. 象 d4! 象×a1（17...象 d4　18. 马×d4! 然后入侵 e6 格，白方优势）　18. 象×a1 0-0　19. 后 d1，白象控制大斜线黑方也很难受。

17. 象 e3-d4 c7-c5　18. 象 d4×g7 王 g8×g7　19. 马 e2-g3

此马获得了同时攻击 f5 和 h5 的好位置。

19...后 d8-e8

黑棋疲于应付。

20. 车 a1-e1 车 a8-d8　21. 后 a4-a5 车 d8-c8?

黑车走来走去总也找不对位置，其实应走 21... 后 f7，再后 f6 攻击白 h4 马好一点。

22. 后 a5-c3+ 王 g7-h7　23. 后 c3-c2 王 h7-g8（图 30）

形势已经落后，又出缓手。还是走 23... 后 f7 稍好。

24. 马 g3×e4! f5×e4　25. 后 c2×e4

可怜 e7 马竟无路可逃。

25... 车 f8-f7

若改走 25... 王 f7 保马更不好，白有 26. 后 h7+ 王 f6　27. 车 e6#，白胜。

26. 马 h4-g6

黑方 e7 马必失，认输。

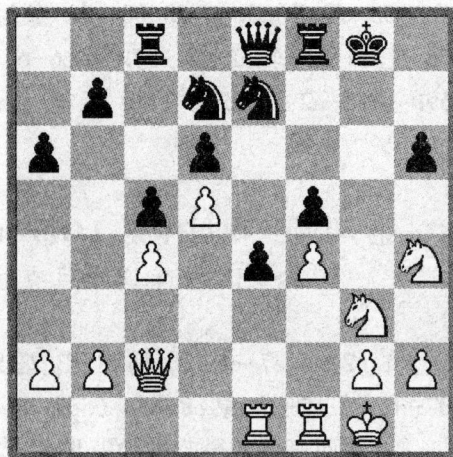

图 30

第三章 兑换变例

第一节 兑换变例
索引号 C68-C69

在西班牙开局中，白棋的白格象有其独特的重要意义，它的攻击力十分强大。象在 b5 格控制着 a4-e8 斜线；退到 b3 格又控制着 a2-g8 斜线，它刚好威胁着黑方短易位之后的王。象转移到 c2 格又控制了 b1-h7 斜线。在一百年前崇尚棋艺"浪漫主义"的时代，白格象在其他子力的配合下经常走出精彩的连珠妙手。这只白格象有"西班牙象"的美称。

在西班牙开局的各种变例中，兑换变例是一个有争议的变例。一般来讲，象与马是等值的，但棋子处于不同的位置以及与不同子力的配合时，棋子的价值又是变化的。在兑换变例中，开局不久，白方即以好象兑换黑马，似乎有点吃亏。但这样能造成黑棋的叠兵，使 e5 兵孤立。而黑方获得了出路畅通的双象，也是对叠兵的补偿。

此变例的不足之处是局面易于简化，使喜欢中局搏杀的棋手无法发挥其特长。这也正是兑换变例的优点。它适合残局功夫较深的棋手。这种变例成和的机会也较大。

参见本书第九章《西班牙开局变例统计》。

兑换变例的基本着法为：

1. e2-e4 e7-e5　2. 马 g1-f3 马 b8-c6　3. 象 f1-b5 a7-a6　4. 象 b5×c6 d7×c6（图 31）

变一　索引号　C68

5. 0-0 后 d8-d6　6. 马 b1-a3 象 c8-e6

变一 a

7. 后 d1-e2 f7-f6 8. 车 f1-d1
0-0-0 9. d2-d4 象 e6-g4 10. 象 c1-e3
e5×d4 11. 车 d1×d4 后 d6-e7

12. 马 a3-c4 车 d8×d4 13. 象 e3×d4
c6-c5 14. 象 d4-c3 后 e7-e6

双方均势。走这个变化的人比较多。

变一 b

7. 马 f3-g5 象 e6-d7 8. d2-d3 f7-f6
9. 马 a3-c4 后 d6-e7 10. 马 g5-f3
后 e7-f7 11. 象 c1-e3 象 d7-e6

12. 马 f3-d2 马 g8-e7 13. f2-f4 e5×f4
14. 象 e3×f4 马 e7-g6

双方均势。

变二 索引号 C68

5. 0-0 后 d8-d6 6. d2-d4 e5×d4 7. 马 f3×d4 象 c8-d7 8. 象 c1-e3
0-0-0 9. 马 b1-d2 马 g8-h6 10. h2-h3 后 d6-g6 11. 后 d1-f3 f7-f5
12. 车 a1-d1 f5×e4 13. 后 f3×e4 马 h6-f5

双方均势。

变三 索引号 C69

5. 0-0 f7-f6 6. d2-d4 e5×d4 7. 马 f3×d4 c6-c5 8. 马 d4-b3 后 d8×d1
9. 车 f1×d1 象 c8-g4 10. f2-f3 象 g4-d7 11. 象 c1-f4 0-0-0 12. 马 b1-c3
c5-c4 13. 马 b3-a5 象 f8-c5+ 14. 王 g1-f1 b7-b5 15. 马 c3-d5

白方稍优。

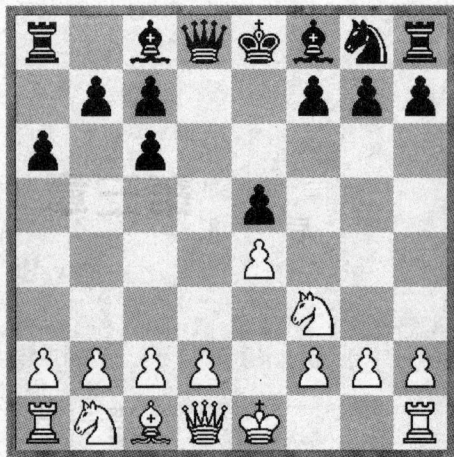

图 31

第 21 局 格林费尔德（Greenfeld）——米哈列夫斯基（Mikhalevski）
1996 年弈于比尔—席瓦（Beer-Sheva） C68 68/292

1. e2-e4 e7-e5 2. 马 g1-f3 马 b8-c6 3. 象 f1-b5 a7-a6 4. 象 b5×c6
d7×c6 5. 0-0 后 d8-d6 6. 马 b1-a3 象 c8-e6 7. 后 d1-e2 f7-f6 8. 车 f1-d1
0-0-0 9. d2-d4 e5×d4 10. 车 d1×d4

此时走 10. 马×d4 值得注意。10... 象 f7（10... c5？ 11. 象 f4！，白棋优势）11. 象 e3（若走 11. 后 g4+ 象 e6！ 12. 后 f3，若吃 e6 象白棋就输了）

白棋稍优。

10... 后 d6-e7　11. 象 c1-f4 g7-g5　12. 象 f4-g3 马 g8-h6

如走 12...h5 则 13. h4。

13. 车 d4×d8+！

此时走 13. 车 ad1 不好，黑有 13... 象 g7，白棋不好。

13... 后 e7×d8　14. 车 a1-d1 后 d8-e7

好棋。此时如误走 14... 后 e8，白棋则妙手迭出：15. 后 e3！，黑棋有三种着法：

一、15... 王 b8　16. 后 b6 后 c8　17. 马 c4！象×c4（若不吃马，白棋 18. 马 a5，很有威胁）18. 象×c7+ 后×c7　19. 车 d8+ 后×d8　20. 后×d8+ 王 a7 21. 后 d4+，白棋胜势。

二、15...c5　16. 后 c3 象 e7　17. 后 a5 后 c6　18. 马 b5!! 王 b8（如 18... 后 b6　19. 后×b6 c×b6　20. 马 a7#，白胜）19. 马×c7 王 a7　20. 象 d6! 象×d6　21. 车×d6，捉死黑后。

三、15...b6!　16. 后 c3 象 e7　17. 马 d4 象 d7　18. 马 c4，白棋优势。

15. 马 f3-d4

打算 16. 马×c6 b×c6　17. 后×a6+ 王 b8　18. 后 b6+ 王 c8　19. 后×c6 王 b8　20. 车 d4，白胜。而此时若走 15. 后 e3？则有 15... 后 c5！，原来 14... 后 e7 是看到 15. 后 e3 的威胁后，提前作出的预防。

15... 象 e6-d7　16. 后 e2-d2

打算走 17. 后 a5。

16... 后 e7-b4?!

白棋步步紧逼，黑棋防不胜防。如走：

一、16... 象 g7?　17. 后 a5 象 e8　18. 马 e6！，白棋胜势。

二、16... 后×e4?　17. 后 a5 象 d6　18. 象×d6 c×d6　19. 马 c4！，白棋胜势。

三、16... 马 f7，唯一可行之着，17. 后 a5 马 e5　18. 马 c4 象 g7　19. 马 e3，白棋优势。

17. 后 d2-d3！

仍然保持 18. 马×c6 的威胁。此时走 17.c3?!，软着。17... 后 e7 即可守住。

17... 后 b4-e7

此时若走 17... 象 e7，白棋有妙手：18. c3 后×b2（18... 后 c5?　19. 马 b3，

白棋胜势）19. 马 c4 后×a2 20. 马 b5！象 e6 21. 马 b6+ c×b6（21... 王 b8 22. 象×c7#，妙杀）22. 马 a7#，仍然是妙杀。

还有另外一种着法：17... 象 d6 18. c3 后×b2（18... 后 c5？ 19. 马 b3 后 a7 20. 象×d6 c×d6 21. 后×d6 车 d8 22. 马 c5，白棋胜势）19. 马 c4 后×a2 20. 象×d6 c×d6 21. 马 b6+ 王 c7 22. 马×d7 王×d7 23. 后 h3+，白棋胜势。

18. 马 a3-c4 c6-c5（图 32）

此时走 18... 马 f7 已经晚了。经过 19. 马 a5 马 e5 20. 象×e5 f×e5 21. 马 d×c6 象×c6 22. 马×c6 b×c6 23. 后×a6+ 王 b8 24. 车 d3，白棋胜势。

19. 象 g3×c7 c5×d4

白方弃子摧毁黑方王前兵，好棋。

黑方如走 19... 王×c7？ 20. 后 g3+ 王 d8 21. 后 b8+ 象 c8 22. 马 c6+，白胜。

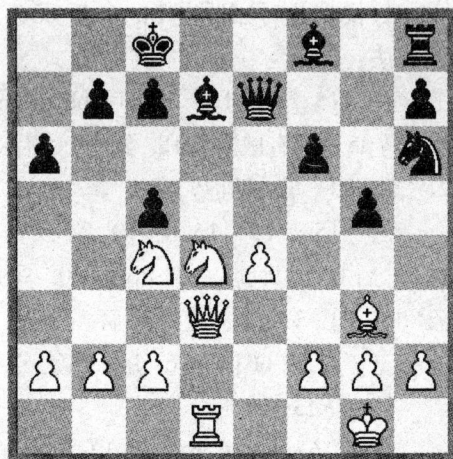

图 32

20. 后 d3-g3！b7-b5

21. 马 c4-d6+ 王 c8×c7

白方又弃一象。

22. 马 d6×b5+ 王 c7-c6

如果走 22... 王 d8 23. 后 b8+ 象 c8 24. 车×d4+ 王 e8 25. 马 d6+ 后×d6 26. 车×d6，白棋胜势。

23. 后 g3-c7+ 王 c6×b5

白方再弃一马。至此白方已连弃三子，换取的代价是把黑王赶到了白方阵营前。

24. a2-a4+ 王 b5×a4 25. 车 d1×d4+

如走 25. 车 a1+？王 b5 26. 车 a5+ 王 b4 27. 后 b6+ 象 b5，黑棋胜势。

25... 王 a4-b5 26. 车 d4-d5+ 后 e7-c5

由于白方已连弃三子，此时黑方弃后救王实为上策。

27. 后 c7-b7+ 王 b5-a4

如走 27... 王 a5 28. b4+！，如 27... 王 c4 28. 后 b3#，白胜。

28. 后 b7×a6+ 王 a4-b4 29. 车 d5×d7！

准备走 30. 车 b7#，杀黑王。

29... 后 c5-b5 30. 后 a6-a3+

黑方认输。

很明显，最后是 30... 王 c4 31. 后 c3#，杀死黑王。

第 22 局 加西亚（Garcia）——科尔多巴（Cordoba）
1995 年弈于西班牙 C68 64/306

1. e2-e4 e7-e5 2. 马 g1-f3 马 b8-c6 3. 象 f1-b5 a7-a6 4. 象 b5×c6 d7×c6 5. 0-0 后 d8-d6 6. 马 b1-a3 象 c8-e6 7. 后 d1-e2 f7-f6 8. 车 f1-d1 0-0-0 9. d2-d4 象 e6-g4 10. 象 c1-e3

也可以走 10. c3。

10... e5×d4 11. 车 d1×d4 后 d6-e7 12. 马 a3-c4!

同年的另一次比赛中，蒂曼——阿尔玛西走的是 12. 车 a4?! 后 e8! 13. h3 象 h5 14. 车 e1 马 h6 15. e5 象×f3 16. 后×f3×e5 17. 车 e4 后 f5 18. 车 f4 后 d5，黑棋稍优。

12... 车 d8×d4 13. 象 e3×d4 c6-c5! 14. 象 d4-c3 后 e7-e6 15. b2-b3

这里白方有一个变化没有走出来，但分析棋局时不能不考虑：如果白方走 15. 车 d1，黑方走什么？如果黑方想 15... 象×f3 之后，白方会走 16. g×f3 那就错了。白方其实有妙手：16. 后×f3! 后×c4? 17. 后 g4+ 王 b8 18. 车 d8+ 王 a7 19. 车×f8，白棋大优。那么白方为什么不走 15. 车 d1 呢？因为黑方走 15... 马 e7 16. 马 e3 后×e4 17. 后 d2 马 c6 18. 马×g4 后×g4，黑方稍优。

15... 马 g8-e7 16. 车 a1-e1 马 e7-c6 17. 马 c4-e3 h7-h5!

好棋。此时如走 17... 后×e4?? 18. 马×g4 后×g4 19. 后 e8+ 马 d8 20. 车 d1，白棋胜势。另外，如走 17... 象 h5 18. 马 f5，白棋稍优。

18. h2-h3（图 33）

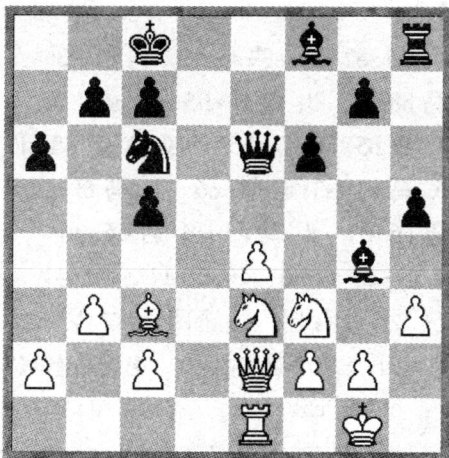

图 33

18... 象 f8-d6!

其实，这一着棋在走 17... h5 时就想好了。如果走 18... 象×h3? 19. g×h3

后×h3　20. 马 f5！后 g4+　21. 王 h2　g6　22. 象×f6　车 h7　23. 马 g5，白棋多子。

19. h3×g4　h5×g4　20. g2-g3?!

这着棋有点问题。首先，走 20. 马 d2？也不好。经 20... 象 h2+　21. 王 f1　象 e5　22. 后 d3（22. 王 g1　象×c3，黑优）22... 象×c3　23. 后×c3　马 d4，黑棋有攻势。应走 20. 马 f5　g×f3　21. 马×d6+　后×d6　22. 后×f3，双方均势。

20... g4×f3　21. 后 e2×f3　象 d6-e5　22. 马 e3-f5?

现在走 22. 马 f5 已经晚了。

如果走 22. 象×e5　马×e5　23. 后 g2　g5，仍是黑棋占优。

22... g7-g6！　23. 马 f5-h4　后 e6-h3！　24. 马 h4×g6

如果走 24. 象×e5　马×e5　25. 后×f6（25. 后 g2　车×h4！　26. g×h4　马 f3+　27. 王 f1　后×g2+　28. 王×g2　马×e1+，黑胜）25... 车×h4！　26. 后 f8+　王 d7　27. 车 d1+　王 c6　28. 后 f6+　王 b5，黑棋胜势。

24... 象 e5×c3　25. 马 g6×h8

白后不能离开 h1-f3 斜线。

25... 象 c3×e1　26. 后 f3×f6　马 c6-d4

以后是：27. 后 f8+　王 d7　28. 后 f7+　王 c6　29. 后 f6+　王 b5。白方无法防守黑方马 e2 或马 f3#，又走不成长将，只好认输。

第 23 局　阿伦西比亚（Arencibia）——乔治亚泽（Giorgadze）

1996 年弈于埃里温　C68　67/417

1. e2-e4　e7-e5　2. 马 g1-f3

马 b8-c6　3. 象 f1-b5　a7-a6

4. 象 b5×c6　d7×c6　5. 0-0　后 d8-d6

6. 马 b1-a3　象 c8-e6　7. 马 f3-g5

象 e6-d7　8. 马 a3-c4　后 d6-g6

9. d2-d4　f7-f6　10. f2-f4（图 34）

开局刚走了 10 个回合，白方就给黑方出了一道难题：弃马。吃还是不吃？

10... e5×f4

黑方为什么不敢吃弃马？请看分析：

10... f×g5　11. f5，黑后去什么地方？

一、11... 后 f6　12. d×e5　后 e7

图 34

13. e6 象×e6（象 c8? 　14. 后 h5+ g6　15. f×g6，白棋胜势）14. f×e6 后×e6
15. 后 h5+ g6　16. 后×g5，白棋优势。

二、11... 后 f7　12. 马×e5 后 f6（若 12... 后 e7　13. 后 h5+!）13. 马×d7
王×d7　14. e5 后 d8　15. f6! g×f6　16. 后 g4+ 王 e8　17. 后 h5+ 王 d7
18. 后 h3+ 王 e8　19. e×f6 马×f6　20. 象×g5，白棋胜势。

黑方不接受弃马是正确的。

11. 马 g5-f3 0-0-0　12. 后 d1-d3 车 d8-e8　13. 车 f1-e1 后 g6-g4

14. 象 c1-d2 马 g8-e7　15. 象 d2-a5?!

这只象到 a5 毫无用处，c7 兵不是白方的攻击目标。应走 15. a4，再冲兵
b4、b5。

15... 王 c8-b8　16. 后 d3-b3 马 e7-c8　17. 王 g1-h1 后 g4-h5
黑方准备冲兵 g5、g4。

18. 象 a5-d2 g7-g5　19. e4-e5 g5-g4　20. 马 f3-g1

这是唯一的去处，白棋的子力如此互相妨碍，协调性极差。白 c1 象经 d2-
a5-d2，浪费了三步棋，还不如留在 c1 不动。如果这三步棋改成 a2-a4、b2-
b4-b5，现在攻王的就不是黑棋，而是白棋了。

20... f4-f3!　21. g2×f3

被逼之着。因 e1 车及 g1 马的位置极差，使白方不能走 21. g3，因有
21... f2 捉双。试想，如果白象在 c1 未动，上一着就可走 20. 马 fd2，而此时
可走 21. g3，黑棋虽有攻势，白方尚可抵抗，不致像实战那样一败涂地。

21... 象 d7-e6

准备走 22. 象 d5，威胁白王。

22. 后 b3-d3 g4×f3　23. 车 e1-f1 车 h8-g8　24. 马 c3-e3

守住 d5 格。如走 24. 马×f3，则车 g3，然后走象 d5，黑棋优势。

24... f6×e5　25. d4×e5 象 f8-h6　26. 马 g1×f3? 车 g8-g3!

白棋必失一子，白方认输。

如走 27. 后 e2 象×e3　28. 象×e3 象 d5；如走 27. 马 g2 象×d2；如走
27. 马 c4 象 d5。

第 24 局　希洛夫（Shirov）——阿尔玛希（Almasi）
1997 年弈于德国　C68　69/311

1. e2-e4 e7-e5　2. 马 g1-f3 马 b8-c6　3. 象 f1-b5 a7-a6　4. 象 b5×c6

d7×c6　5. 0-0　后 d8-d6　6. 马 b1-a3　象 c8-e6　7. 后 d1-e2　f7-f6　8. 马 a3-c4

同年，科尔多巴——阿南德走的是：8. 车 d1　象 g4　9. 马 c4　后 e6
10. 马 e3　象×f3　11. 后×f3　0-0-0　12. d3　c5，双方均势。

**8... 后 d6-d7　9. 车 f1-d1　c6-c5　10. c2-c3　象 e6-g4　11. h2-h3
象 g4×f3　12. 后 e2×f3　马 g8-e7　13. a2-a3　马 e7-c6　14. b2-b4　b7-b5
15. 马 c4-e3　c5×b4**

如走 15... 后 d3　16. 后 g4　王 f7　17. 马 d5!，白方有攻势。

16. a3×b4　象 f8-d6　17. d2-d4　0-0

更精确的是走 17... e×d4　18. c×d4 之后再短易位，这样白方 b 兵就成了
孤兵。

18. 马 e3-f5?!

应走 18. d5　马 e7　19. 后 g4　f5（若 19... 后×g4　20. h×g4，黑方 a6 兵是
弱点，在理论上这称为半开放线上的落后兵）20. e×f5　马×f5　21. 后 e4，白
方稍优。

**18... e5×d4　19. c3×d4　王 g8-h8
20. 象 c1-b2?!**

此着有疑问，应走 20. 象 f4。

**20... 象 d6×b4　21. 车 a1-c1
马 c6-e7　22. 马 f5-e3　c7-c6!**

黑方后翼三兵对白方有潜在的威
胁，或者说把双方的车、马、象、后都
兑掉是黑胜局面。

23. 后 f3-g3　车 a8-c8（图 35）

24. d4-d5!?

面对黑方拥有的后翼优势，白方决
定从中心突破。

图 35

24... c6×d5　25. e4-e5!

为了加快进攻的速度，白方决定弃一兵。如果要保全这只兵就要走
25. 车×c8　车×c8　26. e×d5。但是，接下来黑方走 26... 象 d6，黑方优势。

25... f6×e5

如走 25... 车×c1　26. 车×c1　d4　27. e×f6　车×f6　28. 后 b8+　马 g8　29.
车 c8　后 f7　30. 象×d4　车 g6，白棋有攻势。

26. 后 g3×e5　马 e7-g6　27. 后 e5-d4　车 c8×c1　28. 车 d1×c1

几个回合下来，白方改善了形势，车、马、象、后均占据较好的位置，而黑方同样的子力却显得松散无力。

28... 象 b4-d6 29. 马 e3-g4

此时不能贪吃黑兵。如走 29. 后×d5 马 f4！ 30. 后 d2 马 d3！，白方顿时成为防守之势。

29... h7-h5?

此兵冒进，h 线及 g6、g5 等格马上失守。应走 29... 车 d8。

30. 车 c1-c6！

好棋。孤军深入虎口，要吃黑象。

30... 车 f8-g8?

单纯被动防守的坏棋，在局面被动的情况下更应努力寻找战机。应走 30... 车 e8！（暗藏 31. 车×d6? 车 e1+ 32. 王 h2 后×d6+，黑棋得半子），以下白棋几种着法都不好走：

一、31. 王 f1 车 e7！ 32. 后 b6 后 f5！（如白方 33. 车×d6? 后 b1#，黑胜）33. 后 d8+ 王 h7 34. 马 f6+ g×f6 35. 后×d6，黑优。

二、31. g3 象 e5！ 32. 马×e5 马×e5 33. 车 c3 后×h3！（暗藏马 f3，车 e1 的杀着），黑方大优。

三、31. 象 c3 车 e1+！ 32. 象×e1 后×c6，黑优。

四、31. 马 e3 象 e5 32. 后×d5 后×d5！ 33. 马×d5 象×b2 34. 车×g6，黑方有后翼通路联兵，黑方优势。

31. 后 d4-e3！

威胁后 h6# 杀，此即 29...h5 的恶果。

31... 马 g6-f4

如走 31... 王 h7 32. 后 g5 马 f4（唯一之着）33. 后 h6+！ g×h6 34. 马 f6+ 王 g6 35. 马×d7，捉死黑象。如走 31... 象 f4 32. 后 b6 马 f8 33. 马 f6！ g×f6 34. 车×f6 王 h7 35. 车×f4，白优。

32. 后 e3-b6！

黑方封住了斜线，白方又转移到横线上进攻。

图 36

32. … 车 g8-d8　33. 马 g4-e5　象 d6×e5

如走 33. … 后 e7　34. 车×d6

车×d6　35. 后×d6　后×d6　36. 马 f7+，白方得子。所以这匹马必须吃掉。

34. 象 b2×e5　马 f4-e2+　35. 王 g1-f1　车 d8-e8　36. 象 e5×g7+! 王 h8-g8

不敢吃象。否则捉死黑后。如走 36. … 王×g7　37. 车 c7；如走 36. … 后×g7　37. 车 h6+　王 g8　38. 车 g6。

37. 车 c6-g6　马 e2-f4　38. 象 g7-e5+　马 f4×g6　39. 后 b6×g6+　王 g8-f8 40. 后 g6-h6+　王 f8-g8　41. 后 h6-h8+

最后的入局非常漂亮。

黑方认输。

以下是 41. … 王 f7　42. 后 g7+　王 e6　43. 后 f6#。

第25局　斯米斯洛夫（Smyslov）——玛拉纽克（Malanjuk）
1995 年弈于加尔各答　C68　62/362

1. e2-e4 e7-e5　2. 马 g1-f3 马 b8-c6　3. 象 f1-b5 a7-a6　4. 象 b5×c6 d7×c6　5. 0-0 后 d8-d6　6. d2-d3 f7-f6　7. 马 b1-d2 象 c8-e6　8. 马 d2-c4 后 d6-d7　9. 象 c1-e3 马 g8-e7　10. 后 d1-e2 马 e7-g6　11. d3-d4 后 d7-f7

此时，如果走 11. … 马 f4 可导致大交换，迅速简化局面。12. 象×f4 e×f4 13. d5 c×d5　14. e×d5 后×d5　15. 车 fe1 王 f7　16. 车 ad1 后×c4　17. 车 d7+ 王 g6　18. 后×e6 后×e6　19. 车×e6 车 c8，白方子力位置较好。

12. b2-b3 e5×d4　13. 马 f3×d4 象 e6×c4　14. b3×c4 c6-c5　15. 马 d4-b3 马 g6-e5　16. 车 a1-d1

看到黑方尚未易位，迅速出车使黑方不能长易位。

16. … 后 f7×c4　17. 后 e2-h5+ 后 c4-f7　18. 后 h5-h3 马 e5-d7

如走 18. … 象 d6 则给了白方中心突破的机会：19. f4 马 c4　20. e5!，白方优势。现在退马是为了长易位。

19. f2-f4 0-0-0　20. e4-e5 车 d8-e8　21. 马 b3-a5

其实，此时走 21. 象×c5! 也很好，经 21. … b6（21. … 象×c5？　22. 马 c5 车 e7　23. e6!，白方得子）22. 象×f8. 车 h×f8　23. 马 d4，白方优势。

21. … 后 f7-e6

如果走 21. … f×e5　22. 马×b7 e×f4　23. 象×f4 后 e6　24. 后 f3，白方有攻势。

22. 后 h3-f3　c7-c6　23. f4-f5！后 e6×a2

如果走 23... 后×e5　24. 象 f4 后 e4　25. 车 fe1 后×e1+　26. 车×e1
车×e1+　27. 王 f2　车 b1　28. 马×c6！车 b6　29. 马 a7+　王 d8　30. 后 d5　象 e7
31. 象 d2，白方有攻势。

24. 马 a5×c6　马 d7×e5

如果走 24... b×c6　25. 后×c6+　王 b8　26. 车 b1+，白胜。

25. 马 c6×e5　f6×e5　26. 车 d1-a1　后 a2-c4

如走 26... 后 f7　27. 车×a6　王 c7（如 27... b×a6？　28. 后 a8+　王 d7
29. 后 b7+，抽吃黑后）28. 车 b1　车 b8　29. 车 e6！象 d6　30. 后 d5　车 hd8
31. 象×c5，白方胜势。黑方算透上述变化，所以走 26... 后 c4 守住 a6 兵。

27. 车 a1-b1　e5-e4　28. 后 f3-g3
后 c4-c3（图 37）

如走 28... 后 f7　29. 车 b6 后 c7
30. 后×c7　王×c7　31. 车 fb1　c4　32. 象 f4+
王 c8　33. 车×b7，白方优势。如走
28... 后×c2？　29. 车 fc1 后 a4
30. 象×c5　象×c5　31. 车×c5+，白胜。

29. f5-f6！

此时，有一个很诱人的杀着：

29. 车×b7　王×b7　30. 车 b1+　王 c8
31. 后 b8+　王 d7　32. 车 b7+　王 c6
33. 后 c7+　王 d5　34. 后 f7+　王 d6

图 37

（34... 王 c6　35. 后 d7#，杀王）35. 象 f4+　车 e5　36. 后 d7#，杀王。但是这
么精彩的杀法为什么不走呢？原来，当 29. 车×b7　王×b7　30. 车 b1+ 之后。黑
方可以不走王 c8 而走 30... 王 c6！，白棋立即崩溃。

29... 后 c3-e5　30. 后 g3-g4+　车 e8-e6

如走 30... 后 e6　31. f×g7 后×g4　32. g×h8 升后，白胜。如走 30...
王 d8　31. f×g7 象×g7　32. 象 g5+，白胜。

31. f6×g7 象 f8×g7　32. 车 f1-f5！

使黑后不能兼顾车、象。

32... 车 e6-g6

无可奈何的最后一搏。

33. 车 f5-f8++

黑方认输。

以后是：33... 王 c7　34. 后 c8+ 王 d6　35. 车 d1+ 王 e7　36. 后 e8#，
杀王。

世界冠军斯米斯洛夫以 74 岁高龄，将这局棋走得如此有声有色，实在不
得不让人感叹，国际象棋能使人保持这么长久的运动生涯！

第 26 局　梅耶尔斯（Meijers）——米哈列夫斯基（Mikhalevski）
1997 年弈于迪伦　C68　70/317

1.e2-e4 e7-e5　2. 马 g1-f3 马 b8-c6　3. 象 f1-b5 a7-a6　4. 象 b5×c6
d7×c6　5.0-0 后 d8-d6　6. d2-d4 e5×d4　7. 马 f3×d4 象 c8-d7　8. 象 c1-e3
0-0-0　9. 马 b1-d2 马 g8-h6

这是西班牙开局兑换变例的另一路变化。

10. f2-f3

用兵控制马是常见的方法。

10... f7-f5　11. 后 d1-e2 f5×e4!?

新手，值得注意。以往走 11... 车 e8。

12. 马 d2×e4 后 d6-e5

此时，有走 12... 后 g6 的着法。

13. 象 e3-f2

此时，如走 13. 车 ad1?! 马 g4!　14.f×g4 后×e4，黑方稍优。

13... 象 f8-e7　14. c2-c3

白方的计划是走 b4，a4 再冲 b5，从后翼冲击黑方的王前兵阵。

14... 车 h8-e8　15. 车 f1-e1 后 e5-h5　16. b2-b4 马 h6-g8!

打算把马调整到 f6 与白方 e4 马交换。

17. a2-a4 马 g8-f6　18. b4-b5?!

白方忠实地执行他的冲兵计划。现在的局面耐人寻味。白方双马占据中
心，白兵也与黑方王前兵接上了火，似乎是白方占优，但事实却并非如此。黑
方双车双象占据中路，具有很大的反弹力量。另外，白后与黑车在同一条开放
线上也是隐患。比如，此时走 18. 马×f6 象×f6，白棋就稍显被动。但是，此
时白方弃兵能得到什么好处呢？

18... c6×b5　19. a4×b5 象 d7×b5　20. c3-c4?

激烈对攻中，白方走出了缓手。此时，如走 20. 马×b5 后×b5　21. 后×b5

a×b5　22. 马 g5！车 d3！　23. 马 e6 象 d6　24. 马×g7 车×e1　25. 象×e1 马 d5，也是黑方稍优。

20...　马 f6×e4　21. c4×b5（图 38）

此时若走 21. 后×e4 象×c4，黑方的双象太厉害了。

21...　象 e7-d6！

威胁走 22... 后×h2+　23. 王 f1 后 h1+　24. 象 g1 马 g3+，白后必失。若改走 21... 马×f2　22. b×a6，双方各有顾忌。

22. f3×e4

唯一着法。若走 23. g3 马×g3，黑方优势。

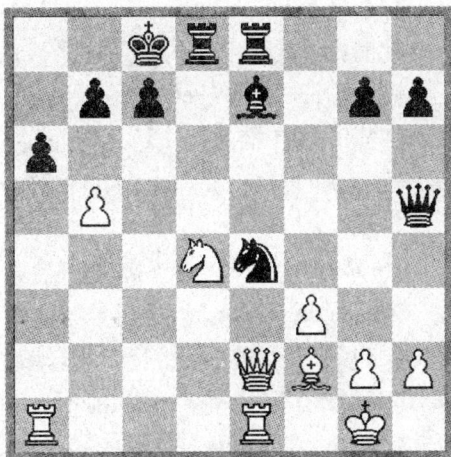

图 38

22...　后 h5×h2+　23. 王 g1-f1 后 h2-h1+　24. 象 f2-g1 车 e8-f8+　25. 后 e2-f3

被逼无奈，只好弃后。若走 25. 马 f3 象 c5，黑方胜势。好一些的着法是：25. 马 f5 象 c5　26. 后 f3 车 d2　27. 车 e3 象×e3　28. 后×e3 后×g2+　29. 王 e1 车 e2+　30. 后×e2 后×g1+　31. 后 f1 后×f1+　32. 王×f1 g6　33. b×a6 b×a6　34. 车×a6 王 d7，黑方多兵，胜势。

25...　车 f8×f3+　26. 马 d4×f3 象 d6-c5　27. b5×a6 象 c5×g1　28. a6×b7+ 王 c8×b7

白方认输。

这盘棋给人的感觉好像是黑方张好了网等待着白方，白方一旦入网就毫无反抗能力，只有束手就擒。

第27局　蒂曼（Timman）——亚当斯（Adams）
1995 年弈于贝尔格莱德　C69　65/323

1. e2-e4 e7-e5　2. 马 g1-f3 马 b8-c6　3. 象 f1-b5 a7-a6　4. 象 b5×c6 d7×c6　5. 0-0 f7-f6　6. d2-d4 e5×d4　7. 马 f3×d4 c6-c5　8. 马 d4-b3 后 d8×d1　9. 车 f1×d1 象 c8-g4　10. f2-f3 象 g4-d7

从 5...f6 开始，这是兑换变例的另一路变化，目前均为谱着。

11. 象 c1-f4 0-0-0　12. 马 b1-c3 c5-c4　13. 马 b3-a5 象 f8-c5+

14. 王 g1-f1

也有走 14. 王 h1 的。

14... b7-b5

此时走 14... 象 b4?，是坏棋，白有 15. 象×c7!，黑失一兵。

15. 马 c3-d5 c7-c6?

坏棋。现在唯有走 15... 马 e7　16. 象×c7 马×d5　17. 车×d5 王×c7　18. 车×c5+ 王 b6　19. b4 c×b3　20. 马×b3 象 e6　21. 车 c3 车 d6!，黑方弃兵有补偿。

16. b2-b4 象 c5-a7（图 39）

17. 马 d5-c7!

没想到敌营之中竟然有如此好的落脚点，威胁 18. 马×a6。以前有人走 17. 象 e3。

17... 象 a7-b8

牵制，看你往哪里跑。

18. 马 c7-e6 象 b8×f4!

如走 18... 象×e6，则 19. 车×d8+ 王×d8　20. 马×c6+ 王 c8　21. 马×b8 王 b7　22. 车 d1，白优。

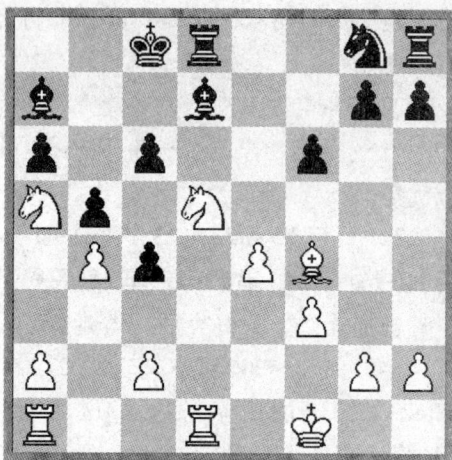

图 39

19. 马 a5×c6!

好棋，两只马都在黑象口中却不敢吃：

一、19... 象×e6　20. 马×d8 象 d7　21. 马 f7!，白棋胜势。

二、19... 象×c6　20. 车×d8+ 王 b7　21. 马×f4，黑失半子。

19... 车 d8-e8　20. 马 c6-a7+ 王 c8-b8　21. 马 e6×f4 车 e8-e7

黑方想把白马关在里面。

22. 马 f4-d5 车 e7-e8

如走 22... 车 e6　23. 马 b6! 车×b6　24. 车×d7 车 b7　25. 马 c6+ 王 c8　26. 车×b7 王×b7　27. 马 d8+再 28. 马 f7，白棋胜势。又如 22... 车 f7　23. 马 b6!，白优。

23. 马 d5-f4 车 e8-e7　24. 马 f4-d5 车 e7-e8　25. 马 d5-b6 象 d7-e6　26. 马 a7-c6+ 王 b8-c7　27. 马 c6-d4 王 c7×b6　28. 马 d4×e6 车 e8×e6　29. 车 d1-d8 h7-h5

如走 29... 车 e7　30. 车 ad1 王 c7　31. 车 a8. 王 b7　32. 车 dd8. 车 d7

33. 车×d7+　王×a8　34. 车d8+　王b7　35. 王f2　王c7　36. 车a8，白方优势。
不要看黑方多一马，但此马被牵制，车马均不能动，若想活马就需走王到f7，
那么黑方后翼三兵必失。若弃马，仍为白优。

　　30. 车a1-d1　f6-f5　31. e4×f5　车e6-h6
黑方努力要摆脱白车的牵制。

　　32. 车d8-b8+　王b6-c7　33. 车d1-d8　车h6-d6　34. 车b8-c8+　王c7-b7
残局中王的位置很重要，把黑王逼远一点对今后的战斗有利。

　　35. 车d8×g8　车h8×g8　36. 车c8×g8
黑方认输。

　　怎么这就认输了？让我们来分析一下：36... 车d7　37. 车h8!，黑方又
要失一兵。37... 车d2　38. 车h7!（若走 38. 车×h5?! 取胜就慢了）车×c2
39. 车×g7+　王c8（此时看出 34. 车b8+的重要性）40. f6　王d8　41. 车e7　c3
42. 车e1，白兵必升后。

第28局　索洛赞琴（Solozhenkin）——易卜吉莫夫（Ibragimov）
1998 年弈于俄罗斯　C68　74/358

　　1. e2-e4　e7-e5　2. 马g1-f3　马b8-c6　3. 象f1-b5　a7-a6　4. 象b5×c6
d7×c6　5. 0-0　后d8-d6　6. 马b1-a3　象c8-e6　7. 后d1-e2　f7-f6　8. 车f1-d1
c6-c5

　　这是双方计划的对抗。白方走 8. 车d1 是想冲兵d4，而黑方则针锋相对，
走8...c5，加强对d4格的控制，使白方的d兵冲不起来。

　　9. c2-c3　象e6-g4　10. h2-h3　象g4×f3　11. 后e2×f3　马g8-e7　12. d2-d4
c5×d4　13. c3×d4　e5×d4　14. 象c1-f4　后d6-d7　15. 车a1-c1　马e7-c6
白方弃一兵换得出子快。

　　16. 马a3-c2　车a8-d8　17. 后f3-g3　后d7-f7　18. 象f4×c7
黑方又被迫弃还一兵，而d4黑兵仍然受到白方的攻击。

　　18... 车d8-d7（图40）

　　19. e4-e5!
冲兵弃象是深思熟虑的一着好棋。

　　19... 象f8-e7
黑方考虑再三，还是没敢吃象。如果走 19... 车×c7　20. e6! 后e7
21. 马×d4　马×d4（否则就要走21...g6 以防白马f5 提后，接下来是：22. 马×c6

b×c6   23. 车×c6!，黑棋崩溃）22. 后×c7 后×c7（如走 22... 马 e2+   23. 王 f1 马×c1?   24. 后 c8+，杀王）23. 车×c7 马×e6   24 车×b7，白方优势。

20. e5×f6 后 f7×f6   21. 马 c2-e1 0-0

黑方在出子落后的情况下，好不容易才完成了易位。

22. 马 e1-d3

图 40

棋理曰：应该用马阻挡对方孤兵的挺进。此即一例。此时，白方还有一着好棋：22. 后 b3+ 王 h8   23. 后×b7 马 e5   24. 后 e4，白方多兵且占优势。

22... 车 d7-d5   23. f2-f4 后 f6-f7   24. 象 c7-e5

白象占据绝好位置。

24... 象 e7-d6   25. 车 d1-e1 车 f8-e8   26. 车 e1-e2 象 d6-f8?

退象错误。理论上认为防守方应当兑子，进攻方应避免兑子。试想，如果走 26... 象×e5   27. 马×e5 马×e5   28. f×e5，把马、象都兑掉了，白方还有什么优势可言？

27. a2-a3 a6-a5   28. 后 g3-g4 车 d5-b5   29. 车 c1-f1 后 f7-g6

应走 29... 车 b3，等白方 30. 车 f3 之后再走 30... 后 g6 邀兑皇后。

30. 后 g4-f3 车 b5-b3   31. 后 f3-d5+ 后 g6-f7   32. 后 d5-e4 a5-a4?!

黑方的想法一点也不实际，已经处于守势赶快走个长兑子，三次重复局面和棋就不错了。如 32... 后 g6!   33. 后 d5+ 后 f7，就和了。但是，也许黑方认为他的等级分比白方高 75 分，这个差距不算小，他想取胜。问题就出在这里。作为一名棋手，尤其是高水平的棋手，要想在比赛中取得好成绩，仅仅提高棋艺是不够的，棋盘外的许多因素对比赛成绩也有影响，如心理因素。一名比对手强的棋手在对局中如果落入下风，尽力求和尚能保住半分。如果不顾实际情况，一味争胜，必遭败绩。

33. 车 f1-f3 车 b3-b5?!

还是应走 33... 后 g6!。

34. 车 f3-g3

现在白车改善了位置。

34... g7-g6

应走34... 后 d5！邀兑，35. 后 f5 后 e6，白方无奈。

35. h3-h4

白方要破坏黑方的兵阵。

35... 后 f7-d5??

刚才走34... 后 d5！是好棋。仅仅过了一步棋，现在黑兵在 g6 了。这时再走35... 后 d5 就是败着。正所谓机不可失，时不再来。应走35... 象 g7 或 35... 车 e6 尚能抵抗一阵。

36. 车 g3×g6+！王 g8-f7

若走36... h×g6 37. 后×g6+，杀王。

37. 后 e4-f5+

黑方认输。

接下来是：37... 王 e7 38. 象 c7+ 马 e5 39. 车×e5+。当然，还有别的杀法，请读者自己找出来。

第二节　延迟兑换变例
C73，C85

延迟兑换变例特指白象从 b5 格退到 a4 格之后再走象 c6 兑马的着法。由于白方用好象兑黑马已有吃亏之嫌，退到 a4 格之后再去兑黑马更是浪费了一步棋，所以更少有人走。

迟兑变例主要有两种走法。

第一种基本走法是（索引号　C73）：

1. e2-e4 e7-e5 2. 马 g1-f3 马 b8-c6

3. 象 f1-b5 a7-a6 4. 象 b5-a4 d7-d6

5. 象 a4×c6+ b7×c6（图 41）

这主要是在黑方不能走 d×c6 时使用，使黑棋形成不常见的兵形，让黑方有种别扭感。

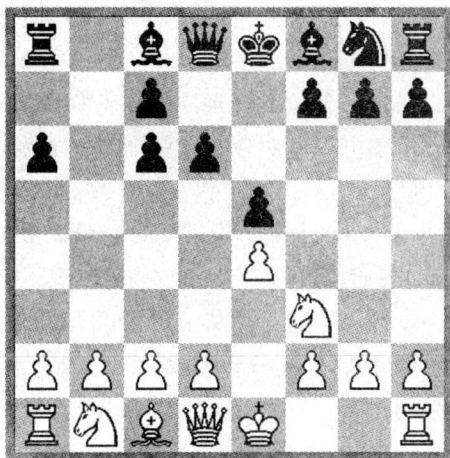

图 41

变一

6. d2-d4 e5×d4 7. 马 f3×d4 象 c8-d7 8. 0-0 马 g8-f6 9. 马 b1-c3

象 f8-e7

双方均势。

变二

6. d2-d4 f7-f6   7. 象 c1-e3 马 g8-e7   8. 马 b1-c3 马 e7-g6   9. 后 d1-e2 象 f8-e7   10. 0-0-0 象 c8-e6   11. h2-h4 h7-h5

双方均势。

第二种基本走法是（索引号 C85）：

1. e2-e4 e7-e5   2. 马 g1-f3 马 b8-c6   3. 象 f1-b5 a7-a6   4. 象 b5-a4 马 g8-f6   5. 0-0 象 f8-e7   6. 象 a4×c6 d7×c6（图 42）

看来在黑方有选择权的时候，还是愿意走 d×c6 而不是 b×c6。

变一

7. 马 b1-c3 象 c8-g4   8. h2-h3 象 g4-h5

如果黑方希望挑起激烈的战斗，也可以走 8...h5，看对方有没有胆量吃掉弃的这只象。

9. 后 d1-e2 马 f6-d7   10. g2-g4 象 h5-g6   11. d2-d4 e5×d4   12. 马 f3×d4

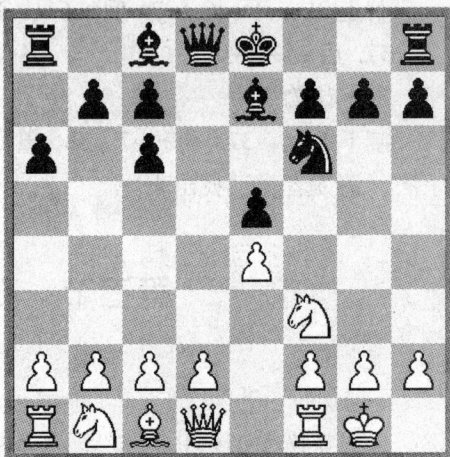

图 42

h7-h5   13. 象 c1-f4 h5×g4   14. h3×g4 象 e7-d6   15. e4-e5 象 d6-c5

双方激烈对攻，前景难料。这种开局多为喜欢激烈搏杀的棋手所用。

变二

7. 后 d1-e2 马 f6-d7   8. b2-b3 0-0   9. 象 c1-b2 象 e7-f6   10. d2-d3 车 f8-e8   11. 马 b1-d2 马 d7-f8   12. 马 d2-c4 马 f8-g6

双方平稳，均势。尽管在开局阶段黑马移动了三次，似有重复之嫌，但黑棋防守严密，阵营中没有什么缺点。这种开局多为喜欢防守反击的棋手所采用。

第 29 局   克瓦列夫（Kovalev）——玛拉纽克（Malanjuk）
1995 年弈于汉堡   C73   65/325

1. e2-e4 e7-e5   2. 马 g1-f3 马 b8-c6   3. 象 f1-b5 a7-a6   4. 象 b5-a4 d7-d6

5. 象 a4×c6+ b7×c6 6. d2-d4 马 g8-f6 7. 马 b1-c3 马 f6-d7 8. 象 c1-g5

新着法。以前常走 8. d×e5 或 8. 0-0。

8...f7-f6 9. 象 g5-e3 象 f8-e7 10. 后 d1-e2 a6-a5!

好，黑方不露声色地进一步兵，就阻止了白方短易位。如 11. 0-0 象 a6!，黑得半子。

11. 马 f3-h4

这只马想去 f5 格。

11... g7-g6 12. f2-f4

鉴于黑方已挺 f6 和 g6 两兵，所以白方急冲 f 兵从王翼发起进攻。

12... e5×f4

当然要兑掉兵，若让白兵走到 13. f5，黑方就困难了。13... g×f5，13... g5 都不好，白有 14. 后 h5+!，等着让白兵走 14. f×g6 更不好。

13. 象 e3×f4 0-0

眼看着有 13... g5 捉双却不敢走。因 14. 后 h5+ 王 f8 15. 马 g6+ 王 g7 16. 马×e7 后×e7 17. 象 e3 捉双没捉成，黑王却很不安全。

14. 象 f4-h6 车 f8-f7 15. 0-0-0 c6-c5!

一直被动的黑棋开始第一次反击。

16. d4×c5 马 d7×c5 17. 马 h4-f3 象 e7-f8!

这么让人难受的白象当然要兑掉它。

18. 象 h6-e3 后 d8-e8 19. 象 e3×c5?!

一般来说，这只象还是留着用来攻王比较好。比如走 19. 象 d4。

19... d6×c5 20. 车 h1-e1

要是换上我，就走 20. h4，再 h5，继续从 12. f4 以后停下来的地方进攻王翼。

20... 车 a8-a6! 21. 马 c3-d5 车 a6-e6 22. 王 c1-b1 象 c8-a6

23. 后 e2-d2 c7-c6!

把这只中心马赶走。控制 d5 格。如走 23... 车×e4?，错棋！白有 24. 马×c7 车×c7 25. 后 d5+，抽吃黑车。

24. 马 d5-f4 车 e6×e4 25. 后 d2×a5 象 a6-c4 26. b2-b3 车 f7-e7!

黑棋终于扭转了落后的局面，开始与白棋争夺主动权了。

27. 车 e1×e4 车 e7×e4 28. 车 d1-d8

这一着还是走 28. 后 c7 守马较好，经 28... 象 f7 29. 车 d8. 后 e7 30. 车 d7 后 e8，可以长捉后，和棋。

28... 后 e8-e7 29. 后 a5-d2 (图 43)

29... 象 c4-d5

这一下切断了白车与后的联系，白车顿时变成一个"孤儿"。如走 29... 象 f7 不好，白有 30. 车 d7。

30. 车 d8-c8

显然，不能走 30. 车 b8，因黑有象 f7 再后 c7 提双。

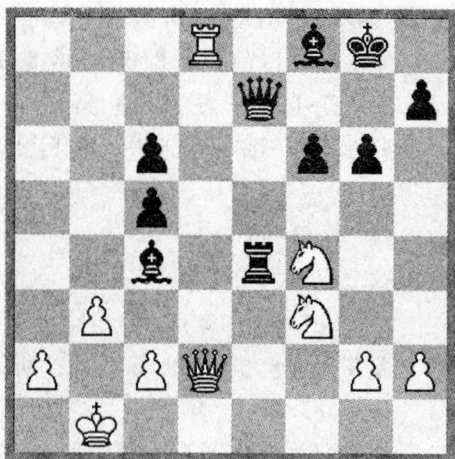

图 43

30... 象 d5-f7   31. 车 c8×c6?

时间不多了，克瓦列夫没细考虑就走了这一步，误入黑方陷阱。这时，黑方有 31...c4! 再 32...g5 提马的威胁，白方却没有办法阻止。如改走 31. 车 d8 c4!

32. 车 d4（若 32. 车 d7 后 a3）车×d4   33. 后×d4 g5!   34. 马 h3 g4 提双马。

31... 后 e7-b7   32. 车 c6×f6

唯一的去处。

32... 象 f8-e7

白车无路可逃。

33. 车 f6-d6 象 e7×d6   34. 后 d2×d6 后 b7-e7   35. 后 d6×e7 车 e4×e7 36. a2-a4?

走 36. 王 b2 较好。在劣势下，白方太急于冲兵升后了。

36...c5-c4!   37. b3-b4 h7-h6   38. h2-h4 车 e7-e4   39. g2-g3 车 e4-e3 40. 马 f3-d4 c4-c3

威胁 41... 车 e1# 杀。

41. 马 f4-d3 象 f7-c4!

若走 41... 车×g3?   42. 马 e2 提双。

42. b4-b5 车 e3×g3   43. b5-b6

现在走 43. 马 e2 不灵了，黑有 43... 车×d3   44. c×d3 象×d3+ 再吃 e2 马。黑胜。

43... 车 g3-g1+   44. 马 d3-c1 象 c4-a6   45. 马 d4-e6 g6-g5   46. h4×g5 h6-h5   47. 马 e6-c5 象 a6-c8   48. a4-a5 车 g1×g5   49. 马 c1-d3

如走 49. 马 1b3 h4   50. a6 象×a6   51. 马×a6 h3   52. b7 车 b5，黑胜。

49...h5-h4   50. a5-a6 象 c8×a6   51. 马 c5×a6 车 g5-b5+   52. 王 b1-c1 车 b5-a5

白方认输。

这局棋残局中黑方车的走法值得我们好好学习。

第30局　亚当斯（Adams）——康凯斯特（Conquest）

1996/1997 年弈于汉斯廷斯　C73　68/295

1. e2-e4 e7-e5　2. 马 g1-f3 马 b8-c6　3. 象 f1-b5 a7-a6　4. 象 b5-a4 d7-d6　5. 象 a4×c6+

凡是白方把象退到 a4 之后又象×c6 兑换黑马的着法称为西班牙开局迟兑变例。

5...b7×c6　6. d2-d4 f7-f6　7. c2-c4 马 g8-e7　8. 马 b1-c3 马 e7-g6

9. 象 c1-e3 象 f8-e7　10. 0-0 0-0
11. h2-h3!?

也可以走 11. 车 c1 或 11. 后 d2。

11... 王 g8-h8　12. 车 a1-c1 象 c8-d7

如走 12... 车 b8　13. b3。

13. 后 d1-e2 后 d8-c8（图 44）

14. c4-c5!

考虑到黑方有可能走 14... e×d4
15. 马×d4 c5，所以先冲 c5 压住黑兵。高水平的棋手往往能预见到对方的意图，抢在对方实施行动之前进行阻挠，

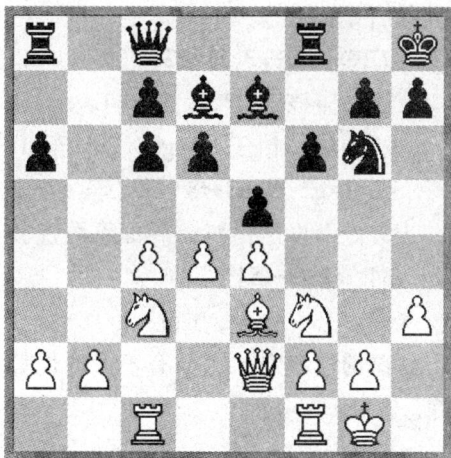

图 44

使对方的意图不能实现，这种思维方法在理论界被称为预防性思维。猜猜对方在想什么或者说给对方找出好棋然后进行阻挠，让它走不成，这种思维方式是青少年棋手学会了给自己找好棋之后，要进一步提高的必修课。

14... 后 c8-b7

看看，c7 和 c6 两个兵多碍事，它妨碍了黑方的子力调动，还阻挡了黑方子力的线路。这就是白方 14. c5 的作用。

15. 车 f1-d1 车 a8-d8　16. b2-b3

也可以考虑走 16. 车 c2。

16... 象 d7-e8

走 16... 象 e6 更好一些，线路畅通。

17. h3–h4 马 g6–f4　18. 象 e3×f4 e5×f4　19. 马 c3–a4

更有力的着法是 19. e5!，从中路进攻。

19... 象 e8–h5　20. d4–d5 后 b7–b5?!

此着有问题。前面说过，黑方 c 线叠兵很碍事，现在有机会交换当然应该兑掉，走 20... c×d5　21. 车×d5 f5　22. c6 后 c8，前景比实战要好。

21. 马 a4–c3! 后 b5×e2

兑后正确。c5 兵吃不得，如走 21... 后×c5?　22. d×c6，然后走马 d5。黑方被动。

22. 马 c3×e2 f6–f5　23. 马 e2×f4 f5×e4　24. 马 f4×h5 e4×f3　25. c5×d6 车 d8×d6　26. d5×c6 车 d6–h6?

错棋。应走 26... 车×d1+　27. 车×d1 象×h4，虽仍为白方占优，但比实战着法好。

27. 马 h5–g3 f3×g2

还是应该走 27... 象×h4。

28. h4–h5! 王 h8–g8　29. 车 d1–d7 象 e7–a3　30. 车 c1–c2 车 f8–f7 31. 王 g1×g2 象 a3–f8　32. 车 d7–d8 车 f7–f6　33. 车 c2–c4 车 f6×c6?

劣势下再走错棋，局面不可挽救了。

34. 马 g3–f5!

黑方必失一车，白胜。

这局棋白方一直拥有不大的优势，在保持优势的同时等待对方出错，一举拿下。

第 31 局　苏托夫斯斯基（Sutovski）——亚当斯（Adams）
1996 年弈于提耳堡　C85　68/308

1. e2–e4 e7–e5　2. 马 g1–f3 马 b8–c6　3. 象 f1–b5 a7–a6　4. 象 b5–a4 马 g8–f6　5. 0–0 象 f8–e7　6. 象 a4×c6 d7×c6　7. 后 d1–e2 c6–c5

新着法。以前常走 7... 象 g4 或 7... 马 d7 等。

8. d2–d3 马 f6–d7　9. 马 b1–d2 0–0　10. 马 d2–c4 象 e7–d6

如走 10... f6，白方有很好的应着：11. 马 h4。

11. 马 f3–d2 马 d7–b8!

借白马调整之机，黑马可经 b8–c6 占领 d4 好格。

12. f2–f4?!

此着有疑问。应走 12. 马×d6 c×d6　13. 马 c4 马 c6　14. f4 b5，双方均势。

12... e5×f4　13. e4-e5 象 d6-e7　14. 车 f1×f4?

坏棋。应走 14. 马 f3，然后走象×f4。

14... 马 b8-c6　15. 马 d2-f3 象 c8-e6　16. b2-b3 b7-b5　17. 马 c4-e3 f7-f5

计划走 18... g5，捉死白车。

18. e5×f6 象 e7×f6　19. 车 a1-b1 后 d8-d6　20. 车 f4-e4 马 c6-d4

21. 马 f3×d4 象 f6×d4　22. 王 g1-h1

逃王不好，应走 22. 象 b2，用防守的象兑进攻的象。经 22... 象 f5　23. 象×d4 象×e4　24. 象×g7 王×g7　25. d×e4 王 h8，虽仍为黑优但白棋比现在好走。

22... 象 e6-c8!

黑方计划用象控制大斜线。

23. 象 c1-d2?

错着。应走 23. 后 h5，摆脱黑象对 e3 马的纠缠，发起反攻。

23... 象 c8-b7　24. 车 e4-g4?

应走 24. 车 h4，以后还可走后 h5。

24... 车 a8-e8

现在 e3 马的处境就困难了。

25. c2-c3 象 d4-e5　26. 车 g4-h4 象 e5-f4（图 45）

27. 车 h4-h3?

应走 27. 后 h5 反攻，一味地被动防守是没有出路的。如黑方敢吃马：27... 象×e3　28. 后×h7+ 王 f7　29. 车 f1+ 王 e7　30. 后×g7+ 王 d8　31. 车×f8 车×f8　32. 象×e3，白方多

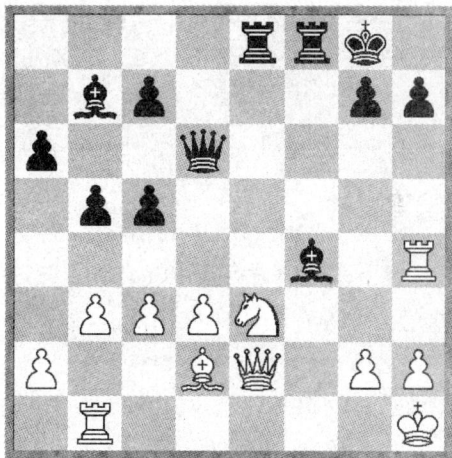

图 45

兵优势。如黑方走 27... h6 或 27... 象 h6，白方走 28. 马 f5! 困境顿解。也许黑方最好的应着是：27... 后 h6。仅从 27. 后 h5 给黑棋制造了麻烦来看也比单纯防守好。

27... 象 b7-c8　28. 车 h3-h4 g7-g5　29. 车 h4-h5 后 d6-g6　30. 车 b1-f1 车 f8-f7

白方的 e3 马保不住了，只好认输。

本局给我们印象最深的是：消极防守是绝没有出路的。

第四章　现代变例

索引号　C77-C78

作者从手头上的国际象棋情报中作了一个统计，资料中有437局西班牙开局。

其中有55局走现代变例的，占全部西班牙开局的12%。这是一个相当高的比例。黑棋取得了18胜，12和，26负的战绩，与其他变例相比这结果可使黑棋满意。这是一个黑棋主动变化的变例，此变例应当引起国内棋手的注意。

它的主要着法是：

1. e2-e4 e7-e5　2. 马g1-f3 马b8-c6　3. 象f1-b5 a7-a6　4. 象b5-a4 马g8-f6　5. 0-0 b7-b5　6. 象a4-b3

变一

6... 象c8-b7　7. 车f1-e1 象f8-c5（图46）

8. c2-c3 d7-d6　9. d2-d4 象c5-b6

接下来，白方可走10. a4、10. 象e3、10. 象g5等着法。白方稍优。

变二

6... 象f8-c5　7. 马f3×e5 马c6×e5　8. d2-d4 象c5×d4　9. 后d1×d4 d7-d6

局势难料。

变三

6... 象f8-c5　7. a2-a4 车a8-b8

8. c2-c3 d7-d6　9. d2-d4 象c5-b6　10. 马b1-a3 0-0　11. a4×b5 a6×b5　12. 马a3×b5 e5×d4　13. c3×d4 象c8-g4

白方稍优。

总之，中国棋手对现代变例的研究不多，而这个变例的变化又很多，希望大家对这个变例多加关注。

图46

第32局 提夫雅克夫（Tivjakov）——阿尔玛希（Almasi）

1995年弈于维克安泽 C77 62/366

1. e2-e4 e7-e5　2. 马g1-f3 马b8-c6　3. 象f1-b5 a7-a6　4. 象b5-a4 马g8-f6　5. 后d1-e2 b7-b5　6. 象a4-b3 象f8-c5　7. c2-c3 d7-d6　8. d2-d3 0-0　9. 象c1-g5 象c8-e6　10. 马b1-d2 后d8-e7?　11. 象b3×d5! 象e6×d5?!

这一局棋，双方都没有走标准的开局套路，而是各自求变。最后一着黑方还是走11... 象d7好一些。而10... 后e7改为10... 马a5稍好一点，后在e7易受白马f5的攻击。

12. e4×d5 马c6-b8　13. 马d2-e4

就是黑方11... 象×d5这着棋帮白马获得了这么好的一个据点。

13... 马b8-d7　14. 马f3-h4 h7-h6

如走14... g6既削弱了f6马的防卫还挡不住白马f5的侵入，请看分析：15. 后f3 王g7　16. 后g3（威胁17. 马f5+ g×f5　18. 象×f6++，胜）王h8　17. 马×f6 马×f6　18. 马f5! g×f5　19. 后h4要吃f6马，黑方无奈只好走19... 象×f2+　20. 后×f2 车g8　21. 后×f5 车g6　22. 0-0 王g7　23. 车f2 车×g5　24. 后×g5+，白方多子。

15. 马h4-f5 后e7-d8

由此看出10... 后e7不好。

16. 象g5-h4 王g8-h7　17. 后e2-f3 车f8-h8

黑方不敢走17... g5，经18. 象×g5 h×g5　19. 后h3+ 王g8（若19... 王g6　20. 后h6+ 王×f5　21. 后×g5#，杀王）20. 马×g5然后走后h6再后g7，杀王。黑方走17... 车g8也不行，经18. 马×h6 g×h6（若18... 王×h6?　19. 后h3! 王g6　20. 马g3然后是21. 后f5+再象g5#，杀王）19. 象×f6 后e8　20. 后f5+ 车g6　21. h4，白方有攻势。

18. g2-g4 王h7-g8（图47）

白方等不及易位就向黑王发起了兵的冲击。

图47

19. 马 f5×g7！王 g8×g7　20. 车 h1-g1 马 f6×e4?!

黑方无法忍受白棋大军压境的局面，借白方弃马的机会，也用弃子的手段简化局面。

21. 象 h4×d8 象 c5×f2+　22. 王 e1-e2 象 f2×g1

如走 22... 车 a×d8　23. d×e4 象×g1　24. 车×g1 也是白方优势。

23. d3×e4 象 g1×h2　24. 象 d8×c7 象 h2-f4　25. 象 c7×d6 f7-f6　26. a2-a4 马 d7-b6　27. b2-b3 b5×a4　28. 象 d6-c7

简化局面的结果是黑方少子少兵。

黑方认输。

本局黑方输在开局。开局不慎，便落入下风。中局焦点集中在 f6 格，白方不断向 f6 马施加压力，使黑方不堪忍受。白方进而弃马破坏王前兵，取得最后胜利。

第 33 局　利斯（E. Liss）——格罗德（V. Golod）
1998 年弈于以色列　C77　74/361

1. e2-e4 e7-e5　2. 马 g1-f3 马 b8-c6　3. 象 f1-b5 a7-a6　4. 象 b5-a4 马 g8-f6　5. d2-d3 d7-d6　6. c2-c3 g7-g6　7. 0-0 象 f8-g7　8. 马 b1-d2 0-0　9. 车 f1-e1 马 f6-d7　10. 马 d2-f1

此时还可走 10. h3 或 10. 象 c2 等。

10... 马 d7-c5?!　11. 象 a4×c6 b7×c6　12. d3-d4

此时挺兵非常及时，也至关重要。

12... 马 c5-d7

此时证明 10... 马 c5 不妥。

13. 马 f1-g3 c6-c5　14. 象 c1-g5 后 d8-e8

还是走 14...f6 好一点。

15. d4×e5 马 d7×e5　16. 马 f3×e5 后 e8×e5　17. 后 d1-d2！车 f8-e8　18. f2-f4 后 e5-e6　19. f4-f5 后 e6-e5

不让白方冲兵 f6。

20. 车 e1-f1！车 a8-b8

现在黑方不能走 20...f6??，因有 21. 象 f4 后 e7　22. 后 d5+，抽吃黑 a8 车。由此看出双车不连通的坏处。此时走 20... 象 b7 好一点。

21. f5-f6 象 g7-h8

若走 21...h6? 经 22. 象×h6 象×f6 23. 后 f2 车 e6? 24. 象 f4! 捉死黑后。

22. 车 a1-e1 c5-c4

废棋，还是应走 22... 象 b7。

23. 象 g5-e3 后 e5-a5 24. 象 e3-d4 后 a5×a2

白方已完全控制了局面，黑方连一点反击的能力也没有，吃兵纯属隔靴搔痒，致使黑后位置极差。

**25. 车 e1-e2 c7-c5 26. 象 d4-e3
车 e8-e6**（图 48）

黑方冲 c 兵造成了 d6 弱兵。应先
26... 象 g4 27. 车 ef2 之后，再走
27... 车 e6，可确保底线安全。现在，
给白方以可乘之机。

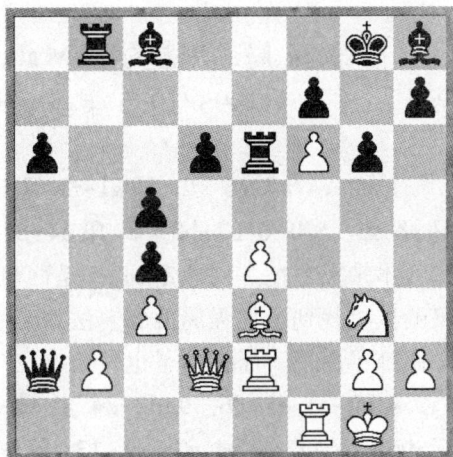

图 48

27. e4-e5!

像是一幅画中画龙点睛的一笔，绝
妙！一只毫无保护的小兵送到对方两只棋
子口中却都不敢吃。如果走 27...d×e5??
28. 后 d8#。如果 27... 车×e5?
28. 后×d6 捉双车。都是那只碍事的 c8
象造成的恶果。

27... 后 a2-a5

黑后放弃了自己的职责，浪费两步棋去吃一只兵，值不值？

28. 马 g3-f5!

好棋，再弃一马。

28... d6×e5

黑方不敢吃马，因为 28...g×f5 29. 象 h6 威胁后 g5 杀，29... 象×f6
30. e×f6 车×f6 31. 车 e8#杀。

29. 马 f5-e7+ 王 g8-f8

如走 29... 车×e7 30. f×e7 象 e6 31. 后 d6 车 e8 32. 象×c5，白方
大优。

30. 象 e3-h6+ 王 f8-e8 31. 车 f1-d1 象 h8×f6

如果 31... 后 c7 则 32. 象 g7 车×e7 33. f×e7 象×g7 34. 后 d8+ 后×d8
35. e×d8 升后杀。还是 c8 象碍事所致。

32. 马 e7×c8 后 a5-c7 33. 马 c8-d6+ 王 e8-e7 34. 马 d6-e4 象 f6-h8

35. 马 e4-g5 车 e6-b6?

应该走 35... 车 d6。防守方应该寻求兑子，这是基本常识。

36. 后 d2-d5 王 e7-e8 37. 车 d1-f1 后 c7-b7 38. 后 d5×f7+ 后 b7×f7
39. 马 g5×f7 象 h8-f6 40. 马 f7×e5

黑方认输。

这局棋黑方很大程度是输在 c8 象上。

第 34 局 玛拉尔（Malar）——赫得捷斯（Hodges）
1993/1995 年弈于通讯赛 C78 64/312

1. e2-e4 e7-e5 2. 马 g1-f3 马 b8-c6 3. 象 f1-b5 a7-a6 4. 象 b5-a4 马 g8-f6 5. 0-0 b7-b5 6. 象 a4-b3 象 c8-b7 7. 车 f1-e1 象 f8-c5

本来黑方把黑格象走到 c5 是西班牙开局中一个古老的变化。后来棋手们又给黑棋找到了加强局面的着法：6... 象 b7 然后再象 c5。黑方一开始就把双象瞄准了白王。而且出子也较快。

8. c2-c3 d7-d6 9. d2-d4 象 c5-b6 10. 象 c1-g5 h7-h6 11. 象 g5-h4 后 d8-e7 12. a2-a4 g7-g5 13. 象 h4-g3 h6-h5

黑方把王置于中路，开始发动猛烈的侧翼进攻。把两翼的兵都冲起来的着法确实少见。

黑棋诱使白方走 14. 马 g5?，因有 h4! 捉住 g3 象。

14. a4×b5 a6×b5 15. 车 a1×a8+ 象 b7×a8 16. h2-h4 g5-g4 17. 马 f3-g5?

威胁黑棋 f7 兵。原想黑方走 17... 车 f8，黑棋王翼攻势减弱。

17... 马 c6-d8!

白棋的 g5 马没有退路了。

18. 马 b1-a3 马 f6-d7 19. 马 a3-c2?

应走 19. d5 等黑棋走 19...f6 之后可有一个 e6 据点。

19...f7-f6 20. 马 c2-e3 f6×g5 21. 马 e3-f5 后 e7-f6 22. h4×g5 后 f6-g6

如走 22... 后×g5 23. 象 h4 后 g6 24. 后 d3，白棋有攻势。

23. 后 d1-d3 车 h8-f8 24. d4×e5!

黑王滞留中路，白方打开中心是好棋。若走 24. 后×b5 象×e4 25. 车×e4 后×f5，黑优。

24... d6×e5?!

疑问手。应走 24... 马 c5! 25. 后 c2 马×e4 26. 车×e4 后×f5，黑优。

若 25... 马×b3？ 26. 后×b3 象×e4 27. 车×e4 后×f5 28. 后×b5+ 王 e7
29. 后 c4，白棋的攻势不容小觑。

25. 车 e1-d1 象 a8-c6 26. 象 g3×e5 马 d8-f7 27. 象 e5-g7?!

此着值得怀疑。应走 27. 马 g7+！王 e7（若 27... 王 d8？ 28. 马 e6+ 王 c8
29. 马×f8 马×f8 30. 象 f6，白优）28. 马 f5+ 王 e8，长将和棋。

另一着法白棋亦欠佳：27. 象×f7+ 车×f7 28. 象 f6（28. 象 f4 后 e6！，
黑优）车×f6!？ 29. gf 后×f6，黑棋稍好。

但是白方认为自己的局面不错，他要想尽办法攻王。

27... 马 d7-c5！ 28. 象 b3×f7+

若 28. 后 c2？则有 28... 象×e4 29. 后 e2 后×f5 30. 后×b5+ 马 d7
31. 后×f5 象×f5 32. 车 e1+ 马 fe5 33. 象×e5 马×e5 34. 车×e5+ 王 d7，
黑棋胜势。

28... 王 e8×f7 29. 后 d3-d4（图 49）

29... 马 c5-d7！

好棋。若走 29... 马×e4？

30. 后 e5!! 象×f2+ 31. 王 h2!，白棋
有马 h6 杀王的威胁。31... 象 g3+

32. 马×g3 后×g7（若 32... 马×g3
33. 象×f8，白优）33. 后×c7+ 王 g8

34. 后×c6 马×g3（34... 后 e5

35. 后 g6+！王 h8 36. 后×h5+ 王 g8

37. 后×g4!，白优）35. 后 d5+，白棋
稍好。

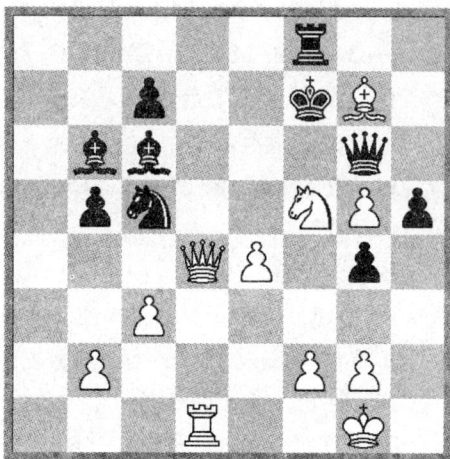

图 49

又如 29... 马 e6?! 30. 后 e5！
车 a8 31. 马 h6+ 王 e8 32. 马 f5 车 a4 33. 车 e1 象 d7 34. 象 f6，互有顾忌。

30. 后 d4-d2

唯一着法。试分析其他几种着法。

一、30. 马 h6+ 王 e8，黑胜势。

二、30. 后 d3 车 e8，黑优。

三、30. 后 b4 车 e8，黑优。

四、30. 后×d7+!? 象×d7 31. 车×d7+ 王 e8（31... 王 g8?? 32. 马 h6+
后×h6 33. gh，白胜势）32. 车 e7+ 王 d8 33. 象×f8 g3!，黑优。

30... 车 f8-e8 31. 后 d2-f4！车 e8×e4！ 32. 马 f5-d6+ 王 f7×g7

33. 马 d6×e4 后 g6-e6 34. 马 e4-g3 王 g7-g6 35. 后 f4-d2 h5-h4
36. 马 g3-e2 后 e6-e4 37. 马 e2-f4+ 王 g6×g5 38. 马 f4-h3+ 王 g5-g6
39. 后 d2-g5+ 王 g6-f7 40. 马 h3-f4 g4-g3 41. 后 g5×h4 g3×f2+ 42. 王 g1-h2
象 b6-e3

白方认输。

第 35 局 肯德尔曼（Kindermann）——蒂曼（Timman）
1995 年弈于比尔 C78 64/309

1. e2-e4 e7-e5 2. 马 g1-f3 马 b8-c6 3. 象 f1-b5 a7-a6 4. 象 b5-a4
马 g8-f6 5. 0-0 b7-b5 6. 象 a4-b3 象 f8-c5 7. a2-a4 象 c8-b7 8. d2-d3
先保 e4 兵稳定中心。也可以走 8. c3，以后再冲 d4。

8... d7-d6 9. 马 b1-c3 b5-b4 10. 马 c3-d5 h7-h6 11. a4-a5 0-0
12. c2-c3 车 a8-b8 13. 象 c1-e3 马 f6×d5

兑马及时。如果走 13... 象×e3?! 14. 马×f6+ 后×f6 15. f×e3 后 e7
16. 后 e1，白棋有攻势。

14. 象 b3×d5 象 c5×e3 15. f2×e3
马 c6-e7?!

软着。让白方保留了白格象。以下
着法较好：15... b×c3 16. b×c3 马×a5
17. 车×a5 c6 18. 象×f7 车×f7，形势复杂。

16. 象 d5-c4 c7-c5?!

削弱了白格。应走 16... b×c3
17. b×c3 c6 18. d4 d5! 堵住白方白格
象的线路。

17. c3×b4 c5×b4 18. 后 d1-b3
马 e7-c6（图 50）

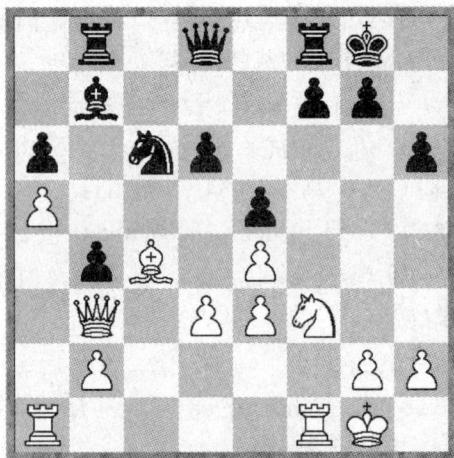

图 50

19. 象 c4×f7+! 车 f8×f7 20. 马 f3-g5 后 d8×g5 21. 后 b3×f7+ 王 g8-h8?
像这样的弃子杀王，白方只有一后一车攻王，另一只车还远离战场。白方
并没有紧凑的攻王手段。黑方只要沉着应战，顶住白方的攻势即可取得胜利。
此时就怕心慌意乱，思路不能集中，必然授人以隙。

正确的着法是 21... 王 h7，与实战仅仅一格之差，以下是：22. 车 f3
后 e7 23. 后 f5+ 王 g8 24. 车 af1 车 e8（如走 24... 象 c8 25. 后 f8+ 后×f8

26. 车×f8+　王 h7　27. 车 1f7　象 d7　28. 车×b8. 马×b8　29. 车 f8. 马 c6
30. 车 a8　马×a5　31. 车×a6　马 c6　32. d4！，白棋中心兵阵很有威胁）25. 后 g6
马 d8，守住 f7 格。

以下有两种变化：

一、26. 车 g3　车 f8　27. 车×f8+　后×f8　28. 后×h6　马 f7，白棋无明显
优势。

二、26. 车 f6　象 c6　27. 车×d6　象 b5，白棋无优势可言。

22. 车 f1–f3　后 g5–d8?

此棋不合棋理，当对方少子的时候应当抓住机会兑子以削弱对方的攻势。
蒂曼对白方车路畅通的优势有点担心，接连走出软着。正着是走 22… 后 e7
邀兑皇后，23. 后 g6 后 g5（23… 车 f8　24. 车×f8+　后×f8　25. 车 f1！，黑棋
只好委屈地走 25… 后 g8　26. 后×d6，白棋稍优）24. 后×d6 后 d8　25. 后 d5！
（黑方此时兑后不好，25… 后×d5　26. e×d5　马 e7　27. d6　马 d5　28. e4　马 f6
29. 车 c1　车 d8　30. 车 c7！，白方稍优）25… 后 e8！（此着伏有妙手，如白
棋走 26. 车 af1？　马 d4！　27. 车 f8+　后×f8　28. 车×f8+　车×f8！面对黑方马
e2+然后车 f1#杀王和象×d5 吃后的双重威胁，白棋无法防守）26. 后 c5 后 e7，
形势复杂。

23. 车 a1–f1　象 b7–c8?

又走坏棋。应走 23… 后 g8 邀兑皇后，虽然局势仍然稍差，但总比立即
输棋好。

24. 后 f7–g6

在这之后是：24… 象 b7，看，这只倒霉的象又被迫回到 b7，等于让白
棋多赚了两步棋。经 25. 车 f7 后 g8　26. 车 1f6，白方三强子已攻到王前（黑
兵如吃车：26…gf？　27. 后×h6#，杀），黑方车象后均不能动，只能坐以
待毙。

黑方认输。

这局棋说明，像蒂曼这样的超一流棋手，面对对方的弃子攻杀尚不能保持
冷静，以致接连走出软着、败着，足见弃子攻杀对棋手的心理压力是多么大。
青少年棋手的计算能力还不是很强，常常在出现有弃子攻杀的可能时因算不透
而不敢走。作者的劝告是：先杀进去再说，对方出错的可能性比你出错的可能
性要大得多。下棋除了比棋艺之外，还要比沉着、比意志、比胆略。

第36局　维特莫斯克斯（Vitomskis）——克拉伊奇（Klaic）
1992年弈于通讯赛　C78　66/290

1. e2-e4 e7-e5　2. 马g1-f3 马b8-c6　3. 象f1-b5 a7-a6　4. 象b5-a4
马g8-f6　5. 0-0 b7-b5　6. 象a4-b3 象c8-b7　7. 车f1-e1 象f8-c5　8. c2-c3
d7-d6　9. d2-d4 象c5-b6　10. 象c1-g5 h7-h6　11. 象g5-h4 0-0　12. a2-a4
e5×d4　13. a4×b5 a6×b5　14. 车a1×a8 象b7×a8　15. c3×d4 车f8-e8
16. 马b1-c3 g7-g5（图51）

一般都是在中心封闭之后才进行侧翼进攻。现在这个局面，中心兵形尚未确定就发起侧翼进攻是要冒一定风险的。

17. 象h4×g5！

此时，一般有如下几种着法：

一、17. 象g3 马h5，用马兑象，局势不明。

二、17. 马×g5 h×g5　18. 象×g5
马×d4，黑棋稍优，白方弃马之后未能形成攻势，补偿不足。

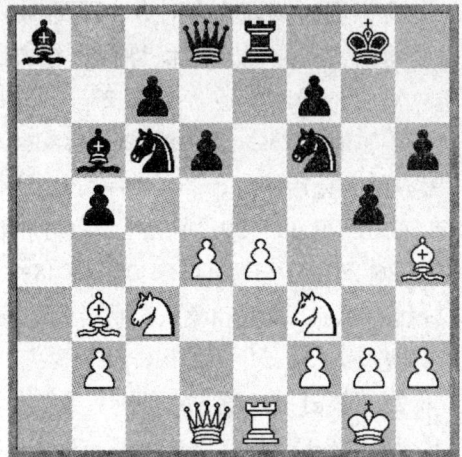

图51

三、17. 后d2!? 是一个陷阱，如黑方吃象就中计了，如 17... g×h4?
18. 后×h6 马×d4　19. 象×f7+！ 王×f7　20. 马g5 王g8（20... 王e7　21. 后g7#，
白胜）21. 后g6+ 王h8　22. 马f7#，白胜。但是，黑方可走 17... 马h7！
18. 象g3 马a5，局势不明。因此，弃象换兵是明智的着法。

17... h6×g5

如走 17... 马×d4　18. 马×d4 h×g5　19. 马f5，黑棋王前空虚，白棋有攻势。

18. 马f3×g5 车e8-e7

由于黑棋执行了一个错误的侧翼进攻计划，导致现在的困难局面。走
18... 车f8，也不好，19. 后f3 马×d4　20. 后g3 马h5　21. 后h4 马f6
22. 车e3 马×b3　23. 车g3，虽然白方连弃两子，可是黑方的局面已经无法挽救了。

19. 马c3-d5

白方及时进马，攻击黑方的主要防守力量——f6马。如走 19. 后 d3，软着。经 19... 象×d4　20. 后 g3　王 f8，黑棋好走。

19... 象 b6×d4

如走 19... 马×d5? 黑方又中白计，经 20. 后 h5! 马 f6　21. 象×f7+　车×f7　22. 后×f7+　王 h8　23. 车 e3，白棋胜势。

20. 马 d5×e7+

及时改变攻击目标，得回半子，很机敏。如走 20. 马×f6+　象×f6，黑棋优势。

20... 后 d8×e7　21. 象 b3×f7+!

好棋。如走 21. 马×f7　王 f8，白棋没有有力的后续着法。

21... 王 g8-h8

如走 21... 王 f8　22. 象 a2　象 b6　23. 后 f3，然后有后 h3、马 e6 等多重威胁。

22. 象 f7-d5　象 d4-b6

如走 22... 马×d5　23. e×d5　后×g5　24. 车 e8+　王 h7　25. 车×a8　后×d5　26. 后 d3+　王 g7　27. 后 g3+　王 f6，局势不明。

23. 后 d1-d2

准备走 24. 马 f7，再后 h6。

23... 马 f6-g4

如果走 23... 象 a5?　24. 马 f7+　后×f7　25. 后 h6+　后 h7　26. 后×f6+　后 g7　27. 后×g7+　王×g7　28. 车 a1，白棋胜势。

24. 车 e1-a1　象 a8-b7　25. 后 d2-c3+　后 e7-f6

如果走 25... 马 ge5　26. 后 h3+　王 g7　27. 后 h7+　王 f6　28. 后 f5+　王 g7　29. 马 e6+，白棋优势。

26. 后 c3-h3+　马 g4-h6　27. 马 g5-f7+　王 h8-h7　28. 马 f7×h6 后 f6×h6　29. 后 h3-d7+　后 h6-g7　30. 象 d5×c6　象 b7×c6　31. 后 d7×c6 后 g7×b2　32. 后 c6-d7+　王 h7-g6　33. 车 a1-f1 b5-b4　34. h2-h4 b4-b3

白方借进攻之势，吃得一马，转入优势残局。黑方连进两步 b 兵，准备升后是对白方的唯一威胁。

35. h4-h5+

弃兵攻王，好棋。此时，若走 35. g4 就慢了。

35... 王 g6×h5

无可奈何，不吃也不好，无论黑王逃到哪里，36. 后 f5，白大优。

36. g2–g4+ 王 h5–g6   37. 王 g1–g2 象 b6–d4

象占中心，能攻能守。

38. 后 d7–f5+ 王 g6–g7   39. 车 f1–h1

这就是第 35 着弃 h 兵的好处。威胁 40. 车 h7 再后 f7。

39… 王 g7–g8   40. 车 h1–h5 象 d4–f6   41. 后 f5–g6+ 王 g8–f8   42. 车 h5–f5 王 f8–e7   43. g4–g5

这一着走 43. e5 也可以。

黑方认输。

这一局棋，黑方输在中心兵形未定就贸然发起侧翼进攻。白方胜在当机立断，抓住黑方的错误，弃象换兵，利用攻王的优势，吃回弃子进入优势残局，进而取胜。

第 37 局　叶江川——约塔耶夫（Yurtaev）

1994 年弈于莫斯科奥林匹克赛　C78　62/368

1. e2–e4 e7–e5   2. 马 g1–f3 马 b8–c6   3. 象 f1–b5 a7–a6   4. 象 b5–a4 马 g8–f6   5. 0–0 b7–b5   6. 象 a4–b3 象 f8–c5   7. c2–c3 d7–d6   8. 车 f1–e1

以前常走 8. d4，后来又有人走过 8. a4!? 车 b8 再 9. d4 象 b6   10. a×b5 a×b5   11. 马 a3 象 g4（阿尔玛希——奥尼休克，1995 年）。

8… 象 c8–g4   9. d2–d3 0–0   10. 马 b1–d2 车 f8–e8   11. 马 d2–f1 h7–h6   12. h2–h3 象 g4–h5

如走 12… 象 e6   13. 象×e6 f×e6   14. d4，白方优势。

13. 马 f1–g3 象 h5–g6（图 52）

14. 马 f3–h4! 马 f6×e4

如退象 14… 象 h7   15. 后 f3，白方优势。

15. 车 e1×e4

此时如走 15. 马×g6 象×f2+   16. 王 f1 象×e1   17. 王×e1 马×g3   18. 后 f3 后 d7   19. 后×g3 王 h7，仍是白方优势。

15… 象 g6×e4   16. 马 g3×e4

图 52

也可走 16. 后 g4，白方有攻势。

16... 后 d8×h4 17. 后 d1-f3 象 c5-b6 18. 象 b3-d5

双方次序都好。若 18. 后×f7+ 王 h8 19. 象 d5 车 f8!，黑方有反攻。

18... 车 e8-f8 19. 象 d5×c6 车 a8-d8

通过一连串的战术组合，叶江川先弃后取，反多半子。这一切都是从 14. 马 h4!开始的。

20. 象 c1-e3?!

此着稍软。应走 20. 后 g3! 后×g3 21. 马×g3，白方优势。

20... 象 b6×e3 21. f2×e3 f7-f5 22. 马 e4-f2?

一个错误。几个回合之后就能看出来。应走 22. 马 d2。

22... 王 g8-h8 23. a2-a4

如果 23. 车 f1 后 a4!。

23... d6-d5 24. a4×b5

不敢走 24. 象×d5? e4 25. d×e4 f×e4，白方马象必失其一，这就是 22. 马 f2 的错误。

24... a6×b5 25. 车 a1-f1 e5-e4 26. 后 f3-e2 车 d8-d6 27. 象 c6×b5 c7-c6 28. 象 b5-a6 车 d6-g6 29. d3×e4 d5×e4 30. 象 a6-c4 h6-h5 31. 王 g1-h1 王 h8-h7 32. 马 f2-d1 后 h4-g5 33. 车 f1-f4

更好的着法是：33. b4，然后走马 b2、象 b3、马 c4 等。

33... 车 f8-d8 34. 象 c4-b3 车 g6-d6 35. h3-h4 后 g5-g6 36. 车 f4-f2 王 h7-h6 37. 王 h1-h2 后 g6-f6

此时走 37... 车×d1 38. 象×d1 后 d6+ 39. 王 h3 后×d1 40. 后×d1 车×d1 41. 车×f5，黑方虽能吃回半子，但白方多兵的优势足以保证胜利。

38. 车 f2-f4 g7-g5?

坏棋。黑方应走 38...g6，加强王翼兵链而不是像现在这样打开线路。

39. h4×g5 后 f6×g5 40. 后 e2-f1 王 h6-g6 41. 马 d1-f2 后 g5-e7 42. 后 f1-c4 车 d6-d2 43. 王 h2-h3 王 g6-g5 44. 马 f2-h1! h5-h4 45. 马 h1-f2 后 e7-e5?（图 53）

无用之棋。应走 45... 后 d7，尚可顽抗。

46. 马 f2×e4!

弃马好棋！最后的打击。

46...f5×e4 47. 车 f4-g4+ 王 g5-h6 48. 后 c4-f7

图 53

黑方无法防守白棋后 g6、车×h4+等杀着，只好认输。

第 38 局　亚当斯（Adams）——图莫胡亚哥（Tumurhuyag）
1994 年弈于莫斯科奥林匹克赛　C78　62/364

1. e2-e4 e7-e5　2. 马 g1-f3 马 b8-c6　3. 象 f1-b5 a7-a6　4. 象 b5-a4
马 g8-f6　5. 0-0 b7-b5　6. 象 a4-b3 象 c8-b7　7. d2-d3 象 f8-c5　8. a2-a4

也可以走 8. c3。

8. ... 0-0　9. 马 b1-c3 b5-b4

新手。以前常走 9. ... 马 d4。

10. 马 c3-e2 d7-d5　11. e4×d5 马 f6×d5

走 11. ... 马 a5 的着法值得注意。

12. a4-a5！王 g8-h8

现在才发现 b3 象的威力，但也不必害怕，应尽快出子，走 12. ... 后 d7，
然后马 f6 等。

13. c2-c3

这着棋的意图是，如果黑方走 13. ... f5，就应以 14. d4。

13. ... 象 c5-e7

还是应该走 13. ... 后 d7。

14. 象 b3-c4

打算走 15. 后 b3，攻击黑方 d5 马。这些棋都是在走 12. a5 的时候就想好

了的。超一流棋手看得就是远。

14... 后 d8-d7　15. 车 f1-e1

黑方已有防范，再走 15. 后 b3 就没意思了，因为黑方有 15... 车 ad8。

15... 车 f8-d8　16. 象 c1-d2 车 a8-b8　17. 马 e2-g3 f7-f6?

错着。放弃了 a2—g8 斜线，使白方的白格象威力大增。

18. h2-h4

白方的计划是：进兵 h5，再进马 h4。

**18... 象 e7-f8　19. h4-h5 马 c6-e7
20. d3-d4! 马 e7-f5?**

失先。应走 20... 后 g4!，白方很难对付这个黑后。如 21. 车 e4 则马 f4。又如 21. 象 e2 则后 d7。再如 21. 马 h2 则后×d1。

**21. 马 g3×f5 后 d7×f5　22. 马 f3-h4
后 f5-d7**（图 54）

23. 马 h4-g6+! h7×g6?

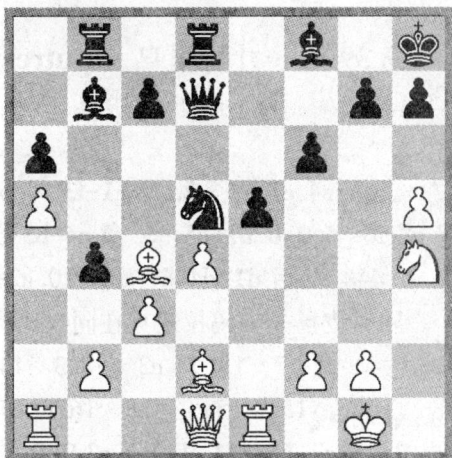

图 54

错误，打开 h 线后果不堪设想。应走 23... 王 g8　24. 马×f8。黑方虽然局面稍差，但尚能守住。

24. h5×g6

看，多危险。马上就有 25. 后 h5+，再 26. 后 h7#，杀王。至此看出 17...f6 之错。

24... 象 f8-d6

如走 24... 后 f5　25. 象 d3!，黑棋无解。现在只好逃王了。

25. 后 d1-h5+ 王 h8-g8　26. d4×e5

算好黑王要逃到 d7 格，先把 f6 兵引开。

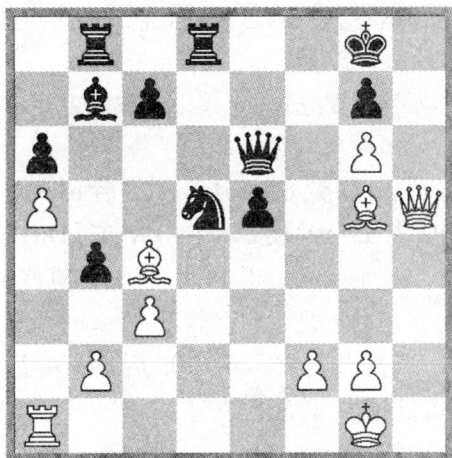

图 55

26... 象 d6×e5

如走 26...f×e5　27. 象 g5，白胜。

27. 车 e1×e5! f6×e5　28. 象 d2-g5 后 d7-e6（图 55）

计划白方 29. 后 h7+时，走 29... 王 f8　30. 后 h8+ 后 g8，以解王于危难

之中。谁知白方又出妙手。

29. 象 g5-e7！！

一锤定音。黑方无法解救。如 29... 后×e7　30. 后 h7+　王 f8　31. 后 h8#，杀王。

黑方认输。

第 39 局　杜特里乌（Dutreeuw）——莫特瓦尼（Motwani）
1994 年莫斯科奥林匹克赛　C78　62/367

1. e2-e4 e7-e5　2. 马 g1-f3 马 b8-c6　3. 象 f1-b5 a7-a6　4. 象 b5-a4 马 g8-f6　5. 0-0 b7-b5　6. 象 a4-b3 象 f8-c5　7. 马 f3×e5 马 c6×e5　8. d2-d4 象 c5×d4　9. 后 d1×d4 d7-d6　10. a2-a4

阿科皮扬——玛拉纽克在同次比赛上走的是：10. f4 c5　11. 后 c3 马×e4　12. 后 e1 象 b7　13. 马 c3 马×c3　14. 象×f7+（为了不让黑方冲兵 c4 把象封死）王×f7　15. f×e5+ 王 g8　16. b×c3 d×e5　17. 后×e5，白方稍优。

10... c7-c5　11. 后 d4-e3 0-0　12. a4×b5 c5-c4！

这步先手抢得好。

13. 象 b3-a2 a6×b5　14. b2-b3 b5-b4！！

这步弃兵构思巧妙。

15. b3×c4

肯定要吃掉 c4 兵，若被黑方走上 15...c3 压住，那白方白格象就等于判了死刑。

15... 象 c8-e6！　16. 后 e3-d4 车 a8×a2！　17. 车 a1×a2 象 e6×c4　18. 车 a2-b2 象 c4×f1　19. 王 g1×f1

这个结果是走 14...b4 时就算好了的，经过一番交换，黑方双马的位置显然优于白方马、象。

19... 马 e5-c6　20. 后 d4-c4 后 d8-d7　21. 马 b1-d2 车 f8-e8　22. f2-f3（图 56）

22... d6-d5！

黑方从中心突破，这是一着战略性的好棋。

23. 后 c4-d3

如果走 23. e×d5 马×d5，黑方车后占领开放线，马有 c3、e3 两个好格，白方 24. 马 e4 f5，黑方优势。

23... 后 d7-c7！　24. g2-g3

h2 兵可不敢丢。如走 24. e×d5 后×h2　25. 马 e4（若 25. d×c6 后 h1+　26. 王 f2 后 e1#，杀白王）马×e4　26. f×e4 后 h1+　27. 王 f2 马 e5！如 28. 后 e3 则马 g4+，如 28. 后 d2 则马 c4 捉双，黑方胜势。如 28. 后 f1 则马 g4+　29. 王 e2 车×e4+，黑胜。

24... 车 e8-d8！　25. 后 d3-e2 马 c6-d4　26. 后 e2-d3 d5×e4

这几步棋黑方的先手抢得多好。

27. 马 d2×e4 马 f6×e4　28. f3×e4

如走 28. 后×e4，b3！，黑优。

图 56

28... h7-h6

从容不迫，先把底线弱点消除掉。

29. 象 c1-f4 后 c7-e7　30. 车 b2-b1 g7-g5！　31. 象 f4-d2

若走 31. 象 e3 马 f5　32. 象 c5 马×g3+　32. 王 g2（若 32. h×g3 后 f6+，吃白后）后 c7　33. 后 e3 马×e4，黑方胜势。

31... 后 e7-f6+

白方不敢走 32. 王 e1 或王 g1，因有 32... 马 f3+ 抽后，若走 32. 王 g2 马 f3，白象必失。

白方认输。

这局棋，黑方走得积极主动，处处紧逼，凡能抢到先手的地方，绝不相让。而白方各子失调，处处被动。黑方 14... b4 和 22... d5 是水平很高的两步棋，决定了全局的胜利。

第 40 局　罗德里格斯（Rodriguez）——加西亚（García）

1997 年弈于约帕尔　C78　70/319

1. e2-e4 e7-e5　2. 马 g1-f3 马 b8-c6　3. 象 f1-b5 a7-a6　4. 象 b5-a4 马 g8-f6　5. 0-0 象 f8-c5　6. c2-c3 b7-b5　7. 象 a4-c2

白象没在 b3 停留，一步就退到 c2 有点与众不同。

7... d7-d6　8. a2-a4

此时也可以走 8. d4 象 b6　9. h3 0-0　10. 象 e3 象 b7，白方稍优。

8... 象 c8-g4　9. h2-h3 象 g4-h5　10. d2-d3 0-0　11. 马 b1-d2 h7-h6　12. 车 f1-e1 车 a8-b8　13. 马 d2-f1 d6-d5?　14. a4×b5 a6×b5

如走 14...d×e4?　15. b×c6 e×f3　16. 马 g3，白方优势。

15. 马 f1-g3 象 h5-g6　16. 马 f3-h4 车 f8-e8?

较好的着法是：16...d×e4　17. d×e4 后×d1　18. 车×d1。

17. 马 h4×g6 f7×g6　18. e4×d5 马 f6×d5　19. 马 g3-e4

白马获得了一个极好的中心位置。这就是因黑方 13...d5 走得不当所致。

19... 象 c5-f8　20. 后 d1-g4

白后亦及时出击。

图 57

20... 车 b8-b6

黑车暗中保住 g6 兵。

21. 象 c2-b3 王 g8-h7（图 57）

应该走 21... 王 h8，再走马 ce7 和马 f6，子力位置就比现在好一些了。

但是白方没有给黑方调整的机会。

22. 象 b3×d5！后 d8×d5　23. 象 c1×h6！象 f8-e7

显然，如果 23... 王×h6　24. 后 h4#，杀王。若 23...g×h6　24. 马 f6+ 抽吃黑后。

24. 象 h6-e3 车 b6-b8　25. 车 a1-a6 象 e7-d8

黑方已经很难走了，如 25... 车 a8　25. c4! b×c4　27. d×c4 后×c4，则 28. 马 g5+ 抽吃黑后，若黑后不吃 c4 兵则失马。现在，给了黑后走 e6 的权利。也许此时走 25... 象 f6 稍好一点。

26. 象 e3-g5 车 b8-b6　27. 车 a6-a8

白方已经完全控制了局面。自 21 回合以来白方的每一步棋都给黑方施加了很大的压力。我们应该好好学习这种控制局面的方法。

27... 王 h7-g8　28. 象 g5-e3 马 c6-d4　29. 象 e3×d4！

黑方也许只想到白方要逃车，却没想到白方会用象吃马。

29... 车 b6-e6

黑方只能这样走了。如走 29... 后×a8　30. 象×b6 c×b6　31. 后×g6，白方大优。如走 29...e×d4　30. 马 f6+ 车×f6（如 30...g×f6　31. 车×e8+ 王 f7

32. 车 a×d8，白方胜势）31. 车×e8+ 车 f8 32. 车 a×d8，白方胜势。

30. 车 a8×d8 车 e8×d8 31. 象 d4-e3

白方以一车换了马象，净多半子。

31... 车 e6-a6 32. 马 e4-g5

白马控制了 h7 和 f7 两个极重要的格子。

32... 后 d5×d3 33. 后 g4-h4 后 d3-c4 34. 后 h4-h7+ 王 g8-f8

35. 后 h7-h8+ 王 f8-e7

正是因为白马控制了 f7 格的原因，黑方不能走 35... 后 g8，白有 36. 象 c5+。黑方认输。

以后是 36. 后×g7+ 王 d6 37. 马 f7+ 王 e6 38. 马×d8+ 王 f5 39. 后 d7+ 王 e4 40. 象 g5#，杀王。

第 41 局 朱迪·波尔加（Ju. Polgar）——希洛夫（Shirov）
1997 年弈于提耳堡 C78 70/325

1. e2-e4 e7-e5 2. 马 g1-f3 马 b8-c6 3. 象 f1-b5 a7-a6 4. 象 b5-a4 马 g8-f6 5. 0-0 b7-b5 6. 象 a4-b3 象 f8-c5 7. a2-a4 车 a8-b8 8. a4×b5 a6×b5 9. 马 f3×e5 马 c6×e5 10. d2-d4 象 c5×d4 11. 后 d1×d4 d7-d6 12. f2-f4 马 e5-c6

同年，在珀尔穆，别兹戈多夫——波塔波夫走的是：12... c5?! 13. 后 d1 马 g6 14. e5! 马 g4 15. 象×f7+ 王×f7 16. e6! 象×e6 17. f5 马 6e5 18. f×e6+ 王×e6 19. 马 c3 马 f6 20. 象 g5，白方优势。

13. 后 d4-c3 马 c6-e7 14. 车 a1-a7

同年，在诺夫格罗德，卡斯帕罗夫——托帕洛夫走的是：14. 后 d3 0-0 15. 马 c3 c5 16. 马×b5 马×e4 17. 后×e4 车×b5，双方均势。

14... c7-c5

如走 14... 象 b7 15. e5!?，白方有攻势。

15. e4-e5 马 f6-d5

如果走 15... 马 e4，这只马就没有退路了。经 16. 后 d3 象 f5 17. 车×e7+! 后×e7 18. 象 d5!，白方得半子。

16. 象 b3×d5 马 e7×d5 17. 后 c3-g3

如走 17. 后 f3 c4!，黑棋不错。

17... 0-0 18. 马 b1-c3 马 d5-e7?

退马错误，应走 18... 马×c3。

19. e5×d6 马 e7-f5 20. 后 g3-f2
后 d8-b6?

应走 20... 后×d6。

21. 车 a7-c7 马 f5-d4 22. f4-f5
b5-b4?（图 58）

如走 22... 象×f5 23. 象 f4 象 e6
24. 马 e4，白方优势。

23. f5-f6！ g7-g6
显然不能吃马，如走 23... b×c3
24. f×g7 象 e6（如走 24... 王×g7
25. 车×f7+ 车×f7 26. 后×f7+ 王 h8
27. 后 f8#，白胜）25. g×f8（升后）+ 车×f8 26. 象 h6，白方胜势。

24. 马 c3-d5 后 b6×d6 25. 马 d5-e7+ 王 g8-h8 26. 象 c1-h6
黑方认输。

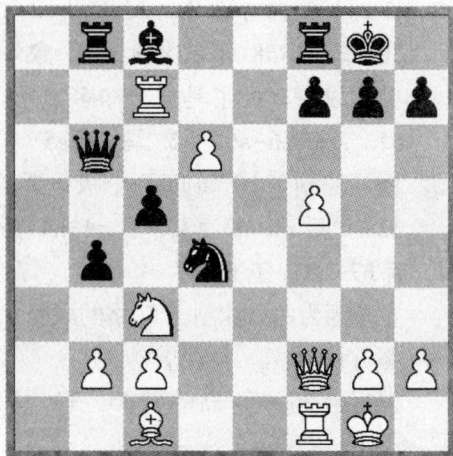

图 58

这一局棋朱迪·波尔加走得积极主动，抓住对方几个不大的错误，不到30 个回合就让等级分高达 2700 分的希洛夫俯首称臣。

第 42 局 列科（Lékó）——加西亚（Garcia）
1997 年弈于约帕尔 C78 70/321

1. e2-e4 e7-e5 2. 马 g1-f3 马 b8-c6 3. 象 f1-b5 a7-a6 4. 象 b5-a4
马 g8-f6 5. 0-0 象 f8-c5 6. c2-c3 b7-b5 7. 象 a4-b3 d7-d6 8. a2-a4
象 c8-g4 9. h2-h3 象 g4×f3**

也可以走 9... 象 h5，保持对 f3 马的压力。这是另外一路变化。

10. 后 d1×f3 0-0 11. d2-d3

如果走 11. a×b5 a×b5 12. 车×a8. 后×a8 13. d3 b4，双方对攻。没有 f3
马就不能走 11. d4 了。

11... 马 f6-a5 12. 象 b3-c2 b5-b4 13. 马 b1-d2

打算走 14. 马 b3。

13... 车 a8-b8

阻止了白方的计划，并且伺机冲兵 b3。

14. 车 f1-e1

加强中路，好棋。若走 14. 后 d1，虽可止住黑冲 b3，但黑走 14...d5！在中心挑起事端，白方就中了黑方的调虎离山计。

14... h7-h6

黑方打算把马经 h7 调往 g5。

15. 车 a1-b1

白方不能走 15.c×b4？黑走象×b4 之后，白方黑格中的车、马、象三子受制。所以，白方仍想走马 b3。

15... b4-b3

黑方针锋相对。

16. 象 c2-d1　后 d8-d7　17. 车 b1-a1

白车在 b1 已无用处，只好再回 a1，白白浪费了步数。而黑方在后翼展开得很好，b 兵的前进使白棋很不舒服。

17... 马 f6-h7　18. 后 f3-g3！

黑方在王翼的计划，随着这步后 g3 而落空。

18... 王 g8-h8

这步棋走 18...f5？也不好。19. e×f5　后×f5　20. 马 e4，白方优势。

19. 象 d1-g4　后 d7-d8　20. 马 d2-f3　马 a5-c6　21. 马 f3-h4　马 c6-e7

黑马火速向王翼增援，非常及时。

22. 车 e1-d1　马 h7-f6

这只马无功而返，也浪费了步数。

23. d3-d4　象 c5-a7

白方在中心发起进攻，黑象只好后退。

24. 后 g3-d3！a6-a5

若走 24...e×d4　25. c×d4　马 c6　26. 马 f5，白方有攻势。

25. 象 c1-e3　e5×d4　26. c3×d4　马 f6×g4　27. h3×g4　后 d8-d7　28. 马 h4-f5　马 e7×f5　29. g4×f5　车 b8-b4　30. 车 a1-c1

现在走 30.f6 为时过早。经 30...g×f6　31. 象×h6　车 g8，双方对攻。

30... 象 a7-b6　31. 车 c1-c3　f7-f6

此时若走 31... 后×a4？！，不妥（图59）。

第一次给一个非实战着法加一个图，请看分析：32. 象×h6！，以下有三种着法：

一、32...g×h6　33. 后 d2　王 g7（若 33... 王 h7　34. 车 h3，白胜）34. 车 g3+　王 f6　35. 后×h6+　王 e7　36.f6+　王 e8　37. 车 h3！（有后×f8！#,

杀王）车 g8　38. 后 g7 车×g7　39. f×g7，
白优。

二、32... 车×d4　33. 象×g7+
王×g7（若 33... 王 g8　34. 后 g3，白
胜）34. 后 g3+ 王 f6　35. 后 h4+!
王 e5　36. 后 e7+! 王 f4　37. g3+
王 g4　38. 后 h4#，白胜。

三、32... 象×d4　33. 象×g7+
象×g7　34. 后 h3+ 王 g8　35. f6!
象×f6?（正着为 35... 车×e4!）
36. 车 g3+ 象 g7　37. 后 h6，白胜。

图 59

32. 车 c3×b3 车 b4×a4

其实，此时可以考虑走 32... 后×a4　33. 车×b4 后×b4，黑棋满意。

33. d4-d5 象 b6×e3　34. 后 d3×e3 车 f8-e8　35. f2-f3 车 a4-c4

36. 车 d1-c1

好棋，把黑方唯一活跃的车兑掉。

36... 后 d7-a4　37. 车 c1×c4 后 a4×c4　38. 后 e3-c3!

如走 38. 车 c3 后 b4，黑方满意。

38... 后 c4×c3　39. 车 b3×c3 车 e8-c8

进入车六兵对车六兵的残局。子力虽然相同，但白车比黑车主动。

如走 39... 车 b8 对攻，则 40. 车×c7 车×b2　41. 车 a7 车 a2　42. 车 a6，白方得一兵。

40. b2-b3!

好棋，控制住对方 a 兵。

40... 王 h8-g8　41. 王 g1-f2 王 g8-f8　42. 王 f2-g3 g7-g6?

这一着与 41... 王 f8 矛盾，当初为什么不走 41... 王 f7 呢?

43. f5×g6 王 f8-g7

黑方浪费了一步棋。须知在残局中，速度是很重要的。很多残局快一步则胜，慢一步则败。这样的例子很多。

44. 王 g3-f4 王 g7×g6　45. g2-g4 车 c8-b8

黑方已经无子可动了，这是唯一的机会。

46. 车 c3×c7 车 b8×b3　47. 车 c7-a7 车 b3-b8

如走 47... 车 a3 则 48. 车 a6，黑 d6 兵不保。

48. 车 a7×a5 车 b8-b6 49. 车 a5-a7 车 b6-b8 50. 车 a7-d7 车 b8-b6
51. 车 d7-d8 车 b6-a6 52. 车 d8-g8+

黑方认输。

以下是：52... 王 f7 53. 车 c8，威胁在 c6 兑车及王 f5，黑方无法防守。

本局精彩的部分是在 31 回合时对一个可能走出的非实战着法的分析，有
引人入胜的连珠妙着。

第 43 局 卡斯特罗（Sioncastro）——亚当斯（Adams）
1995 年弈于里昂 C78 63/295

1. e2-e4 e7-e5 2. 马 g1-f3 马 b8-c6 3. 象 f1-b5 a7-a6 4. 象 b5-a4
马 g8-f6 5. 0-0 b7-b5 6. 象 a4-b3 象 f8-c5 7. 马 f3×e5 马 c6×e5 8. d2-d4
象 c5×d4 9. 后 d1×d4 d7-d6 10. f2-f4 c7-c5 11. 后 d4-c3

这局棋一开局双方都选择了比较激烈的变化。同年在里加，伊万丘克——
阿南德走的是较稳健的 11. 后 d1，经过马 g6 12. 象 d5 马×d5 13. 后×d5
车 b8 14. 后 h5 象 b7，双方均势。

11... 马 e5-g4

赛后，奥尼休克指出如走 11... 马×e4 不好，经 12. 后 e1 象 b7 13. 马 c3
马×c3（如走 13...d5 14. 象×d5 象×d5 15. 马×e4，白方优势）14. 象×f7+
王×f7 15. f×e5+ 王 g8 16. 后×c3 d×e5，17. 后×e5，白方优势。

12. e4-e5

此时有这样一个变化值得注意：12. h3 c4 13. h×g4 马×g4!，此时万不可
走 14. 后×g7? 因为黑有妙手 14... 后 h4！ 15. 后×h8+ 王 e7，接下来因黑
有后 h7#杀棋，白方只有走 16. 车 f3 后 h2+ 17. 王 f1 后 h1+ 18. 王 e2 后×g2+
19. 王 e1 后×f3 20. 后 d4!，唯一好棋。走错了就要输棋（如 20. 后 c3? 后 f2+
21. 王 d1 马 e3+ 22. 象×e3 象 g4+ 23. 王 c1 后 f1+ 24. 王 d2 后 d1#，奇
特的杀王景象），20... 马 h2，黑方优势。

12... 马 f6-e4

如走 12...d×e5? 13. f×e5，打开 f 线黑方太危险。

13. 后 c3-f3

如走 13. 后 e1 不让黑走后 h4，则 13... 象 b7 14. h3 c4 15. h×g4 d×e5，
双方各有顾忌。

13...d6-d5 14. c2-c4! b5×c4?

急躁。仔细找找，还有好棋，如 14... 马×h2 15. 王×h2 后 h4+ 16. 王 g1 象 g4 17. 后 e3 马 g3 18. 车 e1 d4 19. 后 d3 0-0，黑方弃子获得攻势。

15. 象 b3-a4+ 王 d8-f8

如走 15... 象 d7 16. 后×g4!，白优。

16. 象 a4-c6 车 a8-b8 17. 马 b1-c3! 马 e4×c3 18. b2×c3 d5-d4

19. 象 c1-a3

这时白方走 19. h3! 也不错，经马 h6 20. g4，白方王翼兵群的进攻不可轻视。

19... 王 f8-g8 20. 象 a3×c5 d4-d3 21. 车 a1-b1?

没有必要去抢这条开放线。还是应走 21. h3 h5（如 21... 马 h6 则 22. g4!，白优）22. h×g4 h×g4 23. 后 f2 g3 24. 后×g3 后 c7 25. 后 f3 车 h6 26. 象 d6，白棋优势。

21... 车 b8×b1 22. 车 f1×b1 h7-h5 23. 后 f3-e4 车 h8-h6 24. 象 c5-d6??（图 60）

放弃了对 f2 格的防守，错误。应走 24. 象 d5 后 c7 25. 后×c4 象 e6 26. 象×e6 车×e6 27. 后 d5 车 c6 28. 象 d4，白方稍优。

24... 后 d8-h4!

深藏不露的黑后第一次出击就一举扭转了局势。

25. h2-h3 后 h4-f2+ 26. 王 g1-h1 后 f2×a2 27. 车 b1-b8? 后 a2-a1#

图 60

黑胜。最后一着白方自暴自弃，虽然要输了也应奋力抵抗，走 27. 后 e1 d2! 28. 后 f1 马 f2+! 29. 王 h2（若 29. 后×f2? d1 升后+ 30. 车×d1 后×f2，黑棋得子胜）d1 升后 30. 车×d1 马×d1 31. 后×d1，白棋尚能应付。

这局棋一直是白方稍优。而黑棋从逆境中翻身的第一次出击就是致命的一击，这就是国际象棋的魅力，一次次的经验教训使棋手懂得了宜将剩勇追穷寇的道理，无论你占了多大的优势，只要对方不缴枪，你就不能有一丝一毫的松懈，它也使劣势方明白只要你顶住对方的进攻，就随时有翻身的希望。

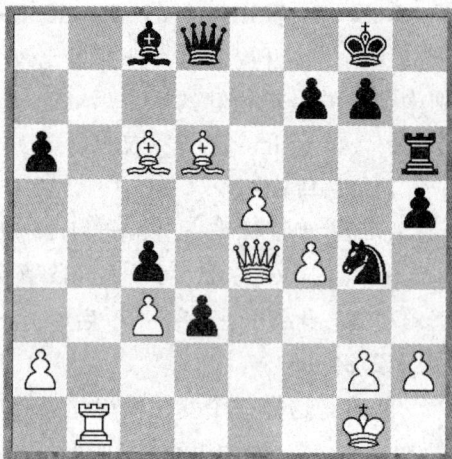

第44局 雷瓦（Leyva）——莫里诺（Moreno）

1996年弈于拉斯图纳斯 C78 68/301

1. e2-e4 e7-e5 2. 马g1-f3 马b8-c6 3. 象f1-b5 a7-a6 4. 象b5-a4
马g8-f6 5. 0-0 b7-b5 6. 象a4-b3 象c8-b7 7. 车f1-e1 h7-h6 8. d2-d4
d7-d6 9. c2-c3 g7-g6 10. a2-a4 象f8-g7 11. a4×b5

这是比较少见的一路棋。以前，有人走11. d×e5，打开中心。

11...a6×b5 12. 车a1×a8 后d8×a8 13. 马b1-a3 b5-b4 14. 马a3-c4
0-0 15. d4-d5

鉴于黑方后象占据大斜线的位置，白方决定封闭中心。

15...马c6-a5 16. c3×b4 马a5×b3 17. 后d1×b3 车f8-b8!

18. 马f3-d2（图61）

18...马f6×e4!

黑方弃马好棋。

19. 车e1×e4

白方用车吃马正确。如走19. 马×e4?
象×d5 20. 后d3 车×b4 21. 马cd2 f5
22. 马c3 车d4! 23. 后f1 象×g2!，
黑方优势。

19...象b7×d5 20. 车e4-g4

如走20. 车e1 象×g2 21. f3 象h3，
黑方弃马换三兵，有足够的补偿。

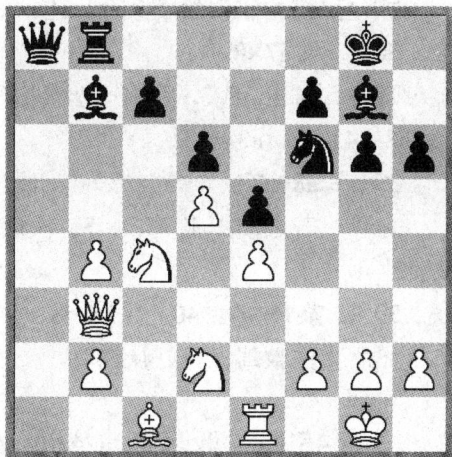

图61

20...象d5-e6 21. 车g4-g3 d6-d5
22. 马c4-a5 c7-c5 23. 后b3-c2 c5×b4

黑方弃马换三兵，有足够的补偿。

24. 马d2-b3 车b8-c8 25. 后c2-d1 后a8-b8

缓手，应尽快推进中心联兵。如25...d4! 26. 象d2 e4 27. 象×b4 d3!，
双兵的推进给白方的压力不小。

26. h2-h4 h6-h5 27. 象c1-d2 d5-d4 28. 后d1-e1 车c8-c2
29. 象d2×b4 车c2×b2 30. 象b4-a3 车b2-a2 31. 后e1-c1 后b8-b5
32. 象a3-e7 车a2×a5?!

黑方贪吃误事。应走32...d3，然后走车c2、e4等，黑兵越前进，对白

方的压力越大。

33. 马 b3×a5 后 b5×a5 34. 车 g3-a3 后 a5-d5 35. 后 c1-c7 王 g8-h7

又出缓手。还不快冲兵 35...d3！。

36. 后 c7-b8 后 d5-e4？

真是莫名其妙，不但不冲兵，还用后挡住兵使其不能前进。应冲兵 36...d3。

37. 车 a3-a8 f7-f5？（图 62）

白棋的底线进攻十分严厉。前面黑方弃马进攻的豪气荡然无存，现在是草木皆兵，畏畏缩缩，一局棋前后判若两人。若早冲 d3，白车也不敢放弃防守。

38. 象 e7-f6！

抓住黑棋的错误给予致命一击。

38... 象 g7×f6

现在，再走 38...后 e1+ 已经来不及了。经 39. 王 h2 后×f2 40. 后 h8+！象×h8 41. 车×h8# 绝杀。

图 62

39. 车 a8-a7+

你看，若之前不走 37...f5，次底线也不会开，更不会有 39. 车 a7，现在后悔来不及了。

39... 象 f6-g7 40. 后 b8-f8

黑后无法救驾，只好认输。

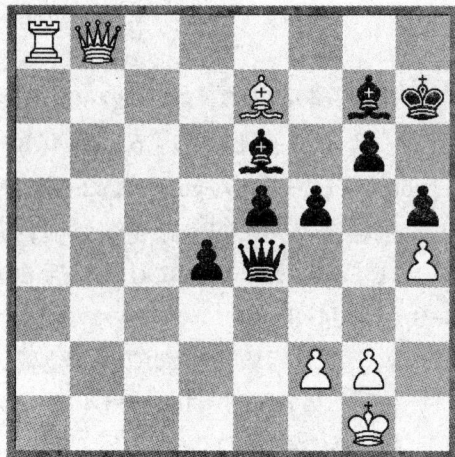

第 45 局 亚当斯（Adams）——奥尼休克（Onikcuk）

1995 年弈于维克安泽 C78 63/296

1. e2-e4 e7-e5 2. 马 g1-f3 马 b8-c6 3. 象 f1-b5 a7-a6 4. 象 b5-a4 马 g8-f6 5. 0-0 b7-b5 6. 象 a4-b3 象 f8-c5 7. c2-c3 d7-d6 8. d2-d4 象 c5-b6 9. h2-h3

同年，在多斯赫尔玛纳斯，朱迪·波尔加——亚当斯走的是 9. 象 g5 h6 10. 象 h4 g5 11. 象 g3 0-0，结果走成了和棋。

9... 象 c8-b7 10. 车 f1-e1 0-0 11. a2-a4

这时也可以走 11. 象 g5。

11...h7-h6 12. d4-d5？！

更好的着法是 12. 象 e3。

12...马 c6-e7　13. a4×b5

新手。以前的着法是 13. c4 或 13. 象 c2。

13...a6×b5　14. 车 a1×a8 象 b7×a8　15. 马 b1-a3

这局棋很平稳地走到这里。如果走 15. 象 e3 象×e3　16. 车×e3 c6　17. d×c6 象×c6　18. 马 bd2 就更平稳了。

15...c7-c6　16. d5×c6 象 a8×c6　17. 象 b3-c2 马 e7-g6　18. 象 c2-d3 后 d8-d7　19. b2-b4?!

这样未免太平稳了吧。主动的是走 19. 后 e2! 马 h5!　20. 象×b5 马 gf4　21. 象×f4 马×f4　22. 后 f1 象×b5　23. 后×b5 后 a7　24. 车 f1 象 c5!，白方吃得一兵，黑棋稍有攻势。这样走棋，至少有点味道。

19...车 f8-a8　20. c3-c4（图 63）

20...车 a8×a3!　21. 象 c1×a3 b5×c4　22. 象 d3×c4 马 f6×e4

黑方弃掉半子之后，各子顿显活跃。

23. 车 e1×e4 象 c6×e4　24. 象 a3-b2 后 d7-c6　25. 后 d1-b3 d6-d5 26. 象 c4-f1 后 c6-f6!　27. 象 b2-c1 马 g6-h4!　28. 象 f1-e2

f3 马不敢离开，因有后×f2+。

28...象 e4×f3　29. 象 e2×f3 e5-e4!

黑方各子的攻击性明显增强。

30. 象 c1-b2

白方双象顾此失彼，疲于奔命。

30...马 h4×f3+!

致命一击。

31. g2×f3 后 f6-g5+

白方认输。

如 32. 王 f1 后 d2!，如 32. 王 h2 后 f4+　33. 王 h1 后 d2!，威胁走后×f2!。

别看这局棋前 20 回合很平稳，后 10 回合仍有不少可借鉴之处，这就是在平稳中寻找战机。

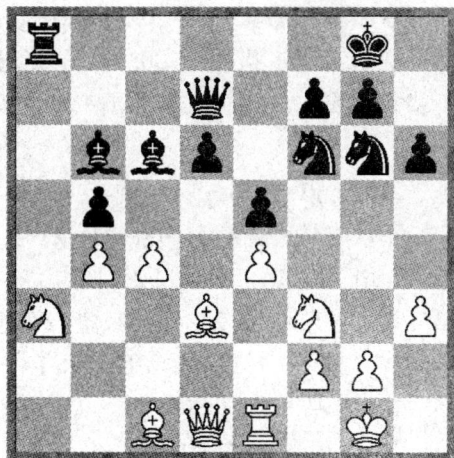

图 63

第46局　阿南德（Anand）——奥尔（Oll）
1999年弈于贝尔格莱德　C78　74/364

1. e2-e4 e7-e5　2. 马g1-f3 马b8-c6　3. 象f1-b5 a7-a6　4. 象b5-a4
马g8-f6　5. 0-0 b7-b5　6. 象a4-b3 象f8-c5　7. a2-a4 车a8-b8　8. c2-c3
d7-d6　9. d2-d4 象c5-b6　10. 马b1-a3 0-0　11. a4×b5 a6×b5　12. 马a3×b5
e5×d4　13. c3×d4 象c8-g4　14. 车f1-e1

新手。这个e4兵终于有了根。但是，无根的e4兵是个毒兵，不能吃，因
有象d5捉双马。以往走的是14. 象c2 d5。

14... d6-d5　15. e4×d5 马f6×d5　16. h2-h3 象g4-h5　17. g2-g4 象h5-g6
18. 马b5-c3 马d5-b4　19. 象c1-g5 后d8-d7　20. d4-d5 后d7-d6

赛后，奥尔指出走20... 马a5也
不错。确实应该把这只瞄准黑王的象交
换掉。

21. 王g1-f1

不敢吃马，若走21. d×c6 后g3+!
22. 王h1 象×f2　23. 马h2（如走
23. 马g1? 象×g1　24. 车e2 象f2，黑
棋胜势）象×e1　24. 后×e1 后×e1+
25. 车×e1 马d3，黑棋得子。

21... 马c6-a5　22. 象g5-e7
后d6-f4（图64）

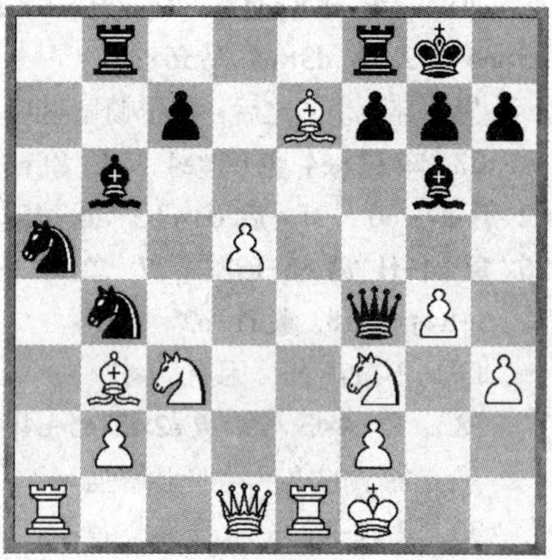

现在白方已经能得半子了。从这个

图64

结果来看，当初黑方若不走19... 后d7而改走19... 后d6，白方就只好走
20. 马b5 后d7　21. d5 马a5，黑方的形势要比实战好一些。

23. 车a1×a5?!

这是干什么？阿南德不但没有得半子，反而弃了半子。看不懂吧。

23... 象b6×a5　24. 车e1-e3

噢，现在明白了，原来是想捉死黑后，难怪白方不吃车，原来这只黑格象
是控制黑后的重要力量。

24... 象a5-b6　25. 马c3-e2 后f4-h6

可怜黑后只有这一个格子了。

26. 王 f1-g2

白方继续控制黑后。现在，黑后是死路一条了。

26... 象 b6×e3　27. g4-g5

白方连弃二只车终于捉住了黑后。

27... 后 h6×h3+?

奥尔见 27... 后 h5　28. 马 g3，还是捉死后，就放弃了最后的努力。看来特级大师也会有心理崩溃的时候。其实，黑方还有更顽强的着法：27... 象×g5 28. 象×g5 象 c2!　29. 象×c2 后 b6，黑后逃了出来。这以后胜负还很难料。

28. 王 g2×h3 马 b4-d3!　29. 后 d1-a1 马 d3×f2+　30. 王 h3-g2 车 f8-e8

如走 30... 车×b3　31. 象×f8.　王×f8　32. 后 a8+ 王 e7　33. 马 ed4，仍是白优。

31. 后 a1-a3 马 f2-d3　32. 马 e2-c3?

阿南德看到胜利曙光的时候，犯了麻痹大意的错误。应走 32. 象 a4! 象 c5! 33. 象×c5 车×e2+　34. 王 g3 车 b×b2　35. 象 c2! 有后 a8 杀及象×d3 的双重威胁。

32... 象 e3-c1!　33. 马 c3-d1 象 g6-e4!　34. 象 b3-a4 马 d3-e5 35. 象 a4×e8 车 b8×e8?

应走 35... 象×f3+　36. 王 f1 象×d1　37. 象 b5! h5!，黑棋还能抵抗一阵。

36. 王 g2-g3! 象 e4×f3　37. 后 a3-c3 象 f3×d1

如走 37... 车×e7　38. d6! 车 e8　39. d×c7 车 c8　40. 后×e5 象×d1 41. 后 d5!，白胜。

38. 后 c3×e5 象 d1-a4　39. b2-b4!

黑方认输。

第五章 开放变例

开放变例是西班牙开局的一个重要变例。它是特指 1. e4 e5 2. 马 f3 马 c6 3. 象 b5 a6 4. 象 a4 马 f6 5. 0-0 马×e4 之后的变化。由于开局较早就打开了中路，局面较为开放，故称开放变例。

开放变例最早流行于 20 世纪初，后来一度沉寂。1978 年在柯尔奇诺依与卡尔波夫的世界冠军挑战赛上，两位棋坛高手大斗开放变例，弈出了一些世界名局，遂使开放变例成为世界一流高手的常用武器。90 年代，世界冠军卡斯帕罗夫又在大家熟知的变化中研究出新招，使大名鼎鼎的阿南德落入开放变例中一个前人从未发现的陷阱之中。卡斯帕罗夫 7 分钟战胜阿南德成为棋坛佳话，开放变例的魅力可见一斑。好好研究吧，说不定哪一天你也能研究出一个新招，几分钟打败一个特级大师。

在开放变例中，目前黑棋的主要战略思想是快速出子，努力使中心子力活跃起来，但兵阵不稳及 d5 格较弱是其弱点。而白棋的线路开放利于进攻，适合喜欢激烈搏杀的棋手。

开放变例的主要变化如下：

1. e2-e4 e7-e5 2. 马 g1-f3 马 b8-c6
3. 象 f1-b5 a7-a6 4. 象 b5-a4 马 g8-f6
5. 0-0 马 f6×e4 （图 65）

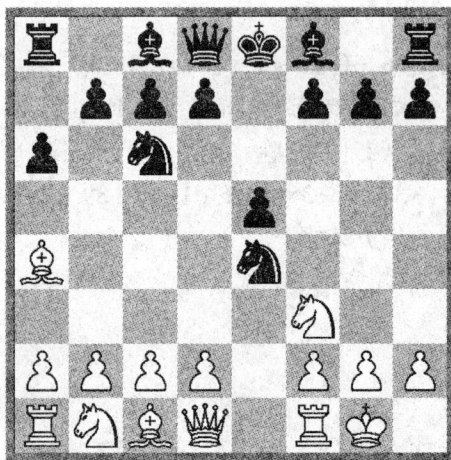

图 65

6. d2-d4 b7-b5 7. 象 a4-b3 d7-d5
8. d4×e5 象 c8-e6 （图 66）

变一 C80

9. 马 b1-d2 马 e4-c5 10. c2-c3 d5-d4 （图 67）

变一 a

11. 马 f3-g5 后 d8×g5 12. 后 d1-f3 0-0-0

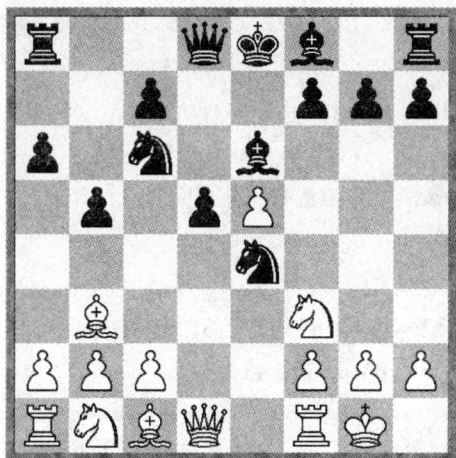

图 66

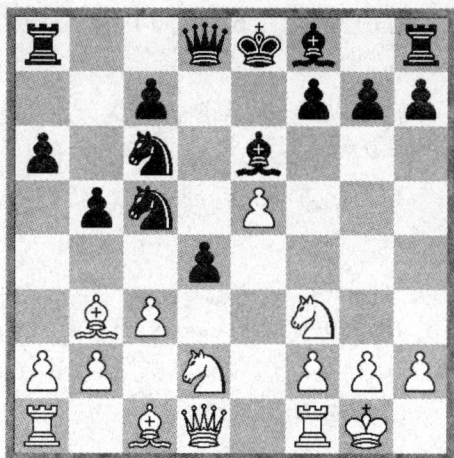

图 67

此时，另有两种着法：

一、12... 王 d7?!　13. 象 d5　象×d5　14. 后×d5+　象 d6　15. 马 e4，白方胜势。

二、12... 象 d7　13. 象×f7+　王 e7　14. 象 d5　马×e5　15. 后 e2 d3　16. 后 e1　车 e8　17. f4　后 h5　18. f×e5　王 d8　19. 象 f7，白方优势。

13. 象 b3×e6+　f7×e6　14. 后 f3×c6　后 g5×e5　15. b2-b4

白方稍优。

变一 b

11. 象 b3×e6　马 c5×e6　12. c3×d4　马 c6×d4　13. 马 d2-e4　象 f8-e7　14. 象 c1-e3　马 d4-f5　15. 后 d1-c2　0-0　16. 车 a1-d1　马 f5×e3　17. f2×e3　后 d8-c8

双方大致均势。

以上两个变化，一个凶猛，一个稳健，正好适应不同风格的棋手。

变二　C81

9. 后 d1-e2　象 f8-e7　10. 车 f1-d1（图 68）

变二 a

10... 马 e4-c5　11. 象 c1-e3　马 c5×b3　12. a2×b3　后 d8-c8

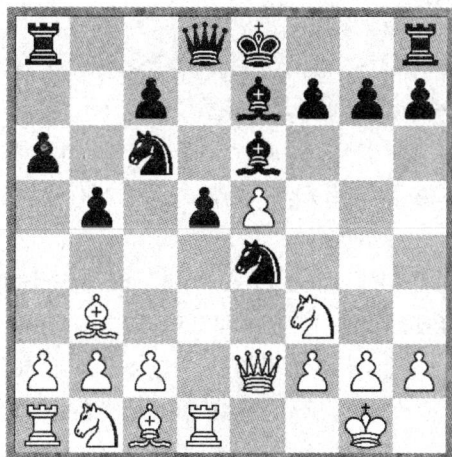

图 68

13. 马 b1-c3 马 c6-b4　14. 象 e3-g5 象 e7xg5　15. 马 f3xg5 0-0　16. 马 c3-e4! h7-h6

白方设了一个陷阱。如黑方走 16...dxe4？　17. 后xe4 g6（17...c5？？ 18. 后xh7#杀王）18. 后xb4，白优。

17. 马 g5xe6 后 c8xe6　18. 马 e4-g3 c7-c5　19. f2-f4 f7-f5

双方均势。

变二 b

10...0-0　11. c2-c4 b5xc4　12. 象 b3xc4 象 e7-c5　13. 象 c1-e3 象 c5xe3　14. 后 e2xe3 后 d8-b8　15. 象 c4-b3 马 c6-a5

双方均势。

变三　C82

9. c2-c3 象 f8-c5　10. 马 b1-d2 0-0　11. 象 b3-c2（图 69）

变三 a

11...马 e4xf2　12. 车 f1xf2 f7-f6

13. e5xf6 象 c5xf2+　14. 王 g1xf2 后 d8xf6　15. 王 f2-g1 车 a8-e8

16. 马 d2-f1 马 c6-e5　17. 象 c1-e3 马 e5xf3+　18. 后 d1xf3 后 f6xf3 19. g2xf3 车 f8xf3

双方均势。

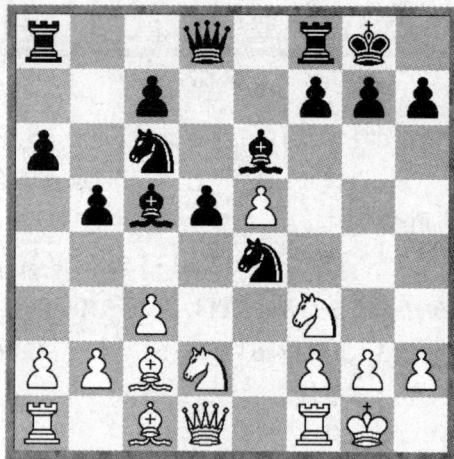

图 69

变三 b

11...象 e6-f5　12. 马 d2-b3 象 f5-g4　13. 马 b3xc5 马 e4xc5 14. 车 f1-e1 d5-d4　15. h2-h3 象 g4-h5　16. c3xd4 象 h5xf3　17. 后 d1xf3 马 c6xd4　18. 后 f3-c3 马 c5-e6　19. 象 c2-e4 车 a8-c8

白方有双象优势。

变三 c

11...f7-f5　12. 马 d2-b3 象 c5-b6　13. 马 f3-d4 马 c6xd4　14. 马 b3xd4 象 b6xd4　15. c3xd4 f5-f4　16. f2-f3 马 e4-g3!　17. 车 f1-f2

如走 17. hxg3 fxg3　18. 后 d3 g6!，黑棋攻势甚猛。

17...后 d8-h4　18. 后 d1-d3 象 e6-f5（图 70）

双方激烈对攻。

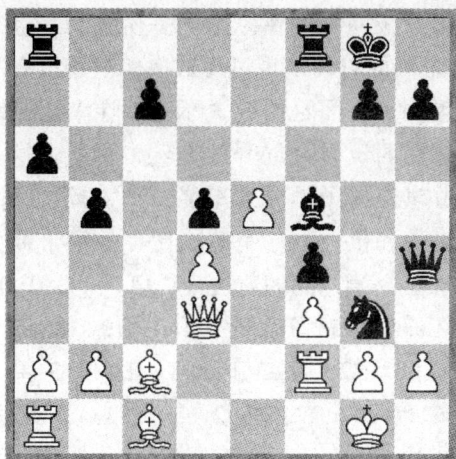

图 70

变四 C83

9. 象 c1-e3 象 f8-e7 10. c2-c3 0-0 11. 马 b1-d2 后 d8-d7 12. 车 f1-e1 车 a8-d8 13. 象 b3-c2 f7-f5 14. e5×f6 马 e4×f6

白方稍优。接下来白方有 15. 后 b1、15. 马 g5、15. 马 d4、15. 马 b3 等多种着法。

第 47 局 卡斯帕罗夫（Kasparov）——阿南德（Anand）
1995 年弈于纽约 C80 64/315

1. e2-e4 e7-e5 2. 马 g1-f3 马 b8-c6 3. 象 f1-b5 a7-a6 4. 象 b5-a4 马 g8-f6 5. 0-0 马 f6×e4 6. d2-d4 b7-b5 7. 象 a4-b3 d7-d5 8. d4×e5 象 c8-e6 9. 马 b1-d2 马 e4-c5 10. c2-c3 d5-d4 11. 马 f3-g5 d4×c3

图 71

如走：11... 后×g5 12. 后 f3 0-0-0 13. 象×e6+ f×e6 14. 后×c6，将导致激烈的战斗。

12. 马 g5×e6 f7×e6 13. b2×c3 后 d8-d3 （图 71）

14. 象 b3-c2!!

这一着棋是卡斯帕罗夫向阿南德献上的一份礼物，也是卡斯帕罗夫对国际象棋的贡献。图71这个局面以前出现过无数次，但是没有一个人想到14. 象 c2 这步棋。卡斯帕罗夫想到了，而且研究透了，现在拿出来献给阿南德，因为卡斯帕罗夫了解到阿南德在西班牙开局开放变例中喜欢走这一路变化，在前几天他们的比赛（世界职业棋协男子世界冠军赛）第六局中，阿南德曾执黑走过这个变化，那盘棋的结果是和棋。本局是这次比赛的第十局，卡斯帕罗夫改进了第六局中14. 马 f3 的着法。第六局的着法是：14. 马 f3 0-0-0　15. 后 e1 马×b3 16. a×b3 王 b7　17. 象 e3 象 e7　18. 象 g5 h6　19. 象×e7 马×e7　20. 马 d4 车×d4!　21. c×d4 后×b3　22. 后 e3 后×e3　23. f×e3 马 d5　24. 王 f2 王 b6 25. 王 e2 a5　26. 车 f7 a4　27. 王 d2 c5　28. e4，双方同意和棋。

14... 后 d3×c3

如果阿南德不吃弃兵改走 14... 后 d7　15. 后 h5+ 后 f7　16. 后 e2，白方优势。

15. 马 d2-b3!!

如果说上一着弃兵是一个小礼物，那么这一着弃车可是一个大礼物了。在攻王的时候弃子入局很容易理解，学棋一二年的小棋手，有时也能走出几局漂亮的弃子攻王。可是现在看不出白方弃车之后有什么好处。但是……

15... 马 c5×b3

如果走 15... 车 d8　16. 象 d2 后×e5　17. 后 g4!，白方有攻势。

16. 象 c2×b3（图 72）

16... 马 c6-d4

阿南德长考了 47 分钟，还是不敢吃弃车。如果吃车：16... 后×a1 17. 后 h5+ g6　18. 后 f3 马 d8　19. 后 f6（如 19. 后×a8 后×e5!）车 g8　20. 象 g5 后 b2　21. 车 d1，白方胜势。

17. 后 d1-g4! 后 c3×a1

黑方没有更好的棋走，只有吃车。

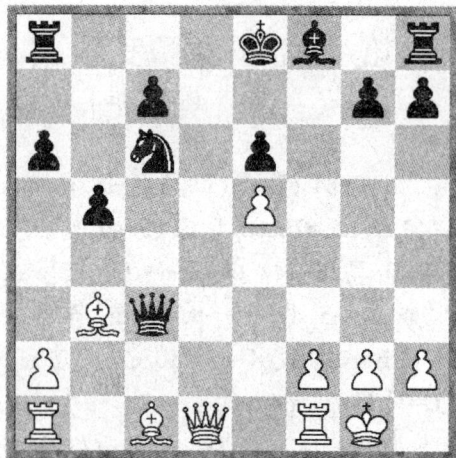

图 72

如走 17... 后 c6　18. 象 e3；如走 17... 马×b3　18. 后×e6+ 象 e7　19. 象 g5 后 b4 20. a×b3，白方优势。

18. 象 b3×e6!

好，黑王已无法易位。现在白方的威胁是：19. 象 d7+ 王 f7　20. e6+ 王 g8

21. 象 h6 后 b2　22. e7，白胜。

　　18... 车 a8-d8　19. 象 c1-h6!

白方充分展示了双象的威力。

　　19... 后 a1-c3

如走 19... 后×f1+　20. 王×f1 g6（如走 20... g×h6??　21. 后 h5+ 王 e7 22. 后 f7#，杀）21. 象 e3 象 c5　22. 象 b3 马×b3　23. 后 e6+ 象 e7　24. a×b3，白方优势。

　　20. 象 h6×g7 后 c3-d3

守住 g6 格。黑方不敢吃象：20... 象×g7　21. 后 h5+，白胜。

　　21. 象 g7×h8 后 d3-g6

如果走：21... 马 e2+，与白棋对攻，则 22. 王 h1 马 g3+!　23. h×g3 （如 23. 王 g1 马 e2+形成重复局面，和棋）23... 后×f1+　24. 王 h2 后 d3 25. 象 f5 后 c4　26. f4，白方优势。

　　22. 象 h8-f6

真奇妙，白方不仅吃回了弃车而且多一兵，现在的局面白方拥有双象优势，黑王位置不安全，显然白方优势。

　　22... 象 f8-e7　23. 象 f6×e7 后 g6×g4

黑方先兑象再兑后，次序好。如先兑后则白方双象优势。另外 23... 王×e7? 也不好，经 24. 后 h4+ 王 e8　25. 象 g4，白优。黑方因王不安全，应该兑后，又不能让白方拥有双象优势，亦应兑象，现在可以说是同时完成了两个任务。

　　24. 象 e6×g4 王 e8×e7　25. 车 f1-c1!

好棋。现在黑方能与白方抗衡的唯一希望就是后翼多兵。25. 车 c1 制止了黑兵 c7-c5-c4 的进攻。

　　25... c7-c6　26. f2-f4! a6-a5　27. 王 g1-f2 a5-a4　28. 王 f2-e3 b5-b4 29. 象 g4-d1!

攻守兼备的好棋。既阻止黑兵前进，又为白 g 兵的前进让出路来。

　　29... a4-a3

不能走 29... b3?，因为 30. a×b3 a×b3　31. 车 b1 之后，黑又失一兵。

　　30. g2-g4! 车 d8-d5　31. 车 c1-c4 c6-c5　32. 王 e3-e4 车 d5-d8 33. 车 c4×c5 马 d4-e6　34. 车 c5-d5 车 d8-c8　35. f4-f5 车 c8-c4+ 36. 王 e4-e3 马 e6-c5　37. g4-g5 车 c4-c1　38. 车 d5-d6!

黑方认输。这一局棋卡斯帕罗夫只用了 7 分钟，而阿南德却用了近两小时。这充分说明了要想在比赛中取胜，日常的研究是非常重要的。

第48局 希洛夫（Shirov）——蒂曼（Timman）

1996 年弈于维克安泽 C80 65/331

1. e2-e4 e7-e5 2. 马 g1-f3 马 b8-c6 3. 象 f1-b5 a7-a6 4. 象 b5-a4
马 g8-f6 5. 0-0 马 f6×e4 6. d2-d4 b7-b5 7. 象 a4-b3 d7-d5 8. d4×e5
象 c8-e6 9. 马 b1-d2 马 e4-c5 10. c2-c3 d5-d4 11. 马 f3-g5（图 73）

这是开放变例 C80 的一个变化。

11... 后 d8×g5

蒂曼欣然接受希洛夫的弃马。白方
有什么好棋呢？

12. 后 d1-f3 0-0-0

黑方又弃还一马。不弃子不行吗？
比如走 12... 象 d7 13. 象×f7+！
王 d8（如走 13... 王 e7 14. 马 e4
后×e5 15. 象 g5+，白胜）14. 马 e4
后×e5 15. 象 g5+ 象 e7 16. 象×e7+
后×e7 17. 马×c5 后×c5 18. c×d4
后×d4 19. 车 fd1 后 f6 20. 象 d5

图 73

后×f3 21. 象×f3，白棋吃回弃马并稍占优势。

13. 象 b3×e6 f7×e6 14. 后 f3×c6 后 g5×e5 15. b2-b4 后 e5-d5

黑方不顾白兵捉马，竟来邀兑皇后，实际上是又弃一马。为什么这样走
呢？比如走 15... 马 d3 不行吗？原来白方有：16. c×d4 后×d4（若 16... 车×d4
17. 马 f3 捉双）17. 后×a6+ 王 b8 18. 后×b5+ 王 c8 19. 后 a6+ 王 b8 20. 马 f3
后×a1 21. 象 e3，白方优势，既要杀王，又要抽后。而黑方弃马之后能获得
多兵的补偿。

16. 后 c6×d5 e6×d5 17. b4×c5 d4×c3 18. 马 d2-b3 d5-d4 19. 象 c1-a3?!

想先保住 c5 兵。此着保守。应走 19. 车 d1!? d3 20. 象 e3 象 e7
21. 象 d4!，吃得一兵。

19... g7-g6 20. 象 a3-b4 象 f8-g7 21. a2-a4 王 c8-d7

看到 a 线将被打开，赶快调整王的位置。

22. a4×b5 a6×b5 23. 车 a1-d1 王 d7-e6 24. 车 f1-e1+ 王 e6-d5

充分体现了残局时王在中心的威力，现在威胁王 c4 捉双。

25. 象 b4×c3

如走 25. 马 a5 c2!　　26. 车 d2 c1 升后　　27. 车×c1 象 h6，白方稍优，但黑方双车也有很多机会。

25... 王 d5-c4　26. 象 c3-a5! 王 c4×b3　27. 车 d1-b1+ 王 b3-c4
28. 车 e1-c1+ 王 c4-d5

在这局棋里，我们看到了一个能征善战的黑王。

29. c5-c6!

这一着体现了残局中兵与象异色格的原则。

29... 王 d5-d6!

如走 29... 象 e5?，错误。30. 车×b5+ 王 e6　31. 车×e5+ 王×e5　32. 象×c7+ 王 d5　33. 象×d8 车×d8，白方先手吃得两兵。

30. 车 b1×b5 车 d8-b8!　　31. 象 a5-b4+ 王 d6-e6　32. 车 c1-e1+ 王 e6-f6
33. 象 b4-e7+ 王 f6-f7　34. 车 b5-d5 车 h8-c8?!

太被动，应走 34... 车 he8 捉象。

35. 车 d5-d7 王 f7-g8　36. g2-g3 车 b8-b6　37. 车 e1-c1 车 b6-b3
38. 象 e7-c5 d4-d3　39. 车 c1-d1 车 c8-b8　40. 王 g1-g2 象 g7-f8
41. 象 c5×f8 车 b8×f8　42. 车 d1×d3 车 b3×d3　43. 车 d7×d3 车 f8-f7
44. f2-f4 车 f7-e7　45. g3-g4! 车 e7-e6　46. 车 d3-d8+ 王 g8-f7　47. 车 d8-d7+
车 e6-e7　48. 车 d7×e7+ 王 f7×e7　49. g4-g5!

黑方认输。

黑方若防守，走 49... 王 e6　50. 王 f3 王 f5　51. h4 王 e6　52. 王 e4 王 d6
53. f5 王×c6　54. f×g6 h×g6　55. h5 g×h5　56. g6，白兵升后。

第49局　尼西皮努（Nisipeanu）——杜米特拉赫（Dumitrache）
1996年弈于罗马尼亚世界冠军赛　C80　68/302

1. e2-e4 e7-e5　2. 马 g1-f3 马 b8-c6　3. 象 f1-b5 a7-a6　4. 象 b5-a4
马 g8-f6　5. 0-0 马 f6×e4　6. d2-d4 e5×d4

即使是初学者都知道，白棋的 d4 兵不能吃，但是，这种着法却出现了，而且出现在如此高规格的比赛中。我们看看黑方到底给白方带来了什么礼物？

7. 车 f1-e1 d7-d5　8. 马 f3×d4 象 f8-d6　9. 马 d4×c6 象 d6×h2+
10. 王 g1-h1

原来黑方的小把戏在这儿。如果白方走 10. 王×h2 则后 h4+　11. 王 g1

后×f2+，走成一局短和棋。现在就由白方来选择了，想和就走 10. 王×h2，不想和就走 10. 王 h1。

10... 后 d8-h4（图 74）

黑方一意孤行。看起来黑方弃子抢攻，一副气势汹汹的样子，其实，这不难破解。

11. 车 e1×e4+! d5×e4 12. 后 d1-d8+后 h4×d8 13. 马 c6×d8 王 e8×d8

14. 王 h1×h2 象 c8-e6

此时形成了黑方少半子多二兵的局面。这也许是黑方研究好的局面。

15. 象 c1-e3!

此时，若随手走 15. 马 c3? c5!，黑方稍优。

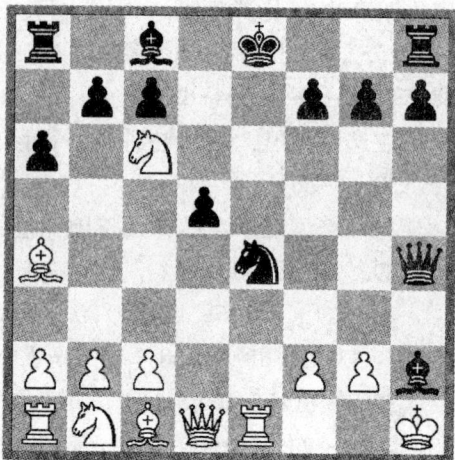

图 74

15... f7-f5 16. 马 b1-c3 王 d8-e7 17. 象 a4-b3 王 e7-f7

多此一举。其实，走 17... 象×b3 18. a×b3 王 e6 也不错。

18. g2-g4 g7-g6

怕什么？兑掉兵再兑掉象，黑方并不难走。

19. g4-g5! 车 a8-d8 20. 马 c3-e2 车 d8-d7

还是先兑掉象，再车 d7 好一点。

21. c2-c4! b7-b5 22. 车 a1-c1 车 h8-d8 23. 马 e2-f4 象 e6×c4 24. 象 b3×c4 b5×c4 25. 车 c1×c4 车 d8-b8 26. b2-b3 车 b8-b7 27. 马 f4-e2 王 f7-e8

白方一只车竟然牵制黑方两只车，足见位置的重要性。

28. 马 e2-c3 王 e8-d8 29. 王 h2-g2 车 b7-b8 30. 象 e3-f4 王 d8-c8

也许黑王想到 b7，然后再车 bd8。

31. 马 c3-a4

一步棋让黑王无法到 b7。

31... 车 d7-f7

黑方多么被动，但是他只有这样走。

32. 车 c4-c6 车 b8-b5 33. 车 c6×a6 王 c8-d7 34. a2-a3

黑方认输。黑方的局势已经无望了。

第 50 局 阿南德（Anand）——索科洛夫（Sokolov）
1994 年弈于里昂欧洲杯决赛 C80 62/374

1. e2-e4 e7-e5 2. 马 g1-f3 马 b8-c6 3. 象 f1-b5 a7-a6 4. 象 b5-a4 马 g8-f6 5. 0-0 马 f6×e4 6. d2-d4 b7-b5 7. 象 a4-b3 d7-d5 8. d4×e5 象 c8-e6 9. 马 b1-d2 马 e4-c5 10. c2-c3 d5-d4 11. 马 f3-g5（图 75）

在同年的莫斯科奥林匹克赛上，亚当斯——索科洛夫走的是：11. 象×e6 马×e6 12. c×d4 马 c×d4 13. a4 象 c5 14. 马 b3 马×b3 15. 后×b3 0-0，双方均势。

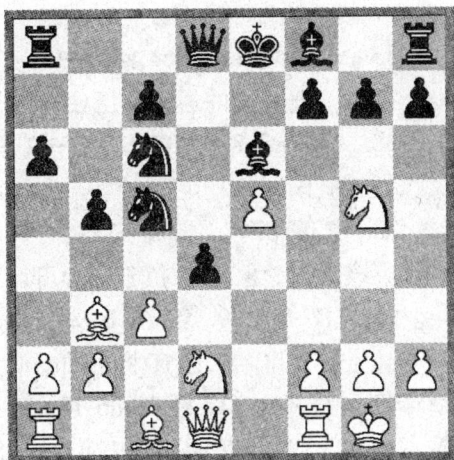

图 75

11... 象 e6-d5

新着法。常见的着法是：11... 后×g5，接受弃马会遭到白方的猛烈攻击：12. 后 f3! 王 d7 13. 象 d5 象×d5 14. 后×d5+ 象 d6 15. 马 c4 后 g6 16. e×d6 后 e6!? 17. 后×c5 后×c4 18. 后×c4 b×c4 19. d×c7 王×c7，经过一场大交换之后进入对白方有利的残局。

12. 象 b3×d5 后 d8×d5

这一路变化的特点是黑后控制了 a8-h1 大斜线，白后无法走到 f3。

13. 马 d2-b3 马 c5×b3

如走 13... 车 d8? 14. 马×c5 象×c5 15. e6! f×e6 16. 马×e6!，白方优势。

14. a2×b3 象 f8-e7 15. 马 g5-f3 马 c6×e5 16. 马 f3×d4 马 e5-g6 17. 后 d1-f3 后 d5×f3 18. 马 d4×f3 c7-c5 19. 车 f1-d1 0-0 20. 象 c1-e3 车 f8-c8 21. 王 g1-f1 马 g6-f8 22. 马 f3-e5 象 e7-f6 23. 车 d1-d5 象 f6×e5 24. 车 d5×e5 马 f8-e6 25. f2-f4 g7-g6 26. g2-g4 王 g8-g7 27. f4-f5 g6×f5 28. g4×f5

走 28. 车×f5 较好。现在 f5 兵难保性命。

28... 王 g7-f6 29. 车 e5-d5 车 c8-d8! 30. 车 a1-d1?

坏棋。应走 30. 车×d8 马×d8 31. 象×c5 王×f5，双方均势。

30... 车 d8×d5　31. 车 d1×d5　车 a8-d8　32. 车 d5×d8　马 e6×d8

33. 象 e3×c5　王 f6×f5　34. 王 f1-e2　王 f5-e4

现在对局进入于黑方有利的残局。黑方的优势是：黑王比白王高，有一只 f 线通路兵。当然白方也可以通过后翼三兵对两兵制造一点威胁。

35. 象 c5-e7

马上就走 35. c4 不行，经过 35... 马 e6　36. 象 b6 马 d4+！37. 王 d2（走 37. 象×d4 王×d4　38. c×b5 a×b5，白方定输无疑）马×b3+　38. 王 c3 b×c4 39. 王×c4，黑方多一兵。

35... 马 d8-e6　36. 象 e7-f6！

好棋，把对方的通路兵压住，让它不能动。

36... 马 e6-f4+　37. 王 e2-d2 马 f4-d5

当然应该把象赶走。

38. 象 f6-g7

应该走 38. 象 d4，位于中心可以攻防兼顾。走 38. 象 h4 也很好。

38... f7-f5　39. 象 g7-f8 马 d5-e3　40. 王 d2-e2

避免黑方 40... 马 f1 将军抽吃 h 兵。

40... f5-f4　41. 象 f7-d6 f4-f3+　42. 王 e2-e1 马 e3-c2+　43. 王 e1-d2 马 c2-a1！　44. b3-b4 马 a1-b3+　45. 王 d2-e1

皆因白象位置不好，使白王必须守住 f2 格。倘若此时白象能守住 f2 格，比如白象在 h4 格，那就好办了，可以走 45. 王 c2 马 a1　46. 王 b1，马王互捉，重复成和。

45... 马 b3-c1　46. 王 e1-f1 马 c1-d3　47. b2-b3 马 d3-c1　48. c3-c4 马 c1×b3

这真是一局标准的好马对坏象的残局，索科洛夫将这只马走得八面威风，步步有威胁。相比之下阿南德却没走好他的象。

49. c4-c5

白方以失一兵的代价，终于制造出一个通路兵。

49... 马 b3-d4　50. 象 d6-g3 马 d4-c6　51. 象 g3-e1 王 e4-e3 52. 象 e1-c3 王 e3-d3　53. 象 c3-e1（图 76）

白象总算守住了它应该防守的所有格子，看来黑方除挺进 h 兵，再也没有办法了。一片太平景象，似乎马上就要和棋。

但是，黑方走了一步棋，白方马上就认输了，这步棋走了什么呢？盖住下面的着法，你先好好想想……

53...a6-a5！

白方认输。

这就是要在这儿出一个图的原因。
你是否找到了这步棋？接下来是：
54. b×a5 b4！ 55. 象 h4 b3 56. 象 f6
马 d4！ 57. 象×d4 王×d4 58. c6 b2
59. c7 b1 升后+，黑胜。

摆完这局棋你一定对残局中马的威
力有了新的认识，那就把这篇棋谱再打
一遍吧。好好学学索科洛夫是怎样用
马的。

图 76

第51局 多明戈（L·Dominguez）——里奥斯（E·Rios）
1996 年弈于古巴 C80 67/433

1. e2-e4 e7-e5 2. 马 g1-f3 马 b8-c6 3. 象 f1-b5 a7-a6 4. 象 b5-a4
马 g8-f6 5. 0-0 马 f6×e4 6. d2-d4 b7-b5 7. 象 a4-b3 d7-d5 8. d4×e5
象 c8-e6 9. 马 b1-d2 马 e4-c5
10. c2-c3 d5-d4 11. 马 f3-g5！ 象 e6-d5
（图77）

如果 11... 后×g5 12. 后 f3！ 0-0-0
13. 后×c6 后×e5 14. 马 f3 后 d5！
15. 象×d5 象×d5 16. 马×d4 象×c6
17. 马×c6 车 e8，双方均势。

图 77

12. 马 g5×f7！

应该为白马的牺牲精神打一个感叹
号！以前在此局面下走 12. 象×d5 后×d5，
当然，局势平稳。

12... 王 e8×f7 13. 后 d1-f3+
王 f7-e6 14. 马 d2-e4！

如果走 14. 后 g4+ 王 e7，没什么意思。

14... 马 c5×b3

107

把白方最有威胁的象消灭掉。如果走14... 马×e5？，坏棋。15. 后 h3+ 王 f7，（现在不能走王 e7 了，因为白方有象 g5+）16. 后 f5+，白方吃回弃子并保持攻势。如果改走14... 马×e4 也不见得好。15. 后×e4 马 e7 16. f4 g6 17. g4 车 g8 18. f5+ g×f5 19. 车×f5 马×f5 20. 后×f5+ 王 e7 21. 象 g5+ 车×g5 22. 后×g5+ 王 e8 23. 后 h5+ 王 e7 24. 后×h7+ 王 e8 25. e6，白棋胜势。

15. 后 f3-g4+ 王 e6-f7

这是黑王唯一的去处。

16. 后 g4-f5+ 王 f7-e8！

好棋。如果走16... 王 g8 17. e6 后 e7 18. 后×d5 马×a1（若18... 马×c1 19. 车 a×c1 车 e8 20. 后×c6，白棋胜势）19. 象 g5 车 d8 20. 后×c6 后 e8 21. 后×c7 车 d5 22. c4 b×c4 23. e7 象×e7 24. 象×e7 c3！（若走24... 马 c2 25. 后×c4 后×e7 26. 后×d5+ 后 f7 27. 后 c5 d3 28. 马 g5，白胜）25. 车×a1，白棋胜势。

17. e5-e6 象 d5×e6 18. 后 f5×e6+ 马 c6-e7 19. 后 e6×b3？

像黑棋现在这种局面，王滞留中路，毫无保护，白方就应尽量避免不兑后，保留许多攻王的机会。如走19. a×b3 后 d5 20. 后 g4 h5 21. 后 f3 车 d8 22. c×d4 后×d4 23. 象 e3 后 e5 14. 车 ad1，白棋优势很大。

19... 后 d8-d5 20. 后 b3×d5

迫不得已。如果不兑后将失马。如走20. 后 c2 d3！

20... 马 e7×d5 21. c3×d4 h7-h6

兑掉后，白方攻势锐减，进入了白方多一兵的残局。这种局面，白方是否能取胜还是一个未知数。只能说还有机会。

22. 象 c1-d2 车 a8-d8 23. 车 a1-c1 王 e8-d7 24. 马 e4-c5+ 象 f8×c5 25. 车 c1×c5 c7-c6 26. 车 f1-c1 车 d8-c8 27. f2-f3 车 h8-e8 28. 王 g1-f2 车 e8-e6 29. 车 c1-e1 车 c8-e8 30. 车 c5-c1 王 d7-d6 31. 车 e1×e6+ 车 e8×e6 32. 车 c1-e1 车 e6×e1 33. 王 f2×e1 王 d6-e6 34. 王 e1-e2 马 d5-c7 35. 象 d2-f4 马 c7-d5 36. 象 f4-e5 g7-g6 37. g2-g3？

好象的标志是兵与象处于不同颜色的格子内。白方这步棋违反了这条原则。正着应为37. g4！。

37... 马 d5-b6 38. 象 e5-g7？

应走38. 王 d3 以后黑方走38... 马 c4 提双时，白走39. 象 g7 马×b2+ 40. 王 c2！马 c4 41. 象×h6，白方仍多一兵。

38...h6-h5 39. 王 e2-d3 王 e6-f5 40. h2-h3 马 b6-d5 41. 象 g7-e5?

坏棋。失去了最后取胜的机会。应走 41. a3。

　　41...马 d5-b4+ 42. 王 d3-d2 马 b4×a2 43. 象 e5-d6 a6-a5

44. 象 d6-c7 a5-a4 45. 象 c7-d6 王 f5-e6 46. 象 d6-c5 王 e6-f5

47. 象 c5-d6 王 f5-e6 48. 象 d6-c5 王 e6-f5 49. 象 c5-d6

　　出现三次重复局面。双方和棋。开局时白方大胆弃子的构思令人惊叹，中局如不兑后肯定有很多机会取胜。欣赏这局棋犹如经历惊涛骇浪之后，大海终于恢复了往日的平静，令人回味无穷。评论中的变化着法是学习本局不可疏漏的重点。

第 52 局 汪自力——科列夫（At. Kolev）

1994 年奥林匹克赛弈于莫斯科 C80 62/373

　　1. e2-e4 e7-e5 2. 马 g1-f3 马 b8-c6 3. 象 f1-b5 a7-a6 4. 象 b5-a4 马 g8-f6 5. 0-0 马 f6×e4 6. d2-d4 b7-b5 7. 象 a4-b3 d7-d5 8. d4×e5 象 c8-e6 9. 马 b1-d2 象 f8-c5 10. 马 d2×e4

　　常见的走法是：10. c3 0-0 11. 象 c2 f5 12. e×f6 马×f6 13. 马 b3 象 b6。

　　10...d5×e4 11. 马 f3-g5

　　此着也可走 11. 象×e6。

　　11...后 d8×d1 12. 车 f1×d1 象 e6×b3 13. a2×b3 象 c5-b6

　　明智。不可贪吃。若走 13...马×e5?! 14. 车 d5 马 d7 15. 马×e4 象 b6 16. 车×b5，黑方反而少一兵。

　　14. 马 g5×e4 马 c6-d4

　　华而不实。不如老老实实走 14...马×e5 吃回一兵。黑方想攻击 c2 兵。

　　15. 象 c1-g5!

　　这就是对 14...马 d4 最好的回答。

　　15...0-0

　　现在不能走 15...马×c2 了，因为白方有 16. 车×a6!。

　　16. 车 d1-d2 马 d4-c6

　　黑马无功而返，白方稍优。

　　17. 马 e4-c3 象 b6-d4 18. 象 g5-f4 车 f8-e8?

　　还是应该吃兵，走 18...象×e5 19. 象×e5 马×e5 20. f4 马 g6 21. g3

车 fd8　22. 车 ad1，白方稍优。

19. 王 g1-f1　王 g8-f8

现在再走 19... 象×e5 就不好了。经过 20. 象×e5　马×e5　21. 马 d5，白方优势。

20. e5-e6　f7×e6　21. 象 f4×c7　e6-e5　22. 车 a1-b1

打算走马 e4，然后 c3。

22... 象 d4×c3　23. b2×c3　车 a8-a7　24. 象 c7-b6　车 a7-b7　25. 象 b6-c5+　王 f8-f7　26. 车 b1-d1　车 e8-c8　27. 车 d2-d7+　车 b7×d7　28. 车 d1×d7+　王 f7-g8？

一般来讲，到了残局还是把王走向棋盘中心好一些。应走 28... 王 f6。

29. 王 f1-e2　马 c6-d8　30. 象 c5-d6　马 d8-c6　31. b3-b4！h7-h6　32. 王 e2-d3　王 g8-h7　33. 王 d3-e4　王 h7-g6（图 78）

现在，黑方为了把王走出来至少花费三步棋。

34. 象 d6-c7！马 c6-b8

黑方越来越困难了，这只马没有什么好位置去。

35. 车 d7-d6+　王 g6-f7　36. 象 c7×b8　车 c8×b8　37. 车 d6×a6　车 b8-c8　38. 王 e4-d3　e5-e4+　39. 王 d3-d2　车 c8-d8+　40. 王 d2-c1？

此着稍差，应走 40. 王 e2。

40... 车 d8-d5　41. c3-c4！b5×c4　42. 车 a6-c6　车 d5-f5　43. 车 c6×c4　车 f5×f2

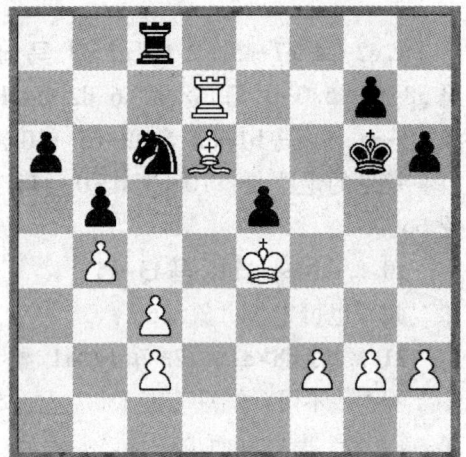

图 78

如果白王在 e2，就丢不了 f2 兵。

44. 车 c4×e4　车 f2×g2　45. b4-b5　车 g2×h2

其实现在黑棋已呈败势。如不吃兵，王翼白方车兵可以阻止黑方双兵的进攻，而后翼黑方单车却无法阻止白方双兵升后。

46. b5-b6　车 h2-h1+　47. 王 c1-b2　车 h1-d1　48. c2-c4　车 d1-d8　49. c4-c5　车 d8-b8　50. 王 b2-c3　g7-g5　51. 车 e4-c4

黑方无法阻止白兵升后，黑方认输。

这局棋虽然没有紧张激烈的搏杀，但白方一直主动，控制着局面，一点一点地扩大自己的优势，直至胜利。

第53局 斯米斯洛夫——尤伟

1948年世界冠军赛弈于海牙 C81

1. e2-e4 e7-e5 2. 马 g1-f3 马 b8-c6 3. 象 f1-b5 a7-a6 4. 象 b5-a4
马 g8-f6 5. 0-0 马 f6×e4 6. d2-d4 b7-b5 7. 象 a4-b3 d7-d5 8. d4×e5
象 c8-e6 9. 后 d1-e2

白方走 9. 后 e2 再 10. 车 d1，是开放变例中的另一路变化。本次世界冠军赛反复出现这路变化。双方准备用实战来检验这路棋的理论。

9... 马 e4-c5

还有一路变化是：9... 象 e7
10. 车 d1 0-0 11. c4 b×c4 12. 象×c4，
导致尖锐复杂的局面。

10. 车 f1-d1 马 c5×b3 11. a2×b3
后 d8-c8 （图 79）

现在我们来分析一下形势。白方王翼已完成出子，且双车均占半开放线，但后翼弱子尚未出动。黑方的主要缺点是王滞留中路，王翼象尚未出动。

12. c2-c4!

非常及时的一着棋，奏响了中路攻

图 79

王的序曲。如果进攻再缓一步，让黑方走出 12... 象 e7，那时就无法把黑王拖住在中路了。

12... d5×c4 13. b3×c4 象 e6×c4

黑方接受挑战。如果黑方不吃弃兵，而走 13... b4 则 14. 马 bd2 象 e7
15. 后 e4，黑方仍然局面困难。

14. 后 e2-e4!

白后占领了一个极佳的中心位置。黑棋攻击不到它，而它在中心对黑棋极具威胁。黑方的后翼弱点和未能易位的缺陷均开始暴露出来。青少年棋手大都能记住那条众所周知的开局原理：开局时要先出马、象这类弱子，再出车、后这类强子。但是在对局时不能拘泥于原则，而应灵活运用。能出后时及时出后，颇具威力。

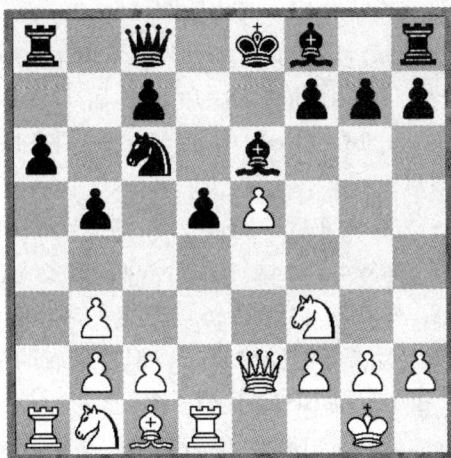

回到图 79，如果选择 12. 马 bd2、12. 马 c3、12. 象 f4 或 12. h3 这些看起来符合开局原理的着法，就会贻误战机，使黑王有机会易位，以便转移到安全地带。

14... 马 c6-e7

马在 e7 挡了象的出路，黑方已经陷入被动局面，其他着法也难以改变局势。例如：

一、14... 后 b7　15. 马 c3　车 b8　16. e6 f×e6（或 16... 象×e6　17. 马 g5 马 d8　18. 车×d8+ 王×d8　19. 马×e6+ f×e6　20. 后×e6，黑方无法抵御）17. 马 g5　马 b4（或 17... 马 d8　18. 车×d8+ 王×d8　19. 马 f7+ 王 e8 20. 马×h8 后×e4　21. 马×e4，仍是白优）18. 后 g4（有 19. 马×e6 和 19. 马×h7 双重威胁）h5　19. 后 f4 c5　20. 后 e5，黑方难以防守。

二、14... 后 e6　15. 车 d6 象×d6　16. 后×c6+ 王 e7　17. e×d6+ 后×d6（或 17... c×d6　18. 后 b7+ 后 d7　19. 后 e4+ 后 e6　20. 后 h4+，局势大致同主变）18. 后 e4+ 后 e6　19. 后 h4+ f6　20. 后 g3，同时攻击 c7 和 g7 兵，白优。

三、14... 马 b4　15. 象 g5 c6（15... 象 c5 不好，白方有 16. 马 a3! 0-0 17. 马×c4 b×c4　18. 后×c4，黑象无退路；或 16... 象 b3　17. 车 dc1 象 f8 18. 马×b5，白优）16. 车 d8+ 后×d8　17. 象×d8 车×d8，白方以车、象、兵换黑后，虽然局势复杂，但还是有明显的机会。

15. 马 b1-a3! c7-c6

如改走 15... 象 e6　16. 马×b5 象 f5　17. 马×c7+!，黑方陷入困境。

16. 马 a3×c4 b5×c4　17. 后 e4×c4 后 c8-b7

才十几个回合，黑方的局势已相当危险，这就是开放性局面的特点。如果走 17... 后 e6　18. 车×a6! 后×c4　19. 车×a8+ 马 c8　20. 车×c8+ 王 e7 21. 车 c7+ 王 e8.（如走 21... 王 e6 则 22. 车×c6+ 后×c6　23. 马 d4+ 王 d7 24. 马×c6 王×c6　25. 车 d8，白方优势）22. 象 g5，白方胜势。

18. e5-e6!

冲兵符合中路攻王的原理，局面越开放越有利于攻王的一方。

18... f7-f6

黑方当然尽量避免开线。

19. 车 d1-d7 后 b7-b5　20. 后 c4×b5

兑掉黑方唯一出动的后，白方子力活跃。

20... c6×b5　21. 马 f3-d4 车 a8-c8　22. 象 c1-e3 马 e7-g6　23. 车 a1×a6

马 g6-e5 24. 车 d7-b7 象 f8-c5 25. 马 d4-f5 0-0

如果走 25... 象×e3，则 26. 马 d6+! 王 d8 27. 马×c8 王×c8 28. 车×g7 王 b8 29. f×e3，白方胜势。

26. h2-h3！

黑方认输。

因为 26... 象×e3 27. 马 e7+。其他着法黑方也同样无望。

第 54 局 鲍列斯拉夫斯基（Boleslavsky）——斯托尔茨（Stoltz）
1948 年弈于斯德哥尔摩 C81

1. e2-e4 e7-e5 2. 马 g1-f3 马 b8-c6 3. 象 f1-b5 a7-a6 4. 象 b5-a4 马 g8-f6 5. 0-0 马 f6×e4 6. d2-d4 b7-b5 7. 象 a4-b3 d7-d5 8. d4×e5 象 c8-e6 9. 后 d1-e2 g7-g5（图 80）

黑方感到中心已经稳固，打算及早进行侧翼进攻。他的想法是：如果白方被迫走 10. h3 来防御，则黑方接走 10... g4！，就可以在王翼展开强烈的进攻。可是，白方此时没有必要防守。理论告诉我们：对中心进行破坏是对侧翼最好的防守。

图 80

10. c2-c4！！

现在，黑方已经无暇继续向侧翼进攻。如果 10...g4 则接下来为 11. c×d5！ 象×d5 12. 马 g5 象×b3（走 12... 马×g5 也不好，有 13. 象×g5 后×g5 14. 象×d5 马 d4 15. 后 e4 马 f3+ 16. 王 h1，白优）13. 马×e4 象 c4 14. 后×g4 象×f1 15. 马 f6+ 王 e7 16. 象 g5，白方优势。

10... b5×c4

黑方走 10...d×c4 看似较为机智，比如 11. 车 d1（不可走 11. 后×e4?，因有象 d5！），黑可弃后走 11...c×b3！ 12. 车×d8+ 车×d8，其后尚有对攻余地。可是，鲍列斯拉夫斯基曾经指出，如果黑走 10...d×c4 则白将走 11. 象 c2！ 马 c5 12. 车 d1，以后走象×g5 或马×g5，对困在中路的黑王展开凶猛的进攻。

113

现在，黑方虽然掌握着中心，但白方这时却能实现另一作战思想：出乎意料地组织起对王翼的进攻，因为黑方王翼已经被9...g5这一着大大削弱了。

11. 象 b3-a4！ 象 e6-d7

黑象被引开。改走 11... 后 d7 更坏，因 12. 马 d4！。

12. e5-e6！

打开从侧翼进攻黑王的线路。

12...f7×e6 13. 象 a4×c6 象 d7×c6 14. 马 f3-e5

白马借着攻击 c6 象而侵入 e5 格，现在黑方王翼十分空虚。

14... 后 d8-d6？

坏棋。应走 14...h5 15. 马×c6 后 d6 16. 马 d4 象 g7，这样虽然少一子，但白方要想获胜还须煞费周折。

15. 后 e2-h5+ 王 e8-e7

多可惜，现在黑已不能应 15...g6 了。

16. 象 c1×g5+ 马 e4×g5 17. 后 h5×g5+ 王 e7-e8 18. 后 g5-h5+ 王 e8-e7 19. 后 h5-f7+ 王 e7-d8 20. 后 f7-f6+ 王 d8-c8 21. 后 f6×h8（下略）

省略的着法如下：

21... Be8 22. Nd2 Kb7 23. Ndf3 Qe7 24. Qg8 Bh6 25. Qg3 Bg7
26. Rfe1 Bf6 27. b3 c×b3 28. Rab1 c5 29. R×b3+ Ka7 30. Qf4 Rc8
31. Reb1 Rc7 32. Nd4 B×e5 33. Q×e5 c4 34. Nc6+ 1-0

如果 34...B×c6 35. Qd4+ Ka8 36. Rb8#

黑方认输。

黑方失败的原因在于中心尚未稳固就提前发起了侧翼进攻。白方的成功在于面对黑方的侧翼进攻，没有按照对方的思路去防守，而是首先去破坏对方的中心。当对方忙着去巩固中心的时候，白方却向对方空虚的王翼发动进攻。最终，黑方的侧翼进攻停在半空中。

这是中心未稳就过早发起侧翼进攻而导致失败的例子。

第55局 范德维尔（Van Der Wiel）——米哈列夫斯基（Mikhalevski）
1995 年弈于吕伐登 C82 64/321

1. e2-e4 e7-e5 2. 马 g1-f3 马 b8-c6 3. 象 f1-b5 a7-a6 4. 象 b5-a4 马 g8-f6 5. 0-0 马 f6×e4 6. d2-d4 b7-b5 7. 象 a4-b3 d7-d5 8. d4×e5 象 c8-e6 9. c2-c3 象 f8-c5 10. 后 d1-d3 0-0 11. 马 b1-d2 f7-f5 12. e5×f6

马 e4×f6   13. a2-a4 车 a8-b8   14. a4×b5 a6×b5   15. 车 a1-a6

这着棋以前常走 15. 马 g5。

15... 象 c5-b6

同年在摩纳哥快棋赛上，伊万丘克——卡姆斯基走的是：15... 后 d7?！
16. 马 g5 象 f5（其实应该走 16... 马 e5！   17. 后 e2 象 d6，双方大致均势）
17. 马 de4！象 b6   18. 马×f6+ 车×f6   19. 后×d5，白方多一兵，且形势占优。

16. 马 f3-g5 后 d8-d6!？

一、若走 16... 象 c8？白有 17. 马 de4！，妙手。

二、若走 16... 马 e5?！   17. 后 g3 后 d6   18. 车×b6！车×b6   19. 马×e6！
后×e6   20. 车 e1，白方优势。

17. 马 g5×e6

如走 17. 马 de4 d×e4   18. 后×d6 c×d6   19. 马×e6，白方优势。但是黑
方可以走 17... 马×e4！18. 马×e6 马×f2！19. 车×f2 象×f2+   20. 王 h1（若
20. 王 f1 则象 e3！）马 b4！，白必失子。这个变化很复杂，算透它需要一定的
水平。

17... 后 d6×e6   18. 马 d2-e4！王 g8-h8！

很明显，若走 18... 马×e4？   19. 象×d5！，或 18... 后×e4   19. 后×e4
马×e4   20. 象×d5+，白方优势。即便是走 18... 马 e7   19. 马×f6+ 后×f6
20. 象 e3（防止黑棋走象×f2！），也是白棋稍占优势。

19. 马 e4×f6 后 e6×f6   20. 象 b3-c2

好棋。若走 20. 后×d5?！则马 b4！
21. 车×b6（若 21. c×b4 象×f2+！
22. 王 h1 后×a6，黑优）马×d5
22. 车×f6 马×f6，黑得半子。

**20... 后 f6-h4！   21. g2-g3 后 h4-h3
22. 后 d3×d5**（图 81）

此着是假先手，还是走 22. 象 f4
较好。仍保留以后走后×d5 的先手。

22... 马 c6-e5！

弃马好棋！现在走 22... 后×f1+？杀
不死，经 23. 王×f1 车×f2+   24. 王 e1

图 81

车 e8+   25. 象 e4！，白胜。或者走 22... 车×f2？也杀不死，经 23. 车×f2 象×f2+
24. 王×f2 后×h2+   25. 后 g2 车 f8+   26. 象 f4，白胜。

23. 象 c1-f4！

不吃弃马，正确。如果接受弃马，走 23. 后×e5？ 车 be8！，白后只有走 24. 后×b5，然后黑方有两种着法均为妙杀。先别往下看，想一想，你会找到正确着法的。

一、24... 象×f2+　25. 车×f2 车 e1+　26. 车 f1 车 e×f1　27. 后×f1 车×f1#，黑胜。

二、24... 象×f2+　25. 王 h1 象×g3　26. 车×f8+ 车×f8　27. 后 e2 车 f1+　28. 后×f1 后×h2#，黑胜。

另外还有一个妙杀：24. 后 d5（或 24. 后 g5）后×f1+　25. 王×f1 车×f2+　26. 王 g1 车 e1#，黑胜。

23... 车 f8×f4！

如走 23... 马 g4，白有 24. 后 g2。

24. 车 a6×b6！

显然，若走 24. g×f4？ 马 f3+　25. 王 h1 后×h2#，黑胜。若走 24. 后×e5 车×f2　25. 车×f2 象×f2+　26. 王×f2 后×h2+　27. 王 e3 后×c2，黑优。

24... c7×b6　25. 后 d5×e5 车 f4-f8　26. 后 e5×b5

黑多半子，白多两兵，经过一番激烈的搏杀，双方应对无误，局势又恢复了平静。

26... 车 f8-f6　27. 后 b5-e2 车 b8-f8　28. 象 c2-e4 车 f6-h6　29. f2-f3 车 h6-d6　30. c3-c4 后 h3-e6　31. 车 f1-e1 后 e6-e5

在时间紧张之时，黑方走出缓手，应走 31... 车 e8，继续牵制。

32. 象 e4-d5 后 e5-d4+　33. 后 e2-f2 后 d4-f6　34. 后 f2-e2 h7-h6　35. 后 e2-e5 后 f6×e5　36. 车 e1×e5 车 f8-c8　37. 王 g1-f2 王 h8-h7　38. h2-h4 王 h7-g6　39. g3-g4 车 c8-c7　40. f3-f4 王 g6-f6　41. 车 e5-f5+ 王 f6-e7　42. 车 f5-f7+ 王 e7-d8　43. 车 f7-f8+ 王 d8-e7　44. 车 f8-g8 g7-g6　45. 车 g8-h8 b6-b5　46. b2-b3 g6-g5　47. h4×g5 h6×g5　48. f4×g5 b5×c4　49. b3×c4？

不精确。应走 49. 车 h7+ 王 d8　50. 车×c7 王×c7　51. b×c4，白棋好走。

49... 车 c7-c5　50. 车 h8-h7+ 王 e7-f8　51. 车 h7-f7+ 王 f8-g8！

黑王不怕闪击。如 52. 车 d7 车 c×d5！　53. 车×d6 车×d6，黑胜。

52. 车 f7-f5+ 王 g8-g7　53. 王 f2-e3 车 c5-c7　54. 车 f5-e5 车 d6-a6　55. 车 e5-e8 车 a6-a1　56. 车 e8-g8+ 王 g7-h7　57. g5-g6+？！

操之过急，应先上王，走 57. 王 f4。

57... 王 h7-h6　58. 象 d5-f7 车 a1-g1　59. 王 e3-f4?

最后的失误。如走 59. 车 h8+ 王 g7　60. 车 h7+ 王 f6，白棋机会多一些。

59... 车 c7×c4+!　60. 象 f7×c4 车 g1×g4+　61. 王 f4×g4

逼和。

如走 61. 王 f5 车×c4，也是和棋。

别以为这局棋走了 60 多个回合还是和棋，就觉得可能没有什么意思。其实，这局棋里面有很多陷阱，暗藏凶险，但双方应对正确，避开了那些陷阱。所以，打谱时要重点关注评论中的着法，你会有不小的收获。

第 56 局　提夫雅克夫（Tivjakov）——索科洛夫（Sokolov）
1994 年弈于哥罗宁根　C82　62/376

1. e2-e4 e7-e5　2. 马 g1-f3 马 b8-c6　3. 象 f1-b5 a7-a6　4. 象 b5-a4 马 g8-f6　5. 0-0 马 f6×e4　6. d2-d4 b7-b5　7. 象 a4-b3 d7-d5　8. d4×e5 象 c8-e6　9. c2-c3 象 f8-c5　10. 马 b1-d2 0-0　11. 象 b3-c2 f7-f5　12. 马 d2-b3 象 c5-a7　13. 马 f3-d4 马 c6×d4　14. 马 b3×d4 象 a7×d4　15. c3×d4 f5-f4　16. f2-f3（图 82）

16... 马 e4-g3!

叹号是为黑方的勇气加的。打算在 17. h×g3 f×g3 之后走 18... 后 h4 叫杀。

17. h2×g3 f4×g3　18. 后 d1-d3

白方以攻为守，抢先叫杀。

18... 象 e6-f5

如果走 18... 后 h4，则 19. 后×h7+ 后×h7　20. 象×h7+ 王×h7　21. f4，白方优势。但此时还有一着妙手：18... g6，白方很难对付。

图 82

一、19. f4 后 h4　20. 车 f3 后 h2+　21. 王 f1 后 h1+　22. 王 e2 象 g4，黑方大优。

二、19. 车 e1 后 h4　20. 王 f1 [若 20. 象 e3 后 h2+　21. 王 f1 车×f3+! 22. 王 e2（若 22. g×f3 则 g2+　23. 王 e2 g1 升后+，黑优）象 f5，黑方攻势很大] 后 h1+　21. 王 e2 后×g2+　22. 王 d1 车×f3，黑方攻势很大。

19. 后 d3×f5 车 f8×f5　20. 象 c2×f5 后 d8-h4　21. 象 f5-h3 后 h4×d4+

22. 王 g1-h1 后 d4×e5 23. 象 c1-d2 后 e5×b2 24. 象 d2-f4 d5-d4
25. 象 f4×g3 c7-c5

经过一阵拼杀，对局进入残局。白方拥有双象优势，而黑方的后翼通路联兵也很有威胁。

26. 象 g3-e5

以前，在同样局面下有人走 26. 车 ae1。

26... 车 a8-e8 27. f3-f4 后 b2-e2 28. 车 a1-e1 后 e2-h5 29. 车 e1-c1 d4-d3! 30. 车 c1×c5 后 h5-e2 31. 车 f1-g1 车 e8-d8!

精确。此着若走 31...d2?，急于进兵升后则欲速而不达。经 32. 车 d5!后 e1（若走 32...g5？ 33. 象 c3 g4 34. 车 g5+，白方优势）33. 象 g4（若走 33. 象 c3? d1 升后 34. 车×d1 后×c3，黑方优势）黑兵无法升后。

32. 车 c5-c7!

暗伏杀着：33. 象 e6+ 王 f8 34. 象×g7+ 王 e8 35. 象 f7#，白胜。

32... 王 g8-f8! 33. 象 e5×g7+ 王 f8-e8 34. 象 h3-g4?

在时间紧张的情况下，白方走出坏棋。赛后提夫雅克夫指出此时应走 34. 象 f6 d2 35. 象×d8 d1 升后 36. 象 h4! 后 dd2 37. 车 cc1 王 f7 38. 车 ge1，白方优势。

34... 后 e2×g4 35. 车 g1-e1+ 后 g4-e2 36. 车 e1×e2+?

一般来说，棋手在走出错棋之后那种懊恼后悔的心情对棋手有很坏的影响，如果不能摆脱这种心情就会接二连三地走出坏棋，使棋手走棋大失水准，即使是等级分高达 2640 分的提夫雅克夫亦未能幸免。其实，此时走 36. 车 cc1 王 f7 37. 车×e2 d×e2 38. 车 e1 王×g7 39. 车×e2，双方均势；或者走 36. 象 c3 后×e1+ 37. 象×e1 d2 38. 象×d2 车×d2，亦是双方均势。

36... d3×e2 37. 象 g7-c3 车 d8-d1+ 38. 王 h1-h2 车 d1-c1!

至此，黑兵已定升后无疑。此后，只是走完过场而已。

39. 车 c7-c8+

若走 39. 车 c5 e1 升后 40. 象×e1 车×c5，黑方胜势。

39... 王 e8-d7 40. 车 c8-h8 车 c1×c3 41. 车 h8×h7+ 王 d7-d6 42. 车 h7-h6+ 王 d6-d5 43. 车 h6-h5+ 王 d5-d4

白方认输。

第57局 德沃雷斯（Dvoirys）——科尔尼耶夫（Korneev）

1995年弈于诺夫哥罗德公开赛　C82　65/332

1. e2-e4 e7-e5　2. 马g1-f3 马b8-c6　3. 象f1-b5 a7-a6　4. 象b5-a4
马g8-f6　5. 0-0 马f6×e4　6. d2-d4 b7-b5　7. 象a4-b3 d7-d5　8. d4×e5
象c8-e6　9. c2-c3 象f8-c5　10. 后d1-e2 0-0　11. 象c1-e3 象c5×e3
12. 后e2×e3 马c6-e7　13. 马b1-d2 马e4×d2　14. 马f3×d2

更好的是走 14. 后×d2。

14... c7-c6?!

此着稍有疑问。积极的着法是 14... 马f5！　15. 后f4 后h4　16. 后×h4
马×h4，双方均势。

15. 象b3-c2 后d8-d7

更好的是走 15... 象f5　16. 象×f5 马×f5　17. 后f4 后d7，双方均势。

16. 马d2-b3 象e6-f5　17. 象c2×f5 马e7×f5　18. 后e3-h3!

牵住对方无根后、马二子，好棋。

18... 后d7-e6?

错误。虽然皇后生了根，但却在白
马一步就能攻到的地方。更好的是走
18... g6，先给马生根，如 19. 马c5 后e7
20. 马d3 c5！，黑方满意。

19. f2-f4 g7-g6?!（图83）

应走 19... 马e7 摆脱牵制，没必
要再给黑马生根，这两步棋重复。

20. g2-g4!

白方打破僵持的局面，开始在王翼
行动。

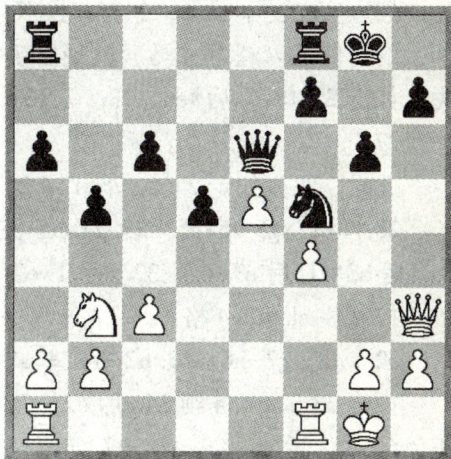

图83

20... 马f5-g7　21. 马b3-d4

这就是当初 18... 后e6 给白马留下的一个机会。

21... 后e6-d7　22. f4-f5!

在众多子力的支持下，继续冲兵。刚才，黑方改走 21... 后e8 也不能阻
止白方冲兵，如 22. f5! 后×e5　23. f6! 马e8　24. 车ae1 后g5　25. 马×c6 h5
26. 车e5 后×g4+　27. 后×g4 h×g4　28. 马e7+ 王h7，白方优势。

22. ... c6-c5！

抢攻好棋。如走 22. ... 车 ae8　23. f6 马 e6　24. 后 h6，然后马 d4-f3-g5，黑方束手就擒。

23. 马 d4-f3 h7-h5

为了不让白后到 h6。如走 23. ... f6　24. 后 h6 g×f5　25. e×f6 马 e8　26. 马 e5 后 d6　27. g5！后×e5　28. 车 ae1 后 d6　29. 车×e8！，白棋胜势。或 23. ... g×f5　24. 马 g5 h5　25. g×h5 f6　26. e6 马×e6　27. 马×e6 后×e6　28. 车 ae1 后 d7　29. 车×f5，双方激烈对攻。

24. 马 f3-g5！

白马进驻一个极佳位置。

24. ... f7-f6　25. e5-e6！

黑方顾此失彼，一冲 f6 又失去了对 e6 格的控制。

25. ... 后 d7-e7　26. 马 g5-f7！

白马又进入一个更好的位置。

26. ... 马 g7×e6　27. f5×g6！

黑方实在受不了了，想弃马换双兵，以解王城之危。因为此时白方 e6、f5 两兵的价值足以超过一马。但是出乎意料，白方不吃马而吃兵，继续保持压力。如走 27. f×e6 后×e6　28. 马 h6+ 王 h7，白方攻势受挫。

27. ... 马 e6-g5

此时，黑方如走 27. ... 车×f7　28. g×f7+ 后×f7，就太自暴自弃了。

28. 马 f7×g5 f6×g5　29. g4×h5 王 g8-g7　30. 车 a1-e1 车 f8×f1+ 31. 后 h3×f1 后 e7-d7　32. 后 f1-e2

控制住 e8 和 g4 格。

32. ... 王 g7-h6　33. h2-h4 车 a8-f8

如走 33. ... g×h4 则 34. 后 d2+ 王 g7（如走 34. ... 王×h5　35. 车 e5+ 王×g6　36. 后 g5+ 王 f7　37. 车 f5+，白胜）35. 后 g5 车 e8　36. h6+ g8　37. 后×d5+，白胜。

34. h4×g5+ 王 h6×g5　35. 后 e2-g2+ 王 g5-h6

还是不能吃 h5 兵。如走 35. ... 王×h5　36. 车 e5+ 王 h6（如走 36. ... 车 f5　37. 车×f5+ 后×f5　38. g7！，白兵升后）37. 后 h2+ 王×g6　38. 后 h5+ 王 g7　39. 后 g5+ 王 f7　40. 车 f5+ 王 e8　41. 后 g6+，若走 41. ... 车 f7 则 42. 后 g8+，若走 41. ... 王 e7 则 42. 后 g7+；若走 41. ... 王 d8 则 42. 车×f8+，均为白胜。

36. 车 e1–e5

黑方认输。

以后有 37. 后 g5+ 王 g7 38. 车 e7+等手段。而黑方接走 36... 车 f5 则 37. 车×f5 后×f5 38. g7!，白兵升后。又如接走 36... 后 d8 则 37. g7! 再走后 g6#杀。

第 58 局 肯杰斯（Kengis）——阿南德（Anand）
1995 年弈于里加 C83 63/301

1. e2–e4 e7–e5 2. 马 g1–f3 马 b8–c6 3. 象 f1–b5 a7–a6 4. 象 b5–a4 马 g8–f6 5. 0–0 马 f6×e4 6. d2–d4 b7–b5 7. 象 a4–b3 d7–d5 8. d4×e5 象 c8–e6 9. 象 c1–e3 象 f8–e7 10. c2–c3 0–0 11. 马 b1–d2 后 d8–d7 12. h2–h3

面对同样局面，卡姆斯基——皮盖特（1995 年弈于赫尔玛纳斯）是这样走的：12. 车 e1 车 ad8 13. 象 c2 马×d2 14. 后×d2 象 g4 15. 后 d3 g6 16. 象 h6 车 fe8 17. 车 ad1 马 a5?! 18. h3 象×f3 19. 后×f3 c5 20. 后 g3，白方局面稍优。

12... 车 a8–d8 13. 象 b3–c2 f7–f5

走 13... 象 f5 较好，14. 马×e4 象×e4 15. 象×e4 d×e4 16. 后×d7 车×d7 17. e6 f×e6 18. 马 d2 马 a5!，黑棋有反击。

14. e5×f6 马 e4×f6 15. 马 f3–g5?!

此着有疑问。应走 15. 后 b1!，以下黑棋有两种着法：

一、15... 象×h3 16. 马 g5 象 g4（16... 象×g2? 17. 象×h7+ 王 h8 18. 象 f5，白棋胜势）17. 象×h7+ 王 h8 18. 马 b3，白棋优势。

二、15... 王 h8 16. 马 g5 象 g8（16... h6 17. 马×e6 后×e6 18. 车 e1，白棋优势）17. 象 f5!，白棋有攻势。

15... 象 e6–f5 16. 象 c2×f5 后 d7×f5 17. 后 d1–b1 后 f5–d7 18. a2–a4 象 e7–d6

至此，黑棋已取得平先。

19. a4×b5 a6×b5 20. 马 g5–f3 马 c6–e7

走 20... 马 e5 也很好。

21. 后 b1–d3 c7–c5 22. 车 f1–e1 马 e7–f5 23. 象 e3–g5 c5–c4 24. 后 d3–c2 h7–h6 25. 马 f3–e5!

好棋！抢到 e5 格好位置。如走 25. 象×f6？ 车×f6　26. 马 e5 后 c7！，白马在 e5 格待不住了。

25...　后 d7-c8　26. 象 g5×f6
车 f8×f6　27. 马 d2-f3　象 d6-c5
28. b2-b3?！（图 84）

白方没有发现自己阵营中的 f2 弱点，应走 28. 马 g4 捉车并守住 f2 格。

28...　马 f5-h4！

好棋！阿南德抓住时机，及时弃子抢攻。

29. 马 f3×h4

还是不接受弃马好一些。如 29. b×c4 马×f3+　30. 马×f3 车×f3　31. g×f3 后×h3 32. 后 g6！ 后×f3　33. 后 g2，均势。

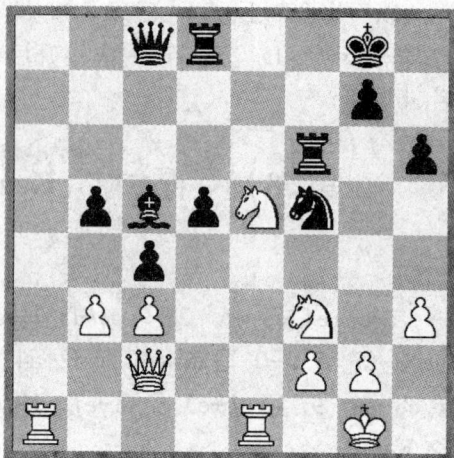

图 84

29...　c4×b3！

白方以为黑方会走 29... 象×f2+　30. 后×f2 车×f2　31. 王×f2 c×b3 32. 马 hf3。

30. 后 c2×b3

白方现在是两难选择。后若吃兵则 f2 兵无人防守，若走 30. 后 d2？ 也不行。30...　象×f2+　31. 后×f2 车×f2　32. 王×f2 后×c3　33. 马 hf3 b2，与上一回合的注解相比，黑方抢出了一步棋，当然优势也大了一些。

30...　象 c5×f2+　31. 王 g1-h1　象 f2×h4

黑方得到了重要的 f2 兵。

32. 车 e1-d1　后 c8-e6　33. 马 e5-g4　车 f6-f4　34. 后 b3×b5　车 f4×g4！
35. h3×g4　象 h4-g3！

先控制住白王。如走 35...　后×g4？ 吃兵太急，白有 36. 车 a4！。

36. 后 b5-d3？

错着。应走 36. 车 d3！ 后×g4　37. 车×g3，这只黑象此时的威力已超过了车，用车与这只象兑换一点也不吃亏。37...　后×g3　38. 后 c5！，白棋尚能与黑棋抗衡。若走 36. 车 a4 守 g4 兵，黑有后 f6！。然后走后 f6-h4-h2 进攻。

36...　后 e6×g4　37. 王 h1-g1

黑棋沿 h 线的进攻已无法阻挡，白棋只好逃王。

37...　后 g4-h4　38. 后 d3-f3

如走 38. 后 e3 后 h2+　39. 王 f1 车 f8+　40. 王 e2 后 g2+，黑胜。或 38. 后 e3 车 f8，黑胜。

38...车 d8-e8　39. 后 f3×d5+ 王 g8-h8

白方认输。

第 59 局　阿尔玛希（Almasi）——索科洛夫（Sokolov）
1995 年弈于维克安泽公开赛　C83　62/377

1. e2-e4 e7-e5　2. 马 g1-f3 马 b8-c6　3. 象 f1-b5 a7-a6　4. 象 b5-a4 马 g8-f6　5. 0-0 马 f6×e4　6. d2-d4 b7-b5　7. 象 a4-b3 d7-d5　8. d4×e5 象 c8-e6　9. 象 c1-e3 象 f8-e7　10. c2-c3 0-0　11. 马 b1-d2 后 d8-d7　12. 象 b3-c2 f7-f5　13. e5×f6 马 e4×f6　14. 后 d1-b1? 王 g8-h8!

通过白方走 14. 后 b1，黑方感觉到白方要攻击 h7 兵，于是不动声色暗设一个小小的陷阱，引诱对方上当。

15. 马 f3-g5?!

打算走 16... 马×h7　17. 马×h7 象×h7。

15...马 f6-g4!

妙手，一举击退白方的 15. 马 g5。如果走 15... 象 g8?!，太软。

16. 马 g5-f3

没想到黑方走 15... 马 g4，只好无功而返。此时若硬攻，只能吃亏。如：

一、16. 象×h7? 马×e3! 17. 马×e6 后×e6　18. f×e3 后×e3+，黑方得子。

二、16. 马×h7? 这只马已无退路了。经 16... 车 f5　17. h3（若 17. 象×f5 象×f5，黑方得半子）马×e3　18. f×e3 车×f1+!　19. 马×f1 象 g8，然后走后 d7-d6-h6，捉死黑马。

三、16. 马×e6 后×e6　17. 车 e1 马 ce5，黑方有攻势。这三种变化成立的原因是白方 e3 象成为黑方 g4 马的攻击目标。

16...后 d7-d6!

枪口瞄准 h2 兵。

17. 车 f1-e1（图 85）

如走 17. h3? 则马×e3　18. f×e3 象×h3! 19. g×h3 后 g3+　20. 王 h1 后×h3+ 21. 马 h2（若 21. 王 g1 后 g3+　22. 王 h1 车 f6，黑胜）象 d6，亦是黑胜。或者走 17. 象×h7? 车×f3! 18. 马×f3 马 ce5　19. 马×e5 后×e5　20. g3 后 h5 21. h4 象×h4　22. g×h4 后×h4　23. 车 e1 后 h2+　24. 王 f1 马×e3+（看，又是

e3 象弱点，若象不在 e3 哪有这些棋）
25. 车×e3（若 25. f×e3 象 h3#，杀王）
车 f8！ 26. 后 c2 象 g4！　27. 王 e1
后 h1+！（不要走 27... 后 g1+）28. 王 d2
车×f2+　29. 王 d3 后×h7+，黑胜（这
就是走 27... 后 h1 的道理）。

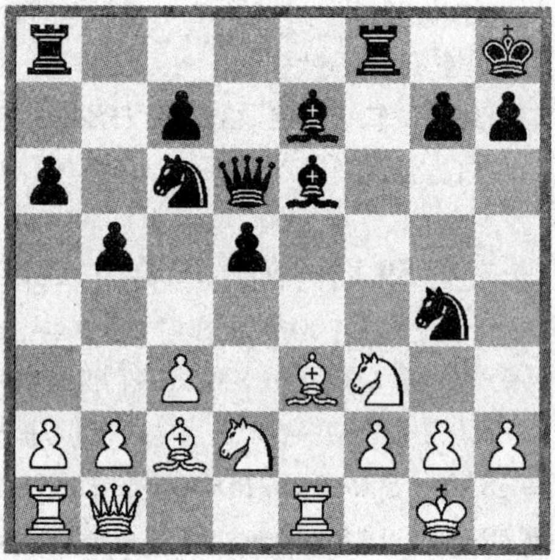

图 85

17...　车 f8×f3！　18. 马 d2×f3
马 c6-e5

此时走 18... 车 f8？ 不好。19. h3
车×f3　20. h×g4，白方优势。

19. 马 f3-d2

如果走 19. 马×e5 后×e5　20. g3
（若 20. f4？ 后 h5　21. h3 马×e3　22. 车×e3 象 c5　23. 后 e1 象×h3！，黑方优
势）后 h5　21. h4 象×h4　22. g×h4 后×h4　23. 象 f5 后 h2+　24. 王 f1 马×e3
25. 车×e3 象×f5　26. 后×f5 后 h1+　27. 王 e2 后×a1，黑方多兵。

19...　马 e5-c4

白马是防守 h2 格的唯一子力，必须兑掉。

20. 马 d2-f1

此时不可走 20. 马 f3？ 车 f8　21. h3 马 g×e3　22. f×e3 车×f3，黑方胜势。

20...　车 a8-f8　21. 象 c2-d1

白棋已经不好了，怎么走也无济于事。如走 21. h3 马 c×e3　22. f×e3（如
走 22. h×g4 马×g4，黑方优势）象 h4！　23. h×g4 象 f2+　24. 王 h1 象×g4，黑方
优势。

21...　马 c4×e3

还是冲着白马去的。

22. f2×e3

还是应走 22. 车×e3 马×e3，弃还半子。

22...　车 f8×f1+！

再次弃车杀马，消灭掉白方最重要的防守力量。

23. 王 g1×f1 后 d6×h2　24. 象 d1-f3 马 g4-e5　25. 后 b1-d1

整个一局棋中，作为全军主力的皇后一点作用也没起。如果走 25. 王 e2
马×f3　26. 王×f3 后 h5+　27. 王 f2 象 h4+　28. 王 f1 象 g3。绝杀无解。

25...　象 e7-h4　26. 车 a1-c1 象 e6-g4

白方认输。

白方以下几种着法均不能解救：

一、27. 象×g4 后 h1+　28. 王 e2 后×g2#，杀王。

二、27. 车 c2 后 h1+　28. 王 e2 后×g2#，杀王。

三、27. 后×d5，准备走后 a8#，27... 后 h1+　28. 王 e2 后×g2+　29. 王 d1 象×f3+，杀王。

第 60 局　加尔金（Galkin）——索洛金（Sorokin）

1997 年弈于伊卡德林堡　C83　69/324

1. e2-e4 e7-e5　2. 马 g1-f3 马 b8-c6　3. 象 f1-b5 a7-a6　4. 象 b5-a4 马 g8-f6　5. 0-0 马 f6×e4　6. d2-d4 b7-b5　7. 象 a4-b3 d7-d5　8. d4×e5 象 c8-e6　9. 马 b1-d2 象 f8-e7　10. c2-c3 马 e4-c5　11. 象 b3-c2 象 e6-g4　12. 车 f1-e1 后 d8-d7　13. 马 d2-f1 车 a8-d8　14. 马 f1-e3 象 g4-h5　15. b2-b4 马 c5-e6　16. g2-g4

白方冲兵是一个大胆的计划，不拘泥于王前三兵不能随便乱挺的理论。

16... 象 h5-g6　17. 马 e3-f5

我们多次讲到：在西班牙开局中，白马进驻 f5 是个好位置。正是有了 16. g4 象 g6，才使得黑方不能走兵 g6 捉马，也不能走 17... 象×f5，经 18. g×f5 马 f8，白棋攻势很大。

17... 0-0　18. a2-a4 车 f8-e8　19. a4×b5 a6×b5　20. 象 c2-d3 马 c6-b8

一进象就把黑马赶了回去，另有一种着法就是走 20... 车 b8，但是白方若接走 21. 后 e2，黑方只好走马 d8 了。

21. 象 c1-e3 c7-c5

此时，有一种弃兵的着法：21... d4，终因变化太长又得不到补偿而作罢。读者可以自己演变。另有：21... h5　22. h3 的着法，打开 h 线最终还是对白棋有利。

22. b4×c5 象 e7×c5　23. 后 d1-e2 象 c5×e3

黑方本不想兑象，但是不兑象 b5 兵就保不住了。

24. 后 e2×e3

如走 24. 象×b5，好像是先手吃一兵，其实不然，黑有 24... 马 f4 妙手，经 25. 象×d7 马×e2　26. 车×e2 象×f2+　27. 王×f2 马×d7，双方均势。

24... 马 e6-c7?!

此着保守。应走 24... 车 c8！占领半开放线。一味防守岂能不被动？

25. 车 a1-a7！后 d7-c6（图 86）

白车进军黑方次底线，好棋，黑后只好被动地摆脱牵制。此时如走 25... 马 c6？捉车反而是坏棋。26. 象×b5，双马均被牵制，黑方就不好走了。

26. 马 f5-d6！

好棋，跃马进敌营给黑方出了难题。

26... 车 e8-f8

一个初看不好的位置，仔细研究却

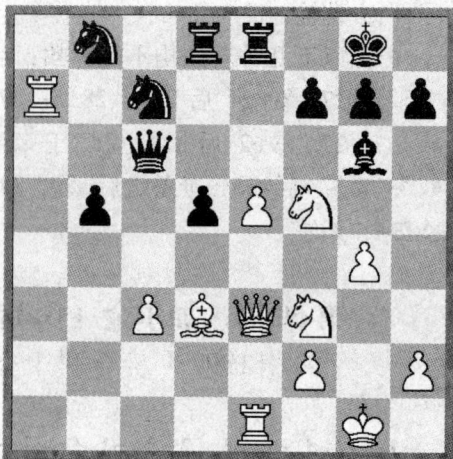

图 86

是一个极好的位置。黑方不敢吃马，只有逃车。

另外几种走法也都不好。

一、26... 车×d6　27. 车×c7！后×c7（如 27... 后 a6　28. 象×b5！后×b5　29. e×d6 车 f8　30. 后 e7，白棋胜势）28. e×d6 车×e3　29. d×c7，白胜。

二、26... 车 e7　27. 象×b5！马×b5　28. 车×e7，白棋得半子。

三、26... 车 e6　27. 马 d4！，捉双。

27. 马 f3-d4 后 c6-c5

想击退白车。如走 27... 后×c3 也不好。28. 马 4f5 之后白棋有车 c1 及马 e7 等多种威胁。如 28... 马 e6 则 29. 马 e7+ 王 h8　30. 马×g6+ f×g6　31. 马 f7+，白棋优势。

28. 马 d4-f5 后 c5×e3

不兑后也不行，如走 28... d4，有 29. 后×d4，如走 28... 后×c3 则 29. 车 c1 或 28... 后 c6　29. 马 e7+。黑后真是难过。

29. 车 e1×e3 象 g6×f5　30. g4×f5 d5-d4

为了给 c7 马找个落脚点，只好弃一兵。如走 30... 马 ba6　31. 马×b5 马×b5　32. 象×b5 马 c5，黑棋也不好走。

31. c3×d4 马 c7-d5　32. 象 d3×b5！

白方净多两兵已胜券在握，干脆不要车了。其实，走 32. 车 e4 也是白优。

32... 马 d5×e3　33. f2×e3

现在白方把在外面活动的黑子全部兑换掉，虽然白棋少半子，但是白棋控制了棋盘的三分之二还要多。而黑棋则委屈地退缩在底线，被白棋控制得无法行动。这是一个非常有说服力的局面，它能让初学者深刻地领会什么是棋子的动态分值，也能使棋手明白控制局面有多大的威力。

33...h7-h5

黑方确实无棋可走了，双车一马都寸步难行，只有兵能动。这就是白棋走32.象×b5，弃车换马得来的局面。再摆回去看看吧，如果不弃车也许得不到这么好的局面。

此时，如走33...g6 则 34. f6；如走 33...f6 则 34.象 c4+ 王 h8　35. e×f6 g×f6　36.马 f7+ 车×f7　37.车×f7，吃回半子，黑 f6 兵不保，白棋大优。

34.象 b5-c4

其实，白方可以保持这个局面不动，先把白王从从容容地走到第 4 横线再说。

34...车 d8-d7　35.车 a7×d7 马 b8×d7　36.象 c4×f7+

黑方认输。

接下来是：36...车×f7　37.马×f7 王×f7　38. e6+，白方多兵胜。或者走 36...王 h8　37. e6，此兵定升后。

第六章 封闭体系

封闭体系是西班牙开局最重要的一个体系。这个体系的前 9 个回合是这样的：1. e4 e5 2. 马 f3 马 c6 3. 象 b5 a6 4. 象 a4 马 f6 5.0-0 象 e7 6. 车 e1 b5 7. 象 b3 d6 8. c3 0-0 9. h3（图 87）

这个开局比较封闭，有时还会走成比封闭性开局还封闭的局面。

这个局面使黑棋有多种多样的选择，因而也形成了多种多样的变化，这就引起了棋手们的极大兴趣。经过各国棋手多年的研究，这些变化逐渐固定下

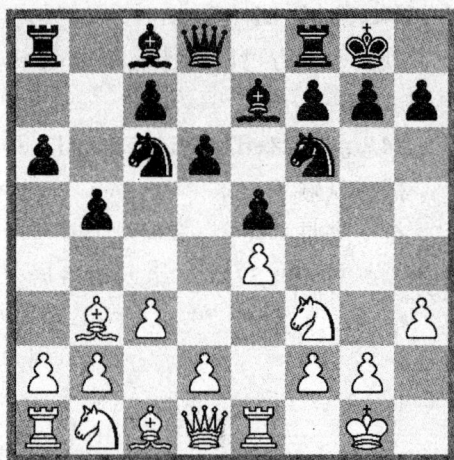

图 87

来，形成了一个一个的变例。因此，封闭体系是由很多变例组成的一个大的体系。这些变例深受棋手们喜爱。下面我们逐一介绍，希望青少年棋手们仔细研究。

第一节 扎依采夫变例
索引号 C92

1. e2-e4 e7-e5 2. 马 g1-f3 马 b8-c6 3. 象 f1-b5 a7-a6 4. 象 b5-a4 马 g8-f6 5.0-0 象 f8-e7 6. 车 f1-e1 b7-b5 7. 象 a4-b3 d7-d6 8. c2-c3 0-0 9. h2-h3 象 c8-b7（图 88）

10. d2-d4 车 f8-e8 11. 马 b1-d2 象 e7-f8

变一

12. d4-d5 马 c6-b8　13. 马 d2-f1
马 b8-d7　14. 马 f1-g3 g7-g6
15. 象 c1-e3 马 d7-c5　16. 象 b3-c2
c7-c6　17. b2-b4 马 c5-d7　18. d5×c6
象 b7×c6　19. 象 c2-b3 马 d7-b6

这种结构，黑方的 f7 兵较弱，白
方可集中兵力进攻 f7 兵。

变二

12. a2-a4 h7-h6　13. 象 b3-c2
e5×d4　14. c3×d4 马 c6-b4
15. 象 c2-b1（图 89）

变二 a

15...g7-g6　16. 车 a1-a3 象 f8-g7
17. 马 f3-h2 c7-c5　18. d4-d5 c5-c4
19. 马 d2-f1 马 b4-d3　20. 象 b1×d3
b5-b4!　21. 车 a3-a1 c4×d3
22. 后 d1×d3 车 a8-c8

双方均势。

变二 b

15... 后 d8-d7　16. 车 a1-a3 b5×a4
17. 车 a3×a4 a6-a5　18. 车 a4-a3
后 d7-b5　19. d4-d5 c7-c6
20. 马 f3-d4 后 b5-b6　21. d5×c6
马 b4×c6　22. 马 d4-f5 马 c6-e5

白方稍优。

变二 c

15...c7-c5　16. d4-d5 马 f6-d7　17. 车 a1-a3 f7-f5　18. 马 f3-h2
c5-c4

双方对攻激烈，各有顾忌。

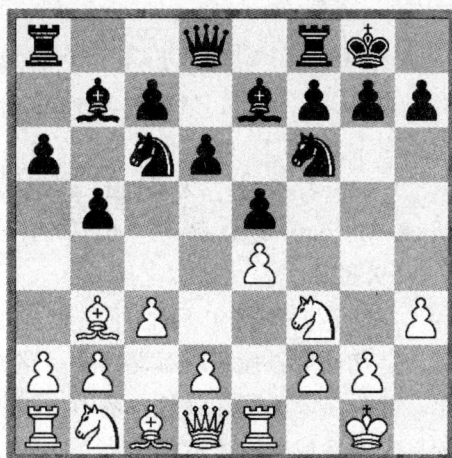

图 88

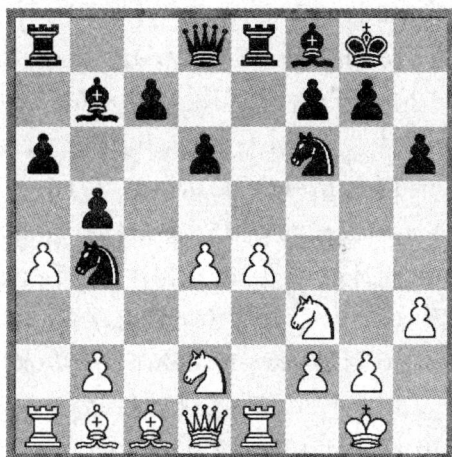

图 89

第 61 局　摩尔加多（Morgado）——叶则克（J. Jezek）
1996 年通讯赛　C92　68/318

1. e2-e4 e7-e5　2. 马 g1-f3 马 b8-c6　3. 象 f1-b5 a7-a6　4. 象 b5-a4
马 g8-f6　5. 0-0 象 f8-e7　6. 车 f1-e1 b7-b5　7. 象 a4-b3 d7-d6　8. c2-c3
0-0　9. h2-h3 象 c8-b7（图 90）

这就是西班牙开局的扎依采夫变
例，是女子世界冠军谢军喜爱的一路变
化。她曾在世界最高级的比赛中，用扎
依采夫变例战胜许多世界名将。

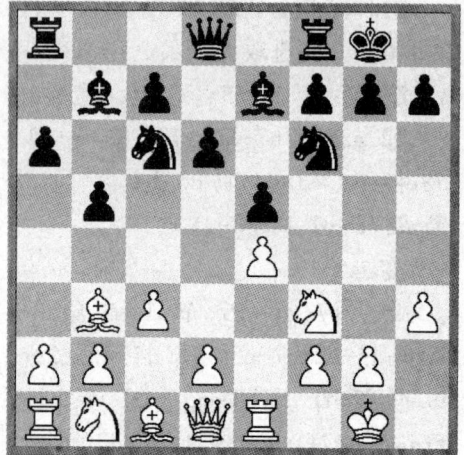

图 90

10. d2-d4 车 f8-e8　11. 马 b1-d2
象 e7-f8　12. a2-a4

如走：12. d5 马 b8　13. 马 f1
马 bd7　14. 马 g3 马 c5　15. 象 c2 c6
16. b4 马 cd7　17. d×c6 象×c6，双方
均势。

12. ... h7-h6　13. d4-d5 马 c6-e7
14. a4×b5 a6×b5　15. 车 a1×a8 后 d8×a8　16. 马 d2-f1

此时走 16. 后 e2 值得注意。另外如走 16. c4 b×c4　17. 象×c4 c6　18. d×c6
象×c6　19. 后 b3，双方互有顾忌。

16. ... c7-c6　17. d5×c6 马 e7×c6

如走 17. ... 象×c6 则 18. 马 g3 马×e4　19. 马×e4 象×e4　20. 后×d6 马 g6
（20. ... 象 d5! 21. 象×d5 马×d5　22. 后 d7 e4　23. 马 d4，白棋稍优）21. 后 d7
车 e7　22. 后 g4 象 f3　23. 后×g6 象 d5，白棋稍优。

18. 马 f1-g3 马 c6-d8

如走 18. ... 马 a5 则有 19. 象 c2 d5　20. e×d5 象×d5　21. 马 f5 马 c4
22. b3 象×f3　23. 后×f3 后×f3　24. g×f3 马 d6，均势。

19. 后 d1-e2 象 b7-c6　20. 马 f3-h2 马 d8-e6　21. 马 h2-g4 后 a8-d8

如走 21. ... 马×g4　22. 后×g4 马 c5 之后，白有弃子妙手：23. 象×h6! 马
×b3?　24. 象×g7，白棋胜势。以下为 24. ... f5（24. ... 象×g7　25. 马 f5! 白
胜）25. 马×f5，以后黑棋有两种着法均不能逃脱失败。

一、25. ... 后 b7　26. 象×e5+ 王 f7　27. 象×d6 白方弃一象得五兵并保持

攻势。

　　二、25... 王 f7　26. 象×f8!（26... 车×f8　27. 后 g7+! 或 26... 王×f8 27. 后 g7#）白方吃回弃子，多得三兵，还有后 g7、马 d6 等威胁。

　　22. 车 e1-d1　马 f6×g4

　　如走 22... 马 f4　23. 后 f3　马×g4　24. 后×g4　后 f6　25. 马 e2　马×e2+ 26. 后×e2　后 g6　27. 后 f3　象×e4　28. 象×f7+　后×f7　29. 后×e4，白方稍优。

　　23. 后 e2×g4　后 d8-f6　24. 马 g3-f5　马 e6-f4?

　　坏棋。黑方白丢一兵。形势从此变差。

　　25. 象 c1×f4　e5×f4　26. 后 g4×f4　王 g8-h8!

　　如走 26... 车×e4?　27. 马×h6+　后×h6　28. 后×f7+　王 h7　29. 后×f8，白方优势。

　　27. f2-f3　车 e8-e5

　　如走 27... g6　28. 后 h4　后×h4　29. 马×h4　王 g7　30. 象 d5，白方优势。

　　28. g2-g3　g7-g5　29. 后 f4-d2　d6-d5　30. g3-g4!　象 f8-c5+　31. 王 g1-f1　象 c6-d7?

　　应走 31... d×e4!　32. 后 d8+　后×d8　33. 车×d8+　王 h7　34. 象 c2 e×f3!　35. 马 d4+　象 e4　36. 象×e4+　车×e4　37. 马×f3　车 e3，黑方稍优。但是，此变可走 34. 象×f7　e×f3　35. 象 g8+　王 h8（若走 35... 王 g6　36. b4　象 e7 37. 马×e7+　车×e7　38. 车 d6+　王 g7　39. 车×c6　王×g8　40. 车×h6，白方多兵胜）36. 象 d5+　车 e8　37. 车×e8+　象×e8　38. 马×h6，白方多兵胜。

　　32. 象 b3×d5　象 d7×f5　33. g4×f5　王 h8-g7

　　至此黑棋已少两个兵，形势不妙。

　　34. 象 d5-b3　h4-h5　35. h3-h4　g5×h4?

　　g 线被打开了。如走 35... g4 也不好。经 35. 后 g5+　后×g5　36. h×g5　g×f3 37. 车 d7，白方胜势。

　　36. 后 d2-g2+　王 g7-h6　37. 后 g2-h2!　b5-b4?　38. c3×b4　象 c5×b4 39. 象 b3×f7　车 e5-e7

　　又吃掉一个黑兵。

　　40. 象 f7-g6　车 e7-b7　41. 后 h2-f4+　后 f6-g5　42. 后 f4-e5　后 g5-g3 43. 后 e5-h8+　王 h6-g5　44. 后 h8×h5+　王 g5-f6　45. 后 h5-g4　后 g3×g4 46. f3×g4　王 f6-e5　47. 车 d1-d3　象 b4-f8

　　如走 47... 王×e4　48. f6　王 e5　49. g5，黑方无法阻止白兵升后。

　　48. 王 f1-g2　王 e5×e4　49. 车 d3-d8　象 f8-h6　50. f5-f6+　王 e4-f4

51. 王 g2-h3 象 h6-g5

此时，另有两路变化：

一、51... 车 b6 52. f7 车×g6 53. f8(后)＋ 象×f8 54. 车×f8＋ 王 e3 55. 王×h4 车 b6 56. g5 车×b2 57. g6，白胜势。

二、51... 王 g5 52. 象 d3！车×b2（52... 王×f6 53. 车 d6＋，黑象必失）53. f7 车 b3（53... 车 f2 54. 象 f5，白胜）54. 车 d5＋ 王 f6（54... 王 f4 55. g5 象 g7 56. g6，白方胜势）55. g5＋，黑象必失。

52. 车 d8-d5

白胜。

以下为：52... 车 b3＋ 53. 象 d3 象×f6 54. 车 f5＋ 王 e3 55. 车×f6 车×d3 56. 王×h4，白胜。

本局黑方很不爱惜小兵，先后在 24 着和 31 着走出坏棋，送给白方两个小兵导致失败。

第 62 局　阿南德（Anand）——卡姆斯基（Kamsky）

1995 年弈于世界职业棋协男子世界冠军赛候选人决赛　C92　63/315

1. e2-e4 e7-e5 2. 马 g1-f3 马 b8-c6 3. 象 f1-b5 a7-a6 4. 象 b5-a4 马 g8-f6 5. 0-0 象 f8-e7 6. 车 f1-e1 b7-b5 7. 象 a4-b3 d7-d6 8. c2-c3 0-0 9. h2-h3 车 f8-e8 10. d2-d4 象 c8-b7

阿南德和卡姆斯基是当时除了"两卡"之外，世界上最强的棋手。现在他们走成西班牙开局扎依采夫变例，这是卡姆斯基近年来在比赛中采用的主要防御体系。他在这次决斗中使用了 4 次，执黑棋取得 1 胜 1 负两平的战绩。令人满意。

11. 马 b1-d2 象 e7-f8 12. a2-a4 h7-h6 13. 象 b3-c2 e5×d4 14. c3×d4 马 c6-b4 15. 象 c2-b1 后 d8-d7

在此局面下，卡姆斯基第一局走的是 15...g6，第 5 局和第 7 局走的是 15...c5。

16. b2-b3

常见的着法是 16. 车 a3。现在阿南德走出新着法。

16... g7-g6　17. 象 c1-b2！

用象控制大斜线，这就是对黑方 16...g6 的回答。

17... 象 f8-g7 18. 后 d1-c1！车 a8-c8 19. 象 b2-c3 c7-c5 20. d4-d5 后 d7-e7？！

这一着棋表明了 15... 后 d7 有点问题。

21. 马 d2-f1　马 f6-h7?

坏棋。前后矛盾，还是走 21... 马 d7 好。

22. 象 c3×g7　王 g8×g7　23. 马 f1-e3!

威胁走 24. 马 g4。

23... h6-h5

如果黑方走 23... 后 f6 捉车，白方有妙手弃车，走 24. 马 g4! 后×a1
25. 后×h6+ 王 g8　26. e5! 车×e5（如走 26... 后 c3　27. 象×g6 f×g6
28. 马 f6+ 马×f6　29. 后×g6+ 王 f8　30. 后×f6+ 王 g8　31. 车 e4!，白胜）
27. 马 g×e5 d×e5　28. 象×g6 后×e1+　29. 马×e1 f×g6　30. 后×g6+ 王 h8
31. d6!，白方 d 兵威胁很大。

如果走 23... 马 g5　24. 马×g5 后×g5　25. a×b5 a×b5　26. f4!，白棋在
两翼均占优势。

24. 后 c1-d2　王 g7-g8

如走 24... 后 f6　25. 车 a3，白方
优势。

25. a4×b5　a6×b5（图 91）

26. 马 e3-d1!

似劣实佳，一箭双雕。既阻止了黑
马到 g5，又为 e4-e5 做准备，一步退
马开通了后和车的两条线路。

图 91

26... 马 b4-a6　27. 马 d1-c3　b5-b4

黑方这两步棋解决了 b5 弱兵的
问题。

28. 马 c3-b5

改走 28. 马 a4，再马 b6 也不错。

28... 马 a6-c7　29. 象 b1-d3　马 c7×b5　30. 象 d3×b5　车 e8-d8

31. 象 b5-c4

白方准备冲兵 e5。

31... 马 h7-f6　32. 后 d2-h6!　后 e7-f8

白后在王前威胁太大，必须立即赶走。此时不敢吃 e4 兵。

33. 后 h6-g5

走 33. 后 f4 也不错。

33... 后 f8-g7

如走 33... 马 h7 34. 后 f4，或 33... 后 e7 34. 车 a7!，白棋都不错。

34. 车 a1-a7 车 c8-c7 35. 象 c4-a6 车 d8-b8 36. e4-e5!

白方用车象二子牵制了黑方双车象，在王翼形成了子力优势，现在开始从中路突破。

36... 马 f6-e8

如果走 36...d×e5 吃兵，则 37. d6! 车 d7 38. 马×e5，黑必失子。

37. 车 a7×b7 车 c7×b7 38. 象 a6×b7 车 b8×b7

这个交换的主动权始终掌握在白方手中。

39. 后 g5-d8 后 g7-f8 40. 车 e1-a1!

白方在掌握了局面优势之后不能操之过急，若走 40. e×d6?，似佳实劣。经 40... 马×d6 41. 后 f6 c4 42.b×c4 马×c4，白方已无优势可言。

而 40. e6? 也不好，经 40...f×e6 41. 车×e6 马 g7 42. 后×f8+ 王×f8 43. 车×g6 c4! 44.b×c4 b3! 白方要顾忌黑兵升后的问题。

40... 马 e8-c7 41. 后 d8-d7 后 f8-b8

如走 41... 后 e8 42. 后 c6! 后×c6 43.d×c6 车 b6 44. e×d6，白兵要升后了。

42. 后 d7×d6 c5-c4!

制造一个通路兵是在此局面下，黑棋最后的挣扎。

43.b3×c4 b4-b3 44. 车 a1-b1 b3-b2 45. 后 d6-c5 车 b7-b3

46. 后 c5-d4 后 b8-b4 47. 马 f3-g5

改走 47. d6 马 e6 48. 后 d5 也是白胜。

47... 车 b3-c3 48. 后 d4-f4

攻守兼备，既攻 f7 又守 c1。

48...f7-f6 49. e5×f6 马 c7×d5 50.f6-f7+

黑方认输。

第 63 局 希洛夫（Shirov）——列科（Lékó）
1995 年弈于贝尔格莱德 C92 65/341

1. e2-e4 e7-e5 2. 马 g1-f3 马 b8-c6 3. 象 f1-b5 a7-a6 4. 象 b5-a4 马 g8-f6 5.0-0 象 f8-e7 6. 车 f1-e1 b7-b5 7. 象 a4-b3 d7-d6 8. c2-c3 0-0 9.h2-h3 象 c8-b7 10. d2-d4 车 f8-e8 11. 马 f3-g5 车 e8-f8

12. 马 g5-f3　车 f8-e8　13. a2-a4　h7-h6　14. 马 b1-d2　象 e7-f8　15. 象 b3-c2
e5×d4　16. c3×d4　马 c6-b4　17. 象 c2-b1　c7-c5　18. d4-d5　马 f6-d7
19. 车 a1-a3　f7-f5　20. e4×f5　象 b7×d5　21. 车 e1×e8

　　二位棋坛高手背谱背了 20 个回合，以往常见的着法是 21. 马 e4。

　　21. ... 后 d8×e8　22. 车 a3-e3

　　也可以走 22. 马 h4。

　　22. ... 后 e8-f7　23. 马 d2-e4
b5×a4!?（图 92）

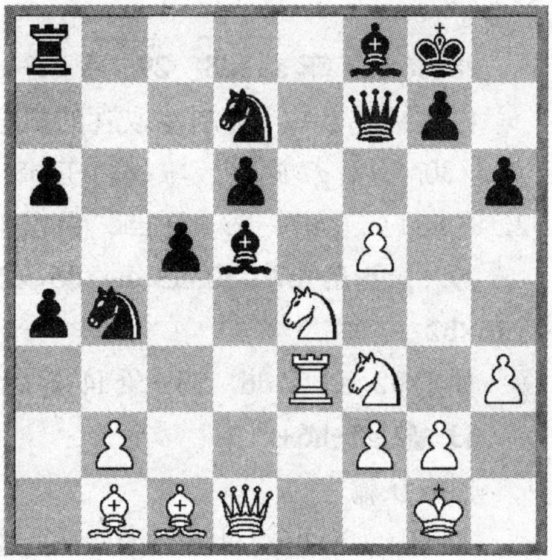

　　这一着值得注意。如果走 23. ...
象×e4　24. 车×e4　马 f6　25. 车 e6　车 e8
26. a×b5　车×e6（如 26. ... a×b5
27. 后 e2，白棋稍优）27. f×e6　后×e6
28. b×a6　马×a6，白棋稍优。

　　24. 马 f3-g5!?

　　一个大胆的进攻方案。给黑方出了
难题。另有一个平稳的变化：24. 后×a4

图 92

车 e8（如走 24. ... 象 c6? 不好。经 25. 后 d1 d5　26. 马 eg5! h×g5　27. 马×g5
后 f6　28. 车 e6　后 d4　29. 后 h5，白胜）25. 象 d2!（此时若走 25. 马 eg5?
h×g5　26. 马×g5　车×e3!　27. 马×f7　车 e1+　28. 王 h2　象×f7，黑方以一后
换了白方车双马，取得子力优势）象×e4　26. 象×e4　d5　27. 象 b1　车×e3
28. f×e3　马 b6，形势不明。

　　24. ... h6×g5

　　面对弃马只能吃掉。另外一种选择是走 24. ... 后×f5?!　25. 象 d2!（如走
25. 马 h7?!　后 f7!　26. 马×f8　车×f8，黑方稍优）

　　一、25. ... 象 b3　26. 车×b3　a×b3　27. 象×b4　c×b4　28. 马×d6　后×g5
29. 后×b3+（如 29. 后 d3? 马 f6!，黑胜）王 h8　30. 马 f7+，白胜。

　　二、25. ... h×g5　26. 象×b4　c×b4　27. 马 f6+　后×f6　28. 后×d5+　王 h8
29. 后×a8，白方得半子。

　　25. 马 e4×g5　后 f7-f6??

　　一味地逃跑太消极。应走 25. ... 象 b3 捉后，26. 后 f3　象 d5　27. 后 g4
马 f6　28. 后 h4，白后只好放弃 d1-h5 斜线，否则长捉成和。然后黑走 28. ...
后 h5!，白棋的攻势受阻，少一子顿成劣势。

　　26. 车 e3-e6!

弃车捉后，有胆有识。

26...象 d5×e6 27. f5×e6 g7-g6

弃马无奈。如走 27...马 e5 28. 后 h5 后 h6 29. 象 h7+ 王 h8
30. 马 f7+ 马×f7 31. 象×h6 马×h6 32. 象 b1 c4 33. g4 马 d3 34. g5，白
方多子。

28. e6×d7 车 a8-d8 29. 后 d1-g4!?

白方错过了一个强制性取胜的机会：29. 象 a2+！马×a2 30. 后 d5+ 王 h8
（如走 30...王 g7 则 31. 马 e6+ 王 h8 32. 象 g5，白棋胜势）31. 马 f7+ 王 g7
32. 象 h6+！王 h7 33. 象 g5，白棋胜势。

**29...象 f8-e7 30. h3-h4 d6-d5 31. 马 g5-f3 王 g8-g7 32. 象 c1-g5
后 f6×b2**

如走 32...后 d6 33. 象 f4 捉后，黑后不敢吃白 d7 兵，因有后×g6+。

33. 象 g5-h6+

黑方认输。

如 33...王×h6 34. 后×g6#，杀。如 33...王 h8 34. 后×g6 再后 h7#，杀。

第 64 局 伊万丘克（Ivanchuk）——赫亚尔塔松（Hjartarson）
1994 年奥林匹克赛弈于莫斯科 C92 62/387

1. e2-e4 e7-e5 2. 马 g1-f3 马 b8-c6 3. 象 f1-b5 a7-a6 4. 象 b5-a4
马 g8-f6 5. 0-0 象 f8-e7 6. 车 f1-e1 b7-b5 7. 象 a4-b3 d7-d6 8. c2-c3
0-0 9. h2-h3 象 c8-b7 10. d2-d4 车 f8-e8 11. 马 b1-d2 象 e7-f8 12. d4-d5
马 c6-b8 13. 马 d2-f1 马 b8-d7 14. 马 f1-g3 马 d7-c5 15. 象 b3-c2 a6-a5

更常见的走法是：15...c6 16. b4 马 cd7 17. d×c6 象×c6 18. 象 b3，
白方稍好。

16. a2-a4

新手，常走 16. 马 h2。

16...c7-c6

跟着白棋的思路走棋不好。比如：16...马×a4，白方有 17. c4!。又如
16...b×a4 17. 象 e3 马 fd7 18. 象×a4 马×a4 19. 后×a4 马 b6 20. 后 b5!，
白方稍优。

17. a4×b5 c6×d5 18. e4×d5 象 b7×d5

若走 18...马×d5，白方有弃子攻杀的着法：19. 象×h7+ 王×h7 20. 马 g5+

王 g8 21. 后 h5 马 f6 22. 后×f7+ 王 h8 23. 马 h5 车 e7 24. 马×f6 g×f6
25. 后×f6+ 王 g8，局势不明。

19. 象 c1-g5 象 d5-c4？

不好。这只象还是应该控制大斜线，走 19... 象 b7 较好。走到 c4 会成为
白方的攻击目标。

20. 马 f3-d2 象 c4×b5 21. 马 d2-e4! d6-d5？

坏棋。若走 21... 马 cd7 则 22. 马 f5。又如：21... 象 e7 则 22. 象×f6
象×f6 23. 马×d6。虽然这两种着法均为白方占优，但总比 21...d5 好多了。

22. 象 g5×f6 g7×f6

被迫打开王门，足见 21...d5 是
坏棋。

23. 后 d1-g4+ 王 g8-h8

若走 23... 象 g7，白方 24. 马×c5，
得马。

24. 马 e4×c5 象 f8×c5 （图 93）

现在，白方的机会来了，有什么
好棋？

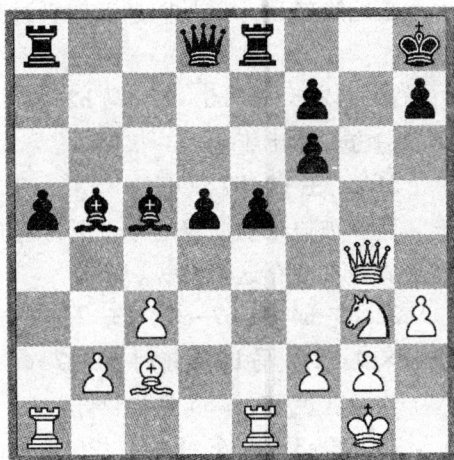

图 93

25. 象 c2×h7!

妙手。阻止了黑方先 25... 车 g8
捉后，再走 e4 等防御手段。

25... 后 d8-b6？

战略错误。此时应尽全力防守，而不是进攻。应走 25... 象 d7! 捉后，
并阻止白马前进。白如走 26. 后 h5，则 王 g7，白方车马无法参与攻王。白又
如：26. 象 f5，则车 g8 27. 后 h5+ 王 g7 28. 象×d7 后×d7 29. 马 f5+ 王 f8
30. 后 h6+ 王 e8 31. 后×f6 e4 32. 车 ad1 后 e6 33. 马 g7+ 车×g7 34. 后×g7，
白方得半子。当然不能走 25... 王×h7？ 26. 马 f5! 白胜。

26. 马 g3-f5

黑方认输。

第 65 局 哈里夫曼（Halifman）——加夫里洛夫（Gavrilov）
1994 年弈于圣彼得堡 C92 62/389

1.e2-e4 e7-e5 2. 马 g1-f3 马 b8-c6 3. 象 f1-b5 a7-a6 4. 象 b5-a4

马 g8-f6 5. 0-0 象 f8-e7 6. 车 f1-e1 b7-b5 7. 象 a4-b3 d7-d6 8. c2-c3
0-0 9. h2-h3 车 f8-e8 10. d2-d4 象 c8-b7 11. 马 b1-d2 象 e7-f8 12. a2-a4
h7-h6 13. 象 b3-c2 e5×d4 14. c3×d4 马 c6-b4 15. 象 c2-b1 g7-g6
16. 车 a1-a3 象 f8-g7 17. 马 f3-h2 c7-c5 18. d4-d5

双方在熟悉的开局中较量，背谱就背到这里。对高手而言，有时较量并不
是从第一个回合开始，而是从脱离谱着之后才开始的。这个开局，白方有不大
的优势。

18... 马 f6-d7 **19. 马 d2-f3** 马 d7-b6

战略性错误。黑马大老远地赶过来就为了吃 a4 兵？看你空虚的王前谁来
防守？

20. a4×b5 a6×b5 **21. 马 h2-g4**

白方开始出击了。

21... 王 g8-h7

黑王被迫来到白象的枪口下，若 f6
马不离开不会有这个毛病。

22. h3-h4 象 b7-c8 **23. 马 f3-h2**
象 c8×g4 **24. 马 h2×g4** 后 d8-e7

软着。走 24...h5 赶马较好。

25. 车 a3×a8 车 e8×a8 **26. h4-h5**
马 b6-c4（图 94）

27. e4-e5！

进兵开通象路，吹响了攻王的冲
锋号。

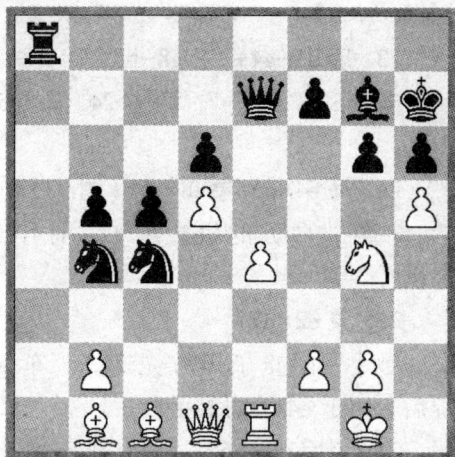

图 94

27... d6×e5？

错误。给白棋造成一个 d 线通路兵。应走 27... 马×e5，堵住白方 d 线兵，
并邀兑白方 g4 马。

28. b2-b3 马 c4-b6 **29. h5×g6+ f7×g6** **30. 马 g4×e5！**

好棋！其实 30. d6 更好，若 30... 后 e6 则 31. 马×h6 象×h6 32. 后 h5，白
方胜势。若 30... 后 d7 则 31. 马×e5 象×e5 32. 后 h5，白方胜势。白方双象
的威力尽显于此。

30... 象 g7×e5 **31. 后 d1-h5** 后 e7-g7

如走 31... 马 d7 32. 后×g6+ 王 h8 33. 象 b2！后 g7 34. 车×e5！
后×g6 35. 车 e8++ 王 h7 36. 车 e7+ 王 g8 37. 象×g6，白方胜势。

32. 车 e1×e5 马 b4×d5

必须用马守住 e7 格，如走 32... 车 a1 则 33. 象×g6+，白胜。

33. 车 e5-e6 车 a8-g8

如走 33... 马 f6　34. 象×g6+　王 g8　35. 后 f5　车 a1（35... 马 bd7 36. 象 b2　车 f8　37. g4　王 h8　38. 车 d6　王 g8　39. 王 g2，黑方陷入无等着局面）36. 车×f6　车×c1+　37. 王 h2，黑方无法防御白方后 e6、车 f7 等手段。

34. 车 e6×g6

黑方认输。

以下是：34... 后×g6　35. 后×h6#，白胜或 34... 后 f8　35. 车×h6#，白胜。

第 66 局　阿南德（Anand）——伊万丘克（Ivancuk）
1996 年弈于赫尔玛纳斯　C92　66/308

1. e2-e4 e7-e5　2. 马 g1-f3 马 b8-c6　3. 象 f1-b5 a7-a6　4. 象 b5-a4 马 g8-f6　5. 0-0 象 f8-e7　6. 车 f1-e1 b7-b5　7. 象 a4-b3 d7-d6　8. c2-c3 0-0　9. h2-h3 象 c8-b7　10. d2-d4 车 f8-e8　11. 马 b1-d2 象 e7-f8　12. d4-d5 马 c6-b8

这只马也可以退到 e7 去。

13. 马 d2-f1 马 b8-d7　14. 马 f1-g3 g7-g6　15. 马 f3-h2 h7-h5!?

此着以前常走 15... 王 h8。现在挺兵 h5 是防止白 h2 马跳到 g4 格，但是黑方王前兵挺得太远，王前的黑格变弱，而且 h5 兵和 g6 兵也容易成为白棋进攻的目标。建议初学者尽量不要这样乱挺王前兵。

16. 马 h2-f3 马 d7-c5　17. 象 b3-c2 c7-c6　18. b2-b4 马 c5-d7　19. d5×c6 象 b7×c6　20. 象 c2-b3 马 d7-b6　21. 象 c1-g5 象 c6-d7

如走 21... 象 g7　22. 马 h4 d5　23. 后 f3，白棋有攻势。

22. 马 f3-h4 象 d7-e6

此时就看出 15...h5 的缺点了，g6 兵成为白棋攻击的目标，黑棋只好被动防守。

23. 后 d1-f3 马 b6-d7

黑方把马走到 b6，即 20... 马 b6，原计划是随时准备入侵 c4 格。现在，在白棋的攻击下只好退到 d7 防守，黑棋王前的黑格太弱了。

24. 车 a1-d1 车 a8-c8!

及时出车，好棋。用车攻击半开放线上的落后兵是国际象棋的基本常识。若走 24...象×b3　25. a×b3　象 e7　26. 马 hf5！，白棋可以弃马抢攻。

25. 车 d1-d3　象 e6×b3　26. a2×b3 后 d8-e7　27. 车 e1-d1 后 e7-e6（图 95）

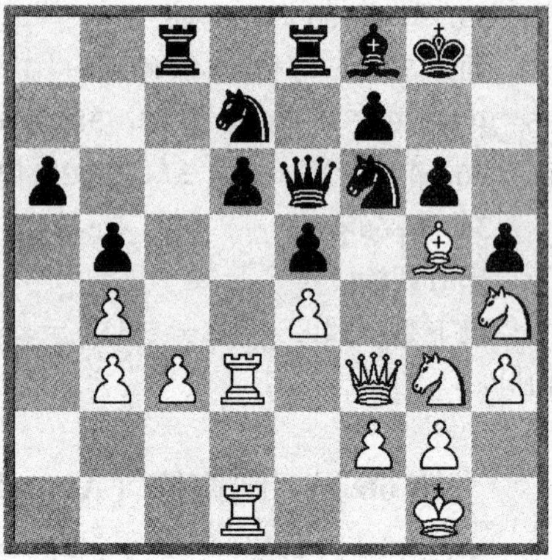

现在，白棋已经在半开放线上叠起双车，黑棋则摆脱了白棋 g5 象的牵制。白棋准备向黑棋发动进攻，突破口在哪里？好像黑棋暂时还没有可以利用的弱点。这是关键性的一着棋，请你多花点时间好好想想。

28. 马 h4-f5！？

弃马！吃还是不吃？请看阿南德的分析：如果走 28...g×f5，接受弃马，则有 29. e×f5 后×b3（29...后 e7？

图 95

30. 马 e4，白棋优势）30. 象×f6 马×f6，以下有两种变化：

一、31. 马×h5 马×h5（31...马 h7　32. 后 g4+ 王 h8　33. 车 g3 象 h6 34. 车×d6，白棋有攻势）32. c4（如 32. 后×h5 车×c3！，邀兑车，白棋很难办）32...后×d3（如 32...后×c4　33. 后×h5，白棋有攻势）33. 车×d3 b×c4 34. 后 g4+ 马 g7　35. 车 g3 f6。阿南德对此局面没有评论。作者认为此时黑方占优，中心三兵很有威胁，只要挺兵，白方无法防守。

二、31. c4！？ 后×c4　32. 马×h5 马 h7（如走 32...马×h5　33. 后×h5，白方有攻势）33. 后 g3+ 王 h8　34. 车×d6 后×b4　35. 车 d7，白方有攻势。

28...后 e6×b3

伊万丘克最终没敢接受弃马。

29. 马 f5×d6 象 f8×d6

黑方为了不失半子，拿宝贵的黑格象与这匹马进行交换，使黑方王前的黑格成为永久性的弱点。

30. c3-c4！

好棋。如走 30. 车×d6 车×c3。

30...后 b3×c4　31. 车 d3×d6 马 f6-h7　32. 象 g5-h6

这只象万万不能与对方的马交换，这是国际象棋的基本常识。

32...马 d7-f8　33. 车 d6×a6

如走 33. 马×h5，黑有 33...车 e6！好棋。

33... 车 e8-e6 34. 车 ab×e6 马 f8×e6

黑方用马守住王前的黑格是正着。

35. 马 g3-f5

阿南德真勇敢，再次在 f5 格弃马。

35... 后 c4×b4?!

伊万丘克又一次不接受弃马，错误。被白方一步棋抢得优势。其实，接受弃马之后黑棋并不差。再看看阿南德的分析：35... g×f5!

一、36. e×f5 马 eg5 37. 后×h5 马 e4（唯一的去处）38. 后 g4 马 eg5，双方不变，作和。

二、36. 后 g3+ 王 h8 37. e×f5 后 e2! 38. 车 d5 车 g8 39. 后×e5 后×e5 40. 车×e5，均势。

36. 车 d1-d7! 马 h7-g5

此时吃 f5 马已经晚了：36... g×f5 37. 后 g3+ 马 hg5（如 37... 王 h8 则 38. 后×e5+）38. 象×g5 后×e4 39. 象 f6+ 王 f8 40. 象×e5 王 e8 41. 车 a7，白棋胜势。

37. 象 h6×g5 后 b4-e1+

38. 王 g1-h2 马 e6×g5 39. 后 f3-g3 马 g5×e4（图 96）

40. 马 f5-h6+ 王 g8-h7

41. 车 d7×f7+ 王 h7×h6 42. 后 g3×e5 后 e1-d2

此时黑方王前的黑格已经是致命的弱点。白后能从两个方向攻击黑王，黑方已是防不胜防。如走 42... 车 g8，则有 43. 后 f4 + g5（43... 马 g5 44. h4）44. 后 f5 车 g7（44... 车 g6 45. 后 e5 车 g8 46. 后 e6+ 车 g6

图 96

47. 后 e8，白胜）45. 车 f8 车 g6（45... 车 h7 46. 后 e6+ 王 g7 47. 车 g8#，白胜）46. 车 h8+ 王 g7 47. 后 f8#，白胜。

43. 后 e5-g7+ 王 h6-g5 44. h3-h4+ 王 g5×h4 45. 后 g7×g6 车 c8-c3

如走 45... 马 g5 46. g3+ 王 g4 47. 后 f5#，白胜。如走 45... 后 d6+ 46. g3#，白胜。

46. 后 g6×e4+

黑方认输。

这局棋伊万丘克输在心理上。面对对方的弃子，为什么总是不敢吃呢？因此，我们要好好地研究弃子对棋手心理的影响到底有多大。

第67局 阿赛耶夫（Aseev）——索洛赞琴（Solozhenkin）

1995年弈于圣彼得堡 C92 63/314

1. e2-e4 e7-e5 2. 马 g1-f3 马 b8-c6 3. 象 f1-b5 a7-a6 4. 象 b5-a4 马 g8-f6 5. 0-0 象 f8-e7 6. 车 f1-e1 b7-b5 7. 象 a4-b3 d7-d6 8. c2-c3 0-0 9. h2-h3 象 c8-b7 10. d2-d4 车 f8-e8 11. a2-a4 h7-h6 12. 马 b1-d2 象 e7-f8 13. 象 b3-c2 e5×d4 14. c3×d4 马 c6-b4 15. 象 c2-b1 c7-c5 16. d4-d5 马 f6-d7 17. 车 a1-a3

这是现在这路变化出车的特点，象在b1，从三线上出车比较快。

17...f7-f5 18. 马 f3-h2 王 g8-h8 19. g2-g4

着法新颖。打算黑如走 19...f×g4 20. 马×g4，然后车g3，白棋形成攻王之势。

19...f5×e4

黑方不会让白方的如意算盘得逞。还有一种着法是：19...f4 20. 马 df3 g5 21. 象 d2 象 g7，使局面尽量封闭。

20. 马 d2×e4 马 d7-f6

不贪吃兵，稳健。如走 20...象×d5 21. g5 象×e4 22. 车×e4 车×e4 23. 象×e4 d5 24. 象 b1，白方弃兵有补偿，白有双象优势，可接走车 g3、马 g4 等，白方攻势凌厉。

21. g4-g5 马 f6×e4 22. 车 e1×e4 象 b7×d5

弃兵的诱惑力是巨大的，黑象忍不住了。吃掉中心兵，控制大斜线，有什么不好的？但是——

23. 车 e4×e8 后 d8×e8 24. g5×h6

缺点就在这儿，22...象×d5 浪费了一步棋，让白棋兑车之后，先手兑兵打开 g 线，使3路车有了用武之地。当时应走 22...车×e4 23. 象×e4 后 e7 24. 象 g2 车 e8，黑棋抢先出车比吃一兵要好一些。

24...g7×h6 25. 车 a3-g3 后 e8-f7 26. 马 h2-g4 后 f7-h5

黑方 b4 马被白象控制住了。黑方早就想解救这匹马，走 25...后 f7 就是这个意思，可是现在不能走 26...马 c6，因为白方有：27. 象 g6! 后×g6（若

走 27... 后 e6 则 28. 象×h6 象×h6 29. 马×h6 车 f8 30. 马 f7+ 车×f7
31. 后 h5+ 王 g7 32. 象×f7+，白方得子胜）28. 后×d5 后 b1 29. 马 f6 后×c1+
30. 王 g2 象 g7 31. 后 f7，白胜。

27. 象 c1-d2 象 f8-g7 28. 象 d2-c3
车 a8-a7 29. 后 d1-d2 后 h5-g5（图 97）

30. 马 g4-e3！

捉后好棋。黑棋是防守方，当然邀
兑。白棋是进攻方，当然不兑。

30... 后 g5-f4 31. 车 g3-g4
后 f4-f3 32. 马 e3×d5 后 f3×d5
33. 后 d2×h6+

黑方认输。

以下是 33... 王 g8 34. 车×g7+
王 f8 35. 后 h8#，杀王。

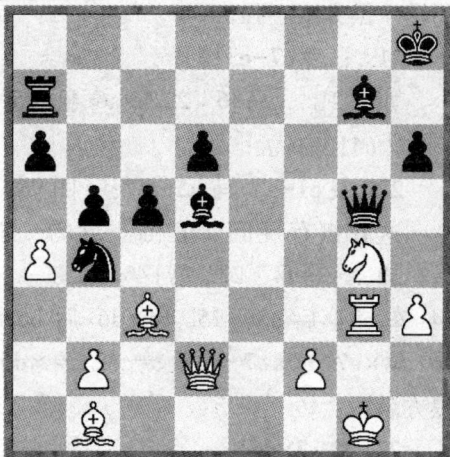

图 97

第 68 局 托帕洛夫（Topalov）——皮盖特（Piket）
1995 年弈于阿姆斯特丹 C92 63/311

1. e2-e4 e7-e5 2. 马 g1-f3 马 b8-c6 3. 象 f1-b5 a7-a6 4. 象 b5-a4
马 g8-f6 5. 0-0 象 f8-e7 6. 车 f1-e1 b7-b5 7. 象 a4-b3 d7-d6 8. c2-c3
0-0 9. h2-h3 象 c8-b7 10. d2-d4 车 f8-e8 11. 马 b1-d2 h7-h6
12. 象 b3-c2 象 e7-f8 13. d4-d5 马 c6-e7

这一着也可以走 13... 马 b8。

14. c3-c4 c7-c6

此时走 14... b×c4 不好，白方走 15. 马×c4 被白马占到 c4 好格。

15. b2-b3 c6×d5 16. c4×d5 车 a8-c8

也可以走 16... 象 c8，这是不同的变化。

17. 马 d2-f1 马 f6-h5 18. a2-a4 后 d8-c7 19. 象 c2-d3 f7-f5

黑马在 h5 总是有点毛病，白方总有马×e5 d×e5 再后×h5 得一兵的棋。

20. a4×b5 f5×e4！

黑方抢先吃掉 e4 兵，好棋。

21. 车 e1×e4！

此时另有两种着法：

一、21. b×a6 e×d3　22. a×b7 后×b7　23. 后×d3 马×d5，黑方中心强大。

二、21. 象×e4 a×b5　22. 马×e5 马f6　23. 马f3 马×e4　24. 车×e4 马×d5，同样，黑方中心强大。

21... 后 c7-c3!?

如走 21... 马f6　22. b×a6 象×d5

23. 象 c4! 白优。

22. 象 c1-a3 马 h5-f6?!（图98）

这着棋有疑问。值得注意的一着

是：22... 马f4　23. 象 c4 a×b5

24. 车 e3! 后 a5　25. 象×d6 后 b6

26. 象×e7 车×e7　27. 象 e2 象×d5，

黑方满意。

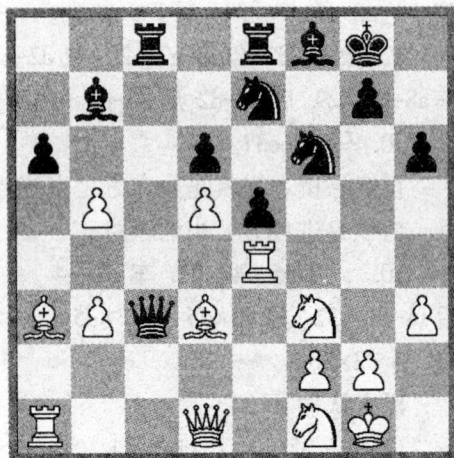

图98

23. 象 a3×d6!

大胆弃车，好棋。若走 23. 车 e3

马 e×d5　24. 象 h7+ 王×h7　25. 车×c3 马×c3，黑方各子灵活，黑方优势。

23... 马 f6×e4　24. 象 d3×e4 a6×b5　25. 车 a1-a7?! 车 c8-d8!

26. 车 a7×b7

若走 26. 象×e5? 后 c8!（有马 c6 捉双）27. 车 a2 象×d5　28. 象×d5 车×d5，黑方优势。

26... 车 d8×d6　27. 车 b7×b5?!

车在次底线很好，应走 27. 马 e3 助攻，不应贪吃小兵。

27... 马 e7-c6?!

应走 27... 马 c8 防住白 d 兵的推进，白如 28. 马 e3 车 a6，再车 a1。

28. 后 d1-e2 马 c6-d4　29. 马 f3×d4 后 c3×d4

不能走 29...e×d4，因 30. 象 h7+ 王 f7　31. 象 g8+，抽吃黑车。

30. 马 f1-g3 车 d6-f6　31. 马 g3-f5 后 d4-a7　32. b3-b4 车 e8-c8?

33. d5-d6! g7-g6

走完这一回合就知道 32... 车 c8 的错误了，因为 33. d6! 之后，黑不能走象×d6，因为白有 34. 车 b7 后 a1+　35. 王 h2 象 f8　36. 后 g4，白胜。当时应走 32... 后 a6。

34. 象 e4-d5+ 王 g8-h8　35. 后 e2×e5 象 f8-g7　36. 马 f5×g7 后 a7×g7

37. d6-d7 车 c8-c1+　38. 王 g1-h2 车 f6-f8　39. f2-f4 车 c1-d1　40. 车 b5-b8

黑方认输。

第69局　赫勒拉（Herrera）——瓦兹库埃兹（Vazquez）

1997年弈于古巴锦标赛　C92　70/337

1. e2-e4　e7-e5　2. 马 g1-f3　马 b8-c6　3. 象 f1-b5　a7-a6　4. 象 b5-a4
马 g8-f6　5. 0-0　象 f8-e7　6. 车 f1-e1　b7-b5　7. 象 a4-b3　d7-d6　8. c2-c3
0-0　9. h2-h3　象 c8-b7　10. d2-d4　车 f8-e8　11. 马 b1-d2　h7-h6　12. a2-a4
象 e7-f8　13. 象 b3-c2　e5×d4　14. c3×d4　马 c6-b4　15. 象 c2-b1　c7-c5
16. d4-d5　马 f6-d7　17. 车 a1-a3　c5-c4

这是西班牙开局扎依采夫变例中的又一路变化。

18. 马 f3-h2

以往的着法是：18. a×b5　a×b5　19. 马 d4　车×a3　20. b×a3　马 d3
21. 象×d3　c×d3　22. 车 e3　马 c5 等，双方均势。

18... 马 d7-c5　19. 车 a3-g3　马 b4-d3

更好的是走 19... 马 cd3。

20. 马 h2-g4!　g7-g6

白方弃车好棋。进马攻王有力！黑方不吃，正确。如走 20... 马×e1？
21. 马×h6+　王 h7　22. 马×f7　后 e7（如走 22... 后 f6　23. e5+!，白棋抽吃黑
后，胜）23. 后 h5+　王 g8　24. 马 h6+　王 h8　25. 马 f5+，抽吃黑后，白胜。
如黑走 22... 后 c7，则 23. 后 h5+　王 g8　24. 马 h6+　王 h8　25. 马 g4+　王 g8
26. 马 f6#，白胜。

21. b2-b4!　马 d3×b4

此时可以考虑走 21... 马×e1　22. b×c5　马 d3　23. 象×d3　c×d3　24. 象 b2
象 g7　25. 后 a1　象×b2　26. 后×b2　d×c5　27. 马 f6+　王 f8　28. 马×e8　后×e8
29. 车×d3，虽白棋稍优，但简化了局面，黑方亦有求和的可能。

22. 象 c1-b2

至此才看出 19... 马 bd3 的错误，如走 19... 马 cd3，则无 21. b4，更没
有 22. 象 b2。

22... 象 f8-g7　23. 象 b2×g7　王 g8×g7（图99）

24. 马 d2×c4!

弃马好棋，抢先开通后路，吹响了攻王的冲锋号。

24... b5×c4　25. 后 d1-d4+　王 g7-f8

不能走 25... 王 h7，有 28. 马 f6+　王 g7　29. 马×e8+，白棋得子。

26. 马 g4×h6 马 b4×d5

27. 车 g3×g6！

白棋又弃了第二个子。如走
27. 后 h8+?，坏棋。经 27... 王 e7
28. e×d5+ 王 d7 29. 车×e8 后×e8
30. 后×e8+ 车×e8 31. 象 c2 车 e1+
32. 王 h2 车 c1 33. 车 c3 象×d5，虽
然白棋吃回弃子，但黑棋已控制了局面。

27...f7×g6 28. 后 d5-h8+ 王 f8-e7
29. 后 h8-g7+ 王 e7-e6 30. 后 g7-f7+！

好棋，不受吃马的诱惑。若走
30. e×d5+ 王×d5，黑胜。

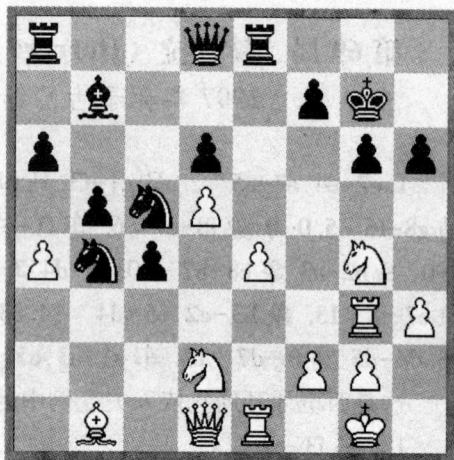

图 99

30... 王 e6-e5 31. 车 e1-d1！

威胁 32. 马 g4#杀。

31... 马 c5-d3！

黑王被白后逼向中心，大部分黑子已无法保护黑王。若走 31... 象 c8?，
有 32. 车×d5#，杀王。若走 31... 马 f6 32. 后×g6（威胁后 f4 杀王和 33. 马 f7+
王 f4 34. 后 g3，杀王）如 32... 王 e6 33. 后 f7+ 王 e5 34. 马 g4+ 马×g4
35. 后 f5#，杀王。所以，31... 马 d3 是最好的一着棋。

32. 后 f7×b7

先手吃回一子，并威胁 33. 后×d5。

32... 后 d8-e7

如走 32... 王×e4，不肯失马，则有 33. 象×d3+ c×d3 34. 后 b3 马 b6
35. 后×d3+ 王 f4（若 35... 王 e5 36. 马 f7+，抽吃黑后，且黑马难保）
36. 后 g3+ 王 e4 37. f3+ 王 e3 38. 马 g4+ 王 e2 39. 后 e1#，杀王。

33. 后 b7×d5+ 王 e5-f6 34. 后 d5×c4?！

白方在时间紧张的情况下走出缓手。应走 34. 后 d4+ 王 g5（若走 34...
王 e6 35. 后×c4+ 王 d7 36. 象×d3，白优）35. 马 g4 后×e4 36. 后 f6+ 王 h5
37. g3（威胁 38. 后 h4#，杀），若 37... 后 e7 38. 后 f3，白棋优势。

34... 马 d3-e5 35. 后 c4-d4 王 f6-g7 36. 马 h6-g4 王 g7-h7 37. 后 d4×d6
车 a8-d8??

在时间紧张的情况下，黑棋走了个大漏着。应走 37... 后×d6 38. 车×d6
马×g4 39. h×g4 车 ab8 40. 象 d3，白棋车象五兵对黑棋双车双兵，虽然白

棋优势，但是取胜还要费些力气。

38. 后 d6×e7+

黑方认输。

这局棋又是一个弃子攻杀成功的例子。弃子之后的形势如何，在弃子之前未必能算清楚。但是，有一条经验很重要，那就是防守方出差错的可能性比进攻方大得多。我们有很多例子能证明这一点，其中就有等级分 2600 分以上的特级大师。

第 70 局　蒂曼（Timman）——皮盖特（Piket）
1995 年弈于阿姆斯特丹　C92　64/331

1. e2-e4 e7-e5　2. 马 g1-f3 马 b8-c6　3. 象 f1-b5 a7-a6　4. 象 b5-a4 马 g8-f6　5. 0-0 象 f8-e7　6. 车 f1-e1 b7-b5　7. 象 a4-b3 d7-d6　8. c2-c3 0-0　9. h2-h3 象 c8-b7　10. d2-d4 车 f8-e8　11. 马 b1-d2 象 e7-f8　12. a2-a4 h7-h6　13. 象 b3-c2 e5×d4　14. c3×d4 马 c6-b4　15. 象 c2-b1 c7-c5　16. d4-d5 马 f6-d7　17. 车 a1-a3 f7-f5

西班牙开局扎依采夫变例是当前流行的热门变例，当然也是被广大棋手们研究得比较透彻的一个变例。这着 17... f5 是想用 f 兵换取 d5 兵，使黑方获得通畅的大斜线。白方当然不干。

18. 马 f3-h2 c5-c4　19. 车 a3-f3 车 e8-e5?!

此着值得怀疑，可改走 19... 马 e5　20. 车×f5 象 c8　21. 车 f3（若走 21. 车 f4 马 bd3！）马×f3+　22. 马 d×f3，黑方稍优。

20. 车 f3-g3 马 d7-f6

若走 20... f4，则 21. 车 f3。

21. b2-b3！

好棋，白方的黑格象可以在大斜线上发挥作用了。

21... c4-c3

不知用了多少时间，黑方想出了这个一气呵成的大交换。

22. 车 g3×c3 f5×e4　23. 马 d2×e4 马 f6×e4　24. 象 b1×e4 车 e5×e4　25. 车 e1×e4 马 b4×d5　26. 车 c3-g3 马 d5-c3　27. 车 g3×c3 象 b7×e4

双方只 6 个回合就交换了 10 个子。

28. 马 h2-g4 h6-h5（图 100）

还是走 28... 象 g6 稳妥。

29. 马 g4-h6+！ g7×h6

现在是接受弃马不好，不接受也不好。如走 29… 王 h7　30. 马 f7！后 e7（如 30… 后 h4？　31. 马 g4+！王 g8　32. g3！捉死黑后）31. 后×h5+　王 g8　32. 马 g5，白棋优势。

30. 车 c3-g3+　王 g8-f7

如走 30… 王 h7　31. 后 d4 后 e7　32. 象 b2 后 e5　33. 后 e3！后 e7　34. 后 c3！后 e5　35. 后 c7+ 后 e7　36. 后×e7+ 象×e7　37. 车 g7+，黑失双象，白胜。

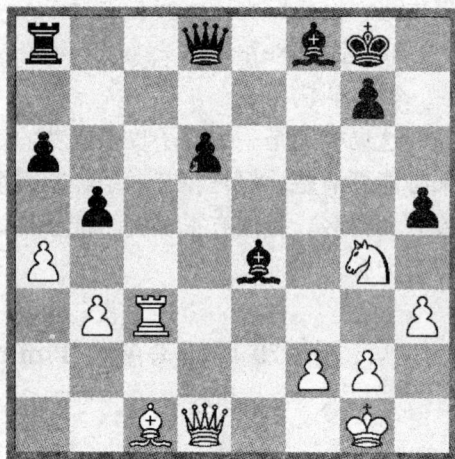

图 100

31. 后 d1×h5+

已经进入残局了，白后才走第一步，而这第一步就是攻王。

31… 王 f7-e6　32. 后 h5-g4+　王 e6-d5

不能垫象。如走 32… 象 f5　33. 后 g8+！王 e7　34. 车 e3+ 王 d7　35. 后 f7+ 王 c8　36. 后×f5+，白棋优势。

33. 车 g3-e3 后 d8-e7

对局快结束了，黑后才走第一步，而这第一步是被动防守，双方的区别就在于此，胜负也不言自明了。

34. f2-f3 象 f8-g7　35. 车 e3×e4 象 g7-e5　36. 车 e4-e1 后 e7-h7　37. f3-f4

黑方认输。

逃象则 38. 后 f3+，抽车。逃车则吃象。走 37… 后 a7+，也不行，白有 38. 象 e3 象 d4　39. 后 f5+ 王 c6　40. 后 e4+，黑象必失。

第71局　肯德尔曼（Kindermann）——拉祖瓦耶夫（Razuvaev）
1992 年弈于布拉哈　C92　53/344

1. e2-e4 e7-e5　2. 马 g1-f3 马 b8-c6　3. 象 f1-b5 a7-a6　4. 象 b5-a4 马 g8-f6　5. 0-0 象 f8-e7　6. 车 f1-e1 b7-b5　7. 象 a4-b3 0-0　8. c2-c3 d7-d6　9. h2-h3 马 f6-d7　10. d2-d3 马 d7-b6　11. 马 b1-d2 a6-a5　12. d3-d4

白方用两步棋把 d 兵冲到 d4，总有点吃亏的意思。

12… a5-a4　13. 象 b3-c2 象 e7-f6　14. 马 d2-f1 象 c8-d7

不应过早确定白格象的位置，应走 14...g6 然后象 g7。

15. 马 f1-e3 g7-g6 16. 马 e3-d5 象 f6-g7

若走 16... 马×d5 17. e×d5 马 e7 18. d×e5 d×e5 19. 马×e5，白棋稍优。

17. 马 d5×b6 c7×b6 18. 象 c1-e3 后 d8-c7 19. 象 c2-d3?!

此着稍缓。应走 19. d×e5 d×e5 20. 象×b6! 后×b6 21. 后×d7 车 fd8 22. 后 g4，白棋稍优。

19... 马 c6-a5 20. 后 d1-e2 马 a5-c4 21. 象 d3×c4 b5×c4 22. a2-a3 b6-b5 23. 车 a1-d1 象 d7-c6 24. 马 f3-d2 f7-f5! 25. e4×f5 g6×f5 26. f2-f4 e5×d4

应走 26...e4! 封闭中心，并控制 f3 格，然后走象 f6、王 h8、d5、车 g8 等，从 g 线进攻白王，黑方占优。

27. 象 e3×d4 象 g7×d4 28. c3×d4 车 f8-f6 29. 后 e2-f2 后 c7-b7 30. 车 e1-e3 车 f6-g6 31. 马 d2-f3

这几个回合双方的攻防要点在 g2 格。比较一下就看出来了。刚才若走了 26...e4，白马就到不了 f3，白方空间狭小，子力调动困难。而黑方可以先把象调到 h5，再在 g 线叠起双车和后，攻势甚猛。而现在白棋可以从容不迫地防守。

31... h7-h6?（图 101）

这步棋毫无作用，优势下出此缓手，可惜。此时的兵形决定了黑棋应采用古印度的进攻方法封闭后翼和中心，从王翼进攻。而白棋当然应尽量打开中心，想想没有兵保护的黑王如何对付开放的局面。

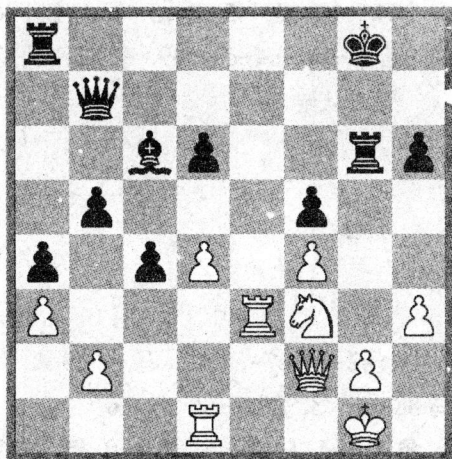

图 101

此时黑方应走 31... 象 e4 32. 马 g5 d5 33. 马×e4 d×e4 34. d5 车 d8 35. 后 d2 后 g7 36. 车 e2 车 gd6，局势难料。

32. d4-d5! 象 c6×d5

弃兵好棋，这是白棋扭转局势的开始。

33. 马 f3-h4 车 g6-g7 34. 车 e3-g3 象 d5-e4 35. 车 d1×d6 王 g8-h7 36. 车 g3×g7+ 后 b7×g7 37. 后 f2-b6

子力还是一样多，但是局面开放了就对白方有利了。

37... 后 g7-a7?!

不好。不应放弃 h6 兵。应走 37... 车 g8 38. 车 g6 后 f8。

38. 车 d6×h6+ 王 h7-g7 39. 车 h6-g6+ 王 g7-f7?

慌忙之中又走错一步，应走 39... 王 h7 40. 后×a7+ 车×a7 41. 车 b6。

40. 车 g6-f6+ 王 f7-g7

若走 40... 王 e7 41. 马 g6+! 王 e8 42. 车 f8+ 王 d7 43. 车 f7+，抽吃黑后。

41. 马 h4×f5+ 象 e4×f5 42. 后 b6×a7+ 车 a8×a7 43. 车 f6×f5

黑方净失二兵，胜负已定。

43... b5-b4! 44. 车 f5-b5!

不要以为胜负已定就可以乱走，搞不好还会翻盘的。比如走 44. a×b4? c3! 45. b×c3 a3! 46. 车 e5 a2 47. 车 e1 a1 升后 48. 车×a1 车×a1+，这个残局，白方 b、c 两兵不保，可以变成单车对三兵的残局，王的位置好时车方可胜。

44... b4×a3 45. b2×a3 车 a7-f7 46. g2-g3 车 f7-c7 47. 车 b5-b2 车 c7-d7 48. 王 g1-f2! c4-c3 49. 车 b2-e2 王 g7-f6 50. 王 f2-e3

黑方认输。

第二节 齐果林着法

索引号 C92

1. e2-e4 e7-e5 2. 马 g1-f3
马 b8-c6 3. 象 f1-b5 a7-a6
4. 象 b5-a4 马 g8-f6 5. 0-0 象 f8-e7
6. 车 f1-e1 b7-b5 7. 象 a4-b3 d7-d6
8. c2-c3 0-0 9. h2-h3 马 f6-d7
10. d2-d4 （图 102）

变一

10... 马 d7-b6 11. 马 b1-d2 e5×d4
12. c3×d4 马 c6-b4 13. 马 d2-f1 c7-c5
14. a2-a3 马 b4-c6 15. 象 c1-e3
马 c6-a5 16. 象 b3-c2 马 b6-c4
17. 象 e3-c1 c5×d4 18. 马 f3×d4

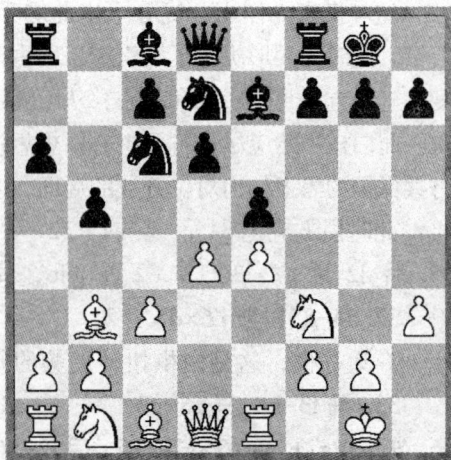

图 102

象 e7-f6

　　白方稍优。

　　变二

　　10...象 e7-f6　11. 象 c1-e3 马 c6-a5　12. 象 b3-c2 马 a5-c4　13. 象 e3-c1 象 c8-b7　14. b2-b3 马 c4-b6　15. 象 c1-e3 e5×d4　16. c3×d4 车 f8-e8　17. 马 b1-d2 c7-c5　18. 车 a1-c1

　　双方均势。

　　变三

　　10...象 e7-f6　11. a2-a4 象 c8-b7　12. a4×b5 a6×b5　13. 车 a1×a8 后 d8×a8

　　也可以走 13...象×a8。

　　14. d4-d5 马 c6-a5　15. 象 b3-c2 马 a5-c4　16. b2-b3 马 c4-b6　17. 马 b1-a3 象 b7-a6　18. 马 f3-h2 c7-c6

　　双方均势。

第 72 局　沃尔斯（Wahls）——斯玛金（Smagin）
1995 年弈于比尔公开赛　C92　64/327

　　1. e2-e4 e7-e5　2. 马 g1-f3 马 b8-c6　3. 象 f1-b5 a7-a6　4. 象 b5-a4 马 g8-f6　5. 0-0 象 f8-e7　6. 车 f1-e1 b7-b5　7. 象 a4-b3 d7-d6　8. c2-c3 0-0　9. h2-h3 马 f6-d7　10. d2-d4 象 e7-f6　11. 象 c1-e3 马 c6-a5

12. 象 b3-c2 马 a5-c4　13. 象 e3-c1 象 c8-b7　14. b2-b3 马 c4-b6　15. 象 c1-e3 c7-c5　16. 马 b1-d2 车 f8-e8

　　这样走将导致更加封闭的局面。如黑方走 16...e×d4　17. c×d4 之后再 17...车 e8，黑车能在半开放线上发挥作用。

　　17. d4-d5 a6-a5!　18. c3-c4 b5-b4　19. a2-a4 马 d7-f8（图 103）

　　至此 a、b、c、d、e 五条线已全部封闭。这是开放性开局走成的局面吗？

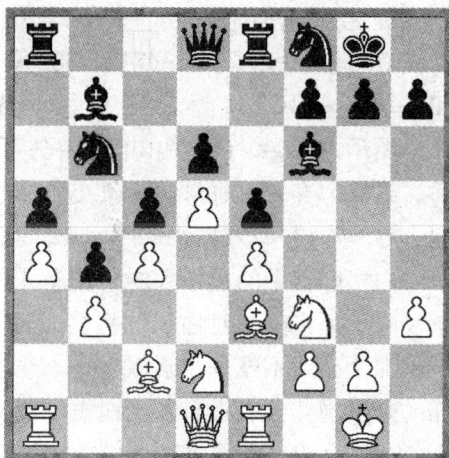

图 103

真让人难以置信。这样的局面就是在封闭性开局中也很少见。当然，战斗也转向王翼了。在王翼的战斗中取得优势的一方，将夺取全局的胜利。

20. g2-g3 象 b7-c8 21. h3-h4 车 a8-a7 22. 马 f3-h2! 后 d8-d7
23. 后 d1-f3 象 f6-d8 24. 马 d2-f1 后 d7-h3!? 25. 象 e3-d2 g7-g6
26. 马 f1-e3 h7-h5 27. 象 c2-d3 马 f8-h7

这几步棋，双方都不急于进攻，各自都在调整自己的子力位置。这种走棋的方法在封闭性局面里很常见。因为在封闭性局面里，子力位置比进攻速度更重要。这一点对青少年棋手来说是较难掌握的。通过这一局棋可以学习特级大师在封闭性局面中是如何运子的。

28. 后 f3-d1 后 h3-d7 29. 后 d1-c2?! 象 d8-f6 30. 车 a1-b1?!

不精确。应走 30. 车 ad1。

30... 象 f6-g7 31. 车 b1-d1

及时修正错误，但已浪费了一步棋。

31... 车 e8-f8 32. 象 d2-c1 后 d7-e8 33. f2-f4?! e5×f4

第 33 回合终于吃掉了第一个兵。这大概是开放性开局最晚吃子的纪录吧。

34. g3×f4 象 g7-c3! 35. 象 c1-d2 象 c3-d4

黑方双象出路畅通，优势就在这儿。白方走 33. f4 冲击中心是坏棋，他还没做好准备。

36. 王 g1-g2

如走 36. 马 f3 则 f5!，黑优。

36... 车 a7-e7

对 e4 兵施加压力。

37. 马 h2-f3 马 b6-d7! 38. 马 e3-f1 马 h7-f6 39. 马 f1-g3 马 f6-g4
40. 马 f3×d4 c5×d4

黑马占了 g4 好位置。本来白马可以进驻 g5 格，但是黑方的 d4 象太有威胁，只好舍弃 g5 强格将 d4 象交换掉。下棋就是这样，鱼和熊掌不可兼得。

41. 马 g3-e2 后 e8-d8! 42. 马 e2×d4 后 d8-b6

白棋阵营中的黑格太弱。这事儿也真怪，白棋有黑格象却守不住黑格，黑棋没有了黑格象却对白棋的黑格发动进攻。g4 马功不可没，黑方走了两步棋就把那个出路不畅的皇后调到了极具威胁的 b6 格。为什么他能想到这步棋？靠的是发现。你有没有发现白棋的黑格很弱？

43. 后 c2-b2 马 d7-c5!

好棋！威胁 b3、d3、e4 三个格。白棋子力不协调的弱点暴露出来，而黑棋各路兵马却充分发挥作用。

44. 象 d2-c1 象 c8-d7!

守住 c6 格,不让白马进驻。

45. e4-e5

如走 45. 象 b1 则车 fe8,e 线必被打开,黑棋优势。

45...d6×e5 46. f4×e5 车 e7×e5 47. 车 e1×e5 马 g4×e5 48. 象 d3-e2 车 f8-e8 49. 象 c1-h6 后 b6-f6 50. 车 d1-f1?

坏棋。应走 50. 象 g5 后 g7,虽然仍是黑优,但尚可顽强战斗。现在放弃了 h4 兵,加速失败。

50... 后 f6×h4

白方认输。

第73局 赫亚尔塔松 (Hjartarson)——阿伦西比亚 (Arencibia)
1993 年弈于比尔区际赛 C92 58/372

1. e2-e4 e7-e5 2. 马 g1-f3 马 b8-c6 3. 象 f1-b5 a7-a6 4. 象 b5-a4 马 g8-f6 5. 0-0 象 f8-e7 6. 车 f1-e1 b7-b5 7. 象 a4-b3 d7-d6 8. c2-c3 0-0 9. h2-h3 马 f6-d7 10. d2-d4 象 e7-f6 11. 象 c1-e3 马 c6-a5 12. 象 b3-c2 马 a5-c4 13. 象 e3-c1

在西班牙开局中,黑方的这匹西班牙马邀兑白象时,白方一般都不兑。

13... 象 c8-b7 14. b2-b3 马 c4-b6 15. 象 c1-e3 车 f8-e8 16. d4-d5

另一种走法是:16. 马 bd2 e×d4 17. c×d4 c5,双方均势。

16... 后 d8-c8?!

这种着法不常见。以前有人走 16... 车 c8,好一点的着法是 16... 马 c5。

17. 马 b1-d2 c7-c6 18. c3-c4 c6×d5 19. c4×d5 后 c8-c3 20. a2-a4 车 e8-c8 21. 车 a1-a2 b5×a4 22. b3×a4 a6-a5 23. 马 d2-b1 后 c3-c4 24. 车 a2-b2 象 b7-a6 25. 马 f3-d2 后 c4-c7 26. 马 b1-a3 马 d7-c5 27. 马 a3-b5 后 c7-d8 28. 后 d1-a1 象 f6-e7 29. 车 e1-b1

看来白方打算从 b 线进攻。

29... 马 b6-d7 30. 后 a1-a2 马 d7-f6 31. 王 g1-h2

现在白方子力聚集在后翼,王翼未免有点空虚。黑方抓住机会开始在王翼行动。

31...g7-g6 32. g2-g3 h7-h5 33. f2-f3 h5-h4 34. g3-g4

如果 34. g×h4 则 马 h5 ，黑方有攻势。

34... 马 f6-e8   35. 马 d2-c4   象 e7-g5

白方王翼黑格空虚，黑方从邀兑黑格象开始进攻。

36. 象 e3-f2

走 36. 象×g5 后×g5，也不好。只好退象放弃 f4 格。

36... 后 d8-f6

黑方以放弃 b6 格为代价，出后到王翼实施攻王。

37. 王 h2-g2   马 c5-d7?

黑马在 c5 原是极好的位置，控制 d3 和 e4 两格很有威力。鉴于白方王翼的黑格弱点，白方绝不敢用黑格象与其交换。何惧之有？莫非是为了 b6 格？现在应走 37... 后 f4 再马 f6!，以后便有双马吃 e4 兵的威胁。

38. 象 c2-d3   后 f6-f4   39. 象 d3-e2 马 d7-f6   40. 马 c4-b6   象 a6×b5 41. a4×b5   车 c8-c3!

原来，黑方刚才这几步棋是在执行一个深思熟虑的计划：把 c5 马调到 f6，以 b6 格引诱白马离开 c4，使黑车获得 c3 这样一个攻王的极好位置。再以 a8 车为诱饵，赢得攻王的时间。

42. 马 b6×a8（图 104）

42... 马 f6×e4!

黑方算准白方不敢吃马，试分析如下：43. f×e4 后×e4+   44. 王 f1（若

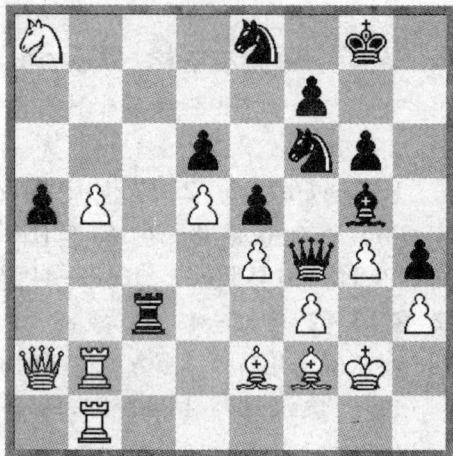

图 104

44. 王 g1 车×h3，还是要走王 f1）后 h1+   45. 象 g1 车 g3   46. 王 e1（若 46. 王 f2 象 e3+，还是要走王 e1）车×g1+   47. 象 f1 车×f1+   48. 王 e2 后 f3#。黑胜。

这是一味保持子力的结果。既然如此，不如这样走 43. f×e4 后×e4+ 44. 象 f3 车×f3   45. 车 e1!［若 45. 王 f1 车×h3 以下有两种变化：① 46. 车 b3 车 h1+   47. 象 g1 象 e3   48. 车×e3 后×e3   49. 后 g2 后 d3+   50. 王 f2 后 c2+ 51. 王 f1（若 51. 王 f3 e4+，白方失后）后×b1+，黑方胜势。② 46. 车 e1 车 h1+   47. 象 g1 后 d3+   48. 王 g2（若 48. 车 be2 或 48. 车 ee2，均有象 e3，黑胜）后 h3+   49. 王 f2 后 g3+，黑方优势］45... 车 g3+   46. 王 f1 后 g2+ 47. 王 e2 车 e3+   48. 王 d1 后 f3+!（a）49. 车 be2 车 c3，黑棋胜势。

（b）49. 车 ee2　车 d3+，黑胜。

43. 后 a2-a4　马 e8-f6

白方果然不敢吃马，黑方继续增加攻王的子力。因黑方弃了一车，现在不能兑后，不然有马×f2 的好棋。

44. 车 b1-h1！！

好棋。这基于两种考虑。首先，还是不能吃 e4 马。44. f×e4　马×e4 45. 车 f1　车 g3+！46. 象×g3　后×g3+　47. 王 h1　象 e3，黑胜。其次，阻止了 44... 马×g4 的企图。比如改走 44. b6　马×g4　45. h×g4　h3+　46. 王 g1（46. 王×h3　马×f2+，抽后）车×f3　47. 象×f3　后×f3　48. 后×e4（解黑方后 g2 杀的唯一方法）后×e4　49. 象 g3　象 d2！　50. 车×d2　后×b1+　51. 王 h2 a4，白方很难阻止 a 兵升后。

44... 车 c3-a3

白方的防守如此牢固，黑方的攻势已到了强弩之末，全部子力都被定住了，只好再弃一车，孤注一掷。

45. 后 a4×a3　马 e4×f2　46. 王 g2×f2　后 f4-g3+　47. 王 f2-f1

黑方开始攻王了，可是在连弃两车之后，攻王的兵力够吗？

47... 马 f6×d5

不能走 47... 马 e4，经 48. 象 d1　象 d2　49. f×e4！后 e1+（若 49... 后×a3 50. 车×d2，白方多子）50. 王 g2，白方多子胜。

48. 车 h1-g1

此时若走 48. 车 b3?，坏棋。经过 48... 象 d2　49. 后 a1　马 f4　50. 车 g1 后×h3+　51. 王 f2　后 h2+，黑胜。其实此时只要白方不死抱着子力优势不放，还是能胜的：48. b6！马 e3+　49. 后×e3　象×e3　50. 象 d1　e4　51. b7　象 a7 52. b8 升后+　象×b8　53. 车×b8+　王 g7　54. 车 b2　后 e5　55. 车 hh2，白方多子胜。

48... 后 g3-h3+　49. 王 f1-e1　后 h3-h2　50. 象 e2-f1?

为什么要弃车？应走 50. 车 f1　后 g3+　51. 王 d1　马 e3+　52. 后×e3 象×e3　53. b6！，白方多子胜。黑方弃子攻王给白方造成巨大的精神压力以致判断失误。

50... 后 h2×g1　51. 车 b2-g2　后 g1-a7！　52. 后 a3×d6　后 a7×a8 53. b5-b6　象 g5-e7！　54. 后 d6×e5　象 e7-b4+　55. 王 e1-d1　马 d5×b6

消灭掉 b6 兵，黑方就没有后顾之忧了。

56. 后 e5-e4　后 a8-d8+　57. 王 d1-c2　后 d8-c7+　58. 王 c2-b1　马 b6-a4?

59. 后 e4-e8+ 王 g8-g7　60. 后 e8×a4 h4-h3　61. 车 g2-c2 后 c7-g3

62. 后 a4-a1+！王 g7-g8　63. 车 c2-c8+ 象 b4-f8　64. 车 c8×f8+ 王 g8×f8

65. 后 a1-h8+ 王 f8-e7　66. 后 h8×h3 后 g3-e1+　67. 王 b1-c2 后 e1-f2+

68. 王 c2-d1

如果走 68. 王 d3 还有取胜的机会。

　　68... 后 f2-d4+　69. 王 d1-e1 a5-a4　70. 后 h3-g2 后 d4-a1+

71. 王 e1-d2 a4-a3　72. 后 g2-e2+ 王 e7-f8　73. 后 e2-d3 a3-a2

74. 后 d3-a3+ 王 f8-g8　75. 象 f1-d3 后 a1-b1　76. 后 a3-a8+

如走 76. 象×b1？a×b1 升马+，黑胜。

　　76... 王 g8-g7　77. 象 d3×b1

双方和棋。

这局棋双方妙手迭出，中局博杀激烈。白方在多子的情况下只要顶住黑方的进攻即成多子胜势。可惜后来走错，终成和棋。本局精彩的攻王战术在注解中列出，打谱时应多拆研。

第 74 局　托帕洛夫（Topalov）——别利亚夫斯基（Beljavskij）

1995 年弈于贝尔格莱德　C92　65/339

　　1. e2-e4 e7-e5　2. 马 g1-f3 马 b8-c6　3. 象 f1-b5 a7-a6　4. 象 b5-a4
马 g8-f6　5. 0-0 象 f8-e7　6. 车 f1-e1 b7-b5　7. 象 a4-b3 d7-d6　8. c2-c3
0-0　9. h2-h3 马 f6-d7　10. d2-d4 象 e7-f6　11. a2-a4 象 c8-b7　12. 马 b1-a3
马 d7-b6　13. d4-d5 马 c6-a5　14. a4×b5 a6×b5　15. 象 c1-e3

如走 15. 马×b5 吃兵，经 15...c6　16. d×c6 象×c6　17. 马 a3 马×b3
18. 后×b3 d5，黑方弃兵取得在中心的主动权。

　　15... 马 b6-c4？

应走 15...c6　16. d×c6 象×c6　17. 象×b6 后×b6　18. 象 d5 b4
19. 马 c2 b×c3　20. b×c3，黑方并不吃亏。而实战 15... 马 c4 却导致黑方失一兵。

　　16. 象 b3×c4 b5×c4　17. 马 f3-d2 c7-c6

如走 17... 象 a6　18. 后 a4，黑兵仍然不保。

　　18. 马 a3×c4 马 a5×c4　19. 车 a1×a8 象 b7×a8

如走 19... 后×a8　20. 马×c4 c×d5　21. 马 b6 后 a2　22. 马 d7，白优。

　　20. 马 d2×c4 c6×d5　21. e4×d5 象 f6-e7　22. 后 d1-d2

更好的着法是走 22. f3 f5　23. 象 f2。

22... f7–f5 23. f2–f4

也可考虑走 23. f3。两次提出走 f3 是因为黑方有白格象，走了 f3 之后，g2 兵安全。

23... 后 d8–c7 24. b2–b3 象 e7–f6?!（图 105）

应走 24... e×f4 25. 象×f4 后 c5+ 26. 王 h2 车 f7，白方无从下手。如 27. 车 e6 象×d5 28. 马×d6 象×d6 29. 车×d6 象×b3，黑方吃回一兵。

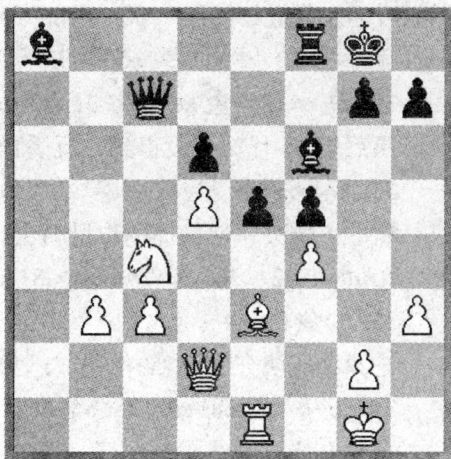

图 105

25. f4×e5! d6×e5 26. 象 e3–b6!

象在 e3 必遭黑冲兵 f4 捉，现进象 b6 既先手捉后，又提前控制 d 兵升变格，真是一举两得。

26... 后 c7–b7?!

虽然黑方形势被动，但还想用后象控制大斜线，对白 g2 兵施压与对手一搏，如全力防守可走 26... 后 f7。

27. d5–d6

此兵要升变成为黑方最大的威胁，这得益于 25. f×e5。

27... f5–f4 28. 车 e1–f1

f 线不可不防。白方子力活跃，后翼多兵，d 兵有升后的威胁，局势大大优于黑方，只要顶住黑方 f 线上的攻击，取胜只是时间问题。现在白方没有必要冒险，如急于升变走 28. d7 f3!，白王并不安全。

28... 后 b7–d7?

现在黑后被迫离开大斜线，形势更加被动。如当时走 26... 后 f7，现在就可以走 28... 象 c6，用白格象 d7 格阻止白兵前进。其实，黑方完全不用改变计划，应利用大斜线上的压力展开对攻：如走 28... g5 29. d7 e4 30. d8（升后）象×d8 31. 象×d8 e3 32. 后 e2（白后要守住 g2 兵）车×d8，白方白白损失了一个有威胁的 d 兵。而现在黑方的王翼兵群比白方的后翼联兵更有威胁。

29. 象 b6–c7!

把 b6 格让给马。

29... 后 d7–b5?!

现在黑方已无更好的棋。如走 29... 象 c6 30. 马 b6 后 e6 31. d7，白兵要升后。如走 29...f3　30. 马 b6 f×g2（30... 后 c6　31. 车×f3）31. 马×d7 g×f1升后+　32. 王×f1 象 g5+　33. 马×f8 象×d2　34. d7!，白兵也要升后。

30. 马 c4-b6 象 a8-b7　31. b3-b4! f4-f3　32. c3-c4! 后 b5-e8

黑后到 b5 什么也没得到，反受白兵攻击。

33. 马 b6-d5?

软着。错失一次简捷的取胜机会，应走 33. d7 后 g6　34. d8 升后 象×d8 35. 象×d8 f×g2　36. 车×f8+ 王×f8　37. 马 d5，白方多子。

33... 象 f6-h4

这只象有防守 d8 格的作用，逃象是害怕被白马兑掉。

34. d6-d7 后 e8-g6　35. b4-b5! 王 g8-h8?!

这样会造成底线弱点，好一点的是走 35...h6。

36. 马 d6-e3 象 h4-g5!　37. 车 f1-f2 后 g6-e4

走 37... 后 b1+ 也不行，38. 王 h2 象 f4+　39. g3。

38. 车 f2×f3 后 e4-b1+　39. 马 e3-f1!

现在走 39. 王 h2 不好，经 39... 象 f4+　40. g3 象×f3　41. g×f4 后 h1+ 42. 王 g3 e×f4+　43. 王 f2，给黑方制造很多机会。

39... 象 b7×f3　40. 后 d2×g5 象 f3-e2

黑方走棋之后又认输了。因为 41. 王 h2! 后×f1　42. 象×e5! 后 f7 43. d8 升后 车×d8　44. 后×d8+ 后 g8　45. 后×g8+ 王×g8　46. b6!，白胜。

本局白方利用对手一个小小的失误制造了一个 d 线通路兵，再利用这只兵要升后的威胁控制了局面；而黑方先与对手对攻，后来又改变计划进行防守而导致局面急转直下。假如黑方沉着应战，大胆对攻未必会输棋。

第三节　斯米斯洛夫变例
索引号　C93

1. e2-e4 e7-e5　2. 马 g1-f3 马 b8-c6　3. 象 f1-b5 a7-a6　4. 象 b5-a4 马 g8-f6　5. 0-0 象 f8-e7　6. 车 f1-e1 b7-b5　7. 象 a4-b3 d7-d6　8. c2-c3 0-0　9. h2-h3 h7-h6　10. d2-d4 车 f8-e8　11. 马 b1-d2 象 e7-f8（图 106）

这就是斯米斯洛夫变例。黑棋挺兵 h6 可阻止白马到 g5。经过车 e8，象 f8 的调整之后，加强了中路的兵力。此后白方有 12. 马 f1 和 12. a3 两路变化。

变一

12. 马 d2-f1 象 c8-d7

也可以走 12... 象 b7。

13. 马 f1-g3 马 c6-a5 14. 象 b3-c2
c7-c5 15. b2-b3 马 a5-c6 16. d4-d5
马 c6-e7 17. 象 c1-e3 马 e7-g6
18. c3-c4 马 g6-f4

白方稍优。

变二

12. a2-a3 象 c8-b7 13. 象 b3-c2
马 c6-b8 14. b2-b4 马 b8-d7
15. 象 c1-b2 a6-a5

也可以走 15... c5。

16. b4×a5 c7-c5 17. d4×e5 马 d7×e5 18. 马 f3×e5 d6×e5 19. c3-c4
后 d8×a5

白方稍优。

图 106

第75局 叶江川——高顿（A. Gol'din）
1996 年弈于路西亚 C93 67/447

1. e2-e4 e7-e5 2. 马 g1-f3 马 b8-c6 3. 象 f1-b5 a7-a6 4. 象 b5-a4
马 g8-f6 5. 0-0 象 f8-e7 6. 车 f1-e1 b7-b5 7. 象 a4-b3 d7-d6 8. c2-c3
0-0 9. h2-h3 车 f8-e8 10. d2-d4 h7-h6 11. 马 b1-d2 象 e7-f8 12. 马 d2-f1
象 c8-d7 13. 马 f1-g3 马 c6-a5 14. 象 b3-c2 马 a5-c4 15. a2-a4 c7-c5

在这一局棋里黑方把第 9 回合以后的行棋次序改变了一下，而白方仍按原
定计划出子。

16. b2-b3 马 c4-a5 17. a4×b5 a6×b5 18. d4-d5

在西班牙开局齐果林变例中，常把 c 线打开。不打开 c 线是另外一种
变化。

18... 后 d8-c7 19. 象 c1-e3 车 e8-c8 20. 马 f3-d2 马 a5-b7 21. f2-f4
后 c7-d8

把车兑掉黑棋并不沾光。如 21... 车×a1 22. 后×a1 后 d8 23. c4!，白
方稍优。

22. 车 a1-c1!?

放弃 a 线是叶江川的一个大胆决定。从以后的局面发展来看，这个决定是正确的。

22... 车 a8-a2 23. 马 d2-f3?!

赛后叶江川自己认为这步棋走 23. c4 较好。

23... 后 d8-e8 24. 车 e1-f1 车 c8-a8 25. f4×e5 d6×e5 26. 马 f3-e1

白马在 f 线上就是有点碍事，它妨碍了车在半开放线上发挥作用。叶江川在这局棋里制订了一个很好的计划：20. 马 d2 退马、21. f4 进兵、24. 车 f1，将来要从半开放的 f 线上发动进攻。现在，一切准备工作就绪，只等时机一到就猛扑过去。

26... 车 a8-a6

黑棋似乎察觉到了一点什么，预先对第 6 横排加强防守。

27. c3-c4

白方走了这步棋之后，形成了楔形兵阵，d5 兵虎视眈眈，很有威胁。而黑方的兵形显然不如白方。

27... b5×c4 28. b3×c4 马 b7-a5 29. 后 d1-d3 车 a6-b6?!

黑方尽管占了 a 线这条开放线，但却无所作为。这步棋走 29... 象 a4，好一些。

30. 象 e3-d2 后 e8-b8 31. 马 e1-f3 马 a5-b3 32. 象 c2×b3 车 b6×b3 33. 象 d2-c3 象 f8-d6 34. 马 f3-d2 车 b3-b6（图 107）

黑方在 a 线上没有作为，在 b 线上的行动还是没捞到便宜。白棋打退了黑棋在 b 线上的进攻。

现在，该白棋行动了。叶江川想到了什么好棋呢？

图 107

35. 车 f1×f6! g7×f6 36. 马 g3-h5 象 d6-f8 37. 车 c1-f1 车 a2-a6

叶江川先弃车砍马，再步步紧逼。黑棋防不胜防。

38. 后 d3-g3+ 王 g8-h7 39. 王 g1-h2

从容不迫！白方子力协调，车马后联合攻王，步步紧逼。一马一象就把黑方的两条开放线 a 线、b 线守住了。黑方白白占了两条开放线，没有一点用处。

39... 后 b8-e8 40. 车 f1-f3 象 d7-a4

黑方的意图十分明显，想走 41... 象 d1，攻击白方车马。

41. 后 g3-f2！后 e8-e7

但是白方却把攻击目标定于 f6。显然，黑棋走 41... 象 d1 的计划不能实现，42. 马×f6+ 车×f6 43. 车×f6 车×f6 44. 后×f6 象 g7 45. 后 a6，白棋优势。

42. 车 f3-g3 象 a4-d7

黑棋还是不能走 42... 象 d1，因为 43. 后 f5+ 王 h8 44. 马 f3，然后走后 g4，绝杀。黑棋没能实现自己的计划，只好退象守住 f5 格。当两个棋手实施不同战斗计划的时候，最高兴的就是现在这种情况，他不得不中止自己的计划，被迫按你的计划走棋。多惬意啊！他得听你的指挥！这正是国际象棋的魔力之所在。

43. 马 d2-f3 车 b6-b3 44. 马 f3-h4 车 b3×c3

一匹防守的马，两步就转入进攻。黑方弃车砍象实属无奈。

45. 车 g3×c3 f6-f5 46. 马 h4×f5 后 e7-g5 47. 马 h5-g3！

好，精确。若走 47. 马 fg3 f5！ 48. e×f5 e4！打通 a1-h8 斜线有利于黑方施展黑格象反攻。

47... h6-h5 48. 车 c3-f3 车 a6-f6 49. 马 g3-f1 象 d7×f5 50. 马 f1-g3！

机警！用马占 f5 格是绝好的位置，走 50. 车×f5 或 50. e×f5 均欠佳。

50... 象 f8-h6 51. 马 g3×f5 后 g5-c1 52. 马 f5×h6

黑方认输。

以下是：52... 车×f3 53. 后×f3 王×h6 54. 后 f6+ 王 h7 55. 后×f7+ 王 h6 56. d6，已经挡不住这个小兵升后了。

第 76 局 狄米特洛夫（Dimitrov）——别利亚夫斯基（Beljavskij）
1996 年弈于南斯拉夫 C93 68/320

1. e2-e4 e7-e5 2. 马 g1-f3 马 b8-c6 3. 象 f1-b5 a7-a6 4. 象 b5-a4 马 g8-f6 5. 0-0 象 f8-e7 6. 车 f1-e1 b7-b5 7. 象 a4-b3 d7-d6 8. c2-c3 0-0 9. h2-h3 h7-h6

这种着法称为斯米斯洛夫变例，意在防止白马到 g5。然后走车 e8，象 f8 巩固中路。老世界冠军斯米斯洛夫对国际象棋的贡献确实很大，仅在西班牙开局中就有三个变例是以他的名字命名的。

10. d2-d4 车 f8-e8　11. 马 b1-d2 象 e7-f8　12. 马 d2-f1 象 c8-d7
13. 马 f1-g3 马 c6-a5　14. 象 b3-c2 c7-c5　15. b2-b3 马 a5-c6　16. d4-d5
马 c6-e7　17. 象 c1-e3 马 e7-g6

此时，走 17... 后 c8 也不错。

18. 后 d1-d2

如果走 18. 马 f5 象×f5　19. e×f5 马 e7　20. c4 e4　21. 马 h4，局势难料。

18... 马 f6-h7　19. c3-c4

常见的着法是走 19. a4。

19... 马 g6-h4　20. 马 f3-h2

从这着棋看，对局双方在布置子力方面有大致相同的想法。

20... 象 f8-e7

这只象从 f8 返回 e7 是因为此时局面的需要，绝不是浪费时间。

21. 象 c2-d1

退象是因中心封闭之后象路不通，其实可以走 21. f4 e×f4　22. 象×f4 象 g5
23. 车 f1 象×f4　24. 后×f4 后 e7，这样白方获得一条半开放的 f 线，可是也给
对方的半开放线上留下了一个落后兵（e4 兵）。可以说是各有利弊。

21... 象 e7-g5　22. 象 d1-g4

两个人真是想到一块去了。

22... 车 a8-b8　23. 车 a1-c1 b5-b4

又是一个把开放性开局走成封闭性局面的例子。

24. 象 e3×g5 马 h7×g5　25. f2-f4
e5×f4　26. 后 d2×f4 象 d7×g4!
27. 马 h2×g4（图 108）

27... 马 h4-f3+!

出乎意料的一击，利用白后在 f4
的不利位置，使白方不敢走 28. g×f3?，
因为有马×h3 将军抽后。

28. 王 g1-h1 马 f3×e1　29. 车 c1×e1
f7-f6　30. 马 g3-f5 h6-h5　31. 马 g4-f2
g7-g6　32. h3-h4

如果走 33. 马×d6 贪吃一兵，这只
马就没有退路了，黑方有 33... 车 e5!，
妙手。34. 马 d3 后×d6　35. 马×e5 后×e5，黑方再得半子。

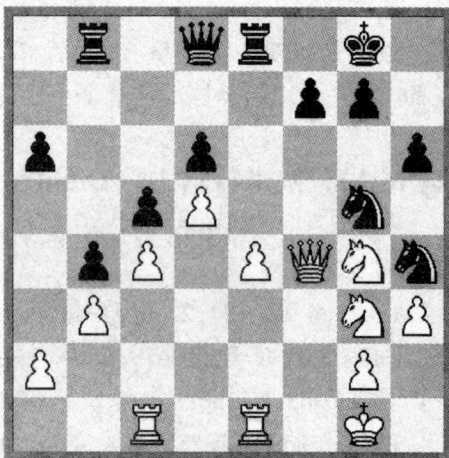

图 108

32...　马 g5-f7

退马明智，此时显然不能与白方硬拼。如走 32...　g×f5　　33. h×g5 f×g5 34. 后×f5 后 e7　35. e5　d×e5　36. 马 e4，黑方王前空虚。在子力占优的情况下，黑方还是稳扎稳打好。

33. 马 f5-e3　后 d8-e7　34. g2-g4　后 e7-e5

得子之后就兑子，这是最基本的理论。

35. 后 f4-f3　马 f7-h6　36. 车 e1-g1

如果白方走 36. g×h5? 后×h5　37. 后×f6? 车 f8，白 f2 马不保。

36...　王 g8-f7！　37. 车 g1-g2

如果走 37. g5 马 g8，白方什么也得不到。

37...h5×g4　38. 马 e3×g4　马 h6×g4　39. 马 f2×g4　后 e5-a1+　40. 王 h1-h2 车 e8-h8　41. 车 g2-f2　车 h8×h4+　42. 王 h2-g3　车 h4×g4+

此时，有一步棋我们来研究一下：如果黑方不走 42...　车×g4+，而是走 42...　车 bh8 威胁走车 h3+抽吃白后，会是什么结果？白方也许有如下几种防守方法：

一、43. 车 h2? 车×h2　44. 马×h2 车×h2　45. 王×h2 后×a2+　46. 王 h3 后 b2，黑方多兵胜。

二、43. 后 g2? 后 c3+　44. 车 f3（如走 44. 王 f4 后 e5+　45. 王 e3 车 h3+ 46. 王 e2 后 b2+　47. 王 e1 车 h1+，黑胜）车 h3+　45. 王 f2 后 d2+　46. 王 g1 后 e1+　47. 车 f1 车 h1+　48. 后×h1 车×h1+　49. 王×h1 后×f1+，黑胜。那么，黑方为什么不走 42...　车 bh8 呢？原来白方并不需要防守，他可以走 43. 后×f6+！后×f6　44. 车×f6+ 王 g7，白势不坏。鉴于白马的位置如此之好，黑方只好弃车换马了。

43. 后 f3×g4　后 a1-g1+　44. 王 g3-f3　后 g1×g4+　45. 王 f3×g4　车 b8-e8 46. 王 g4-f3　车 e8-h8　47. 王 f3-g2　车 h8-b8　48. 王 g2-f3　a6-a5

余略。在后翼黑兵比白兵高，在王翼黑方多兵，且有一个通路兵。因此，黑方取胜。

第 77 局　深蓝（Deep Blue）——卡斯帕罗夫（Kasparov）
1997 年弈于纽约　C93　69/337

电脑骄子"深蓝"是美国国际商用机器公司（简称 IBM）研制的一台超级计算机。卡斯帕罗夫曾于 1996 年 2 月在美国费城与"深蓝"首次进行"人机大战"，最后卡斯帕罗夫以 4∶2 的战绩打败了"深蓝"（3 胜 2 平 1 负）。捍卫了人类的尊严。

但是，研制"深蓝"的计算机专家们在美国国际象棋大师本杰明的鼎力相助之下，对"深蓝"的硬件和软件进行了全面的改进，于 1997 年 5 月在美国纽约与世界冠军卡斯帕罗夫进行第二次"人机大战"。比赛共进行 6 局。第一局卡斯帕罗夫执白先行，经过 4 小时激战，旗开得胜。

这是比赛的第二局，"深蓝"先行。

1. e2-e4 e7-e5　2. 马 g1-f3 马 b8-c6　3. 象 f1-b5 a7-a6　4. 象 b5-a4 马 g8-f6　5. 0-0 象 f8-e7　6. 车 f1-e1 b7-b5　7. 象 a4-b3 d7-d6　8. c2-c3 0-0　9. h2-h3

原来"深蓝"存储有开局库，什么样的开局它都会走。

9...h7-h6　10. d2-d4 车 f8-e8　11. 马 b1-d2 象 e7-f8　12. 马 d2-f1 象 c8-d7　13. 马 f1-g3 马 c6-a5　14. 象 b3-c2 c7-c5　15. b2-b3

卡斯帕罗夫把棋局导向斯米斯洛夫防御，"深蓝"也一步不差地按棋谱走棋。这步进兵是控制 c4 格，不让黑马入侵。

15... 马 a5-c6

此时，也可以先把 c 线打开走 15...c×d4　16. c×d4 马 c6，再回马。

16. d4-d5

既然黑方不愿打开 c 线，"深蓝"索性把中心给封闭了。

16... 马 c6-e7　17. 象 c1-e3 马 e7-g6　18. 后 d1-d2 马 f6-h7

因卡斯帕罗夫用时过多，想用兑子来简化局面。如立即从后翼展开进攻，走 18...a5　19. a4 b4　20. c×b4，白方优势。

19. a2-a4 马 g6-h4?!

此着有疑问，卡斯帕罗夫太想通过兑子来缓解压力了。应走 19... 象 e7 20. 马 f5 象×f5　21. e×f5 马 h4　22. 马×h4 象×h4，黑棋满意。

20. 马 f3×h4 后 d8×h4　21. 后 d2-e2 后 h4-d8　22. b3-b4

卡斯帕罗夫的判断是对的，一个孤零零的后在王翼毫无用处，还是回来防守后翼吧。但这确实浪费了时间。

22... 后 d8-c7　23. 车 e1-c1 c5-c4

鉴于"深蓝"想打开 c 线，卡斯帕罗夫只好封闭 c 线。

24. 车 a1-a3 车 e8-c8　25. 车 c1-a1 后 c7-d8　26. f2-f4

"深蓝"的注意力又转向王翼。而卡尔波夫则认为应走 26. a×b5 a×b5 27. 象 a7!?

26... 马 h7-f6

如走 26... e×f4　27. 象×f4 之后。白冲兵 e5 突破，白方白格象直逼 h7。

27. f4×e5 d6×e5　28. 后 e2-f1

支持以后走马 f5。其实走 28. 后 f2 更好！

28... 马 f6-e8　29. 后 f1-f2 马 e8-d6

教科书上说：马是阻挡兵前进的最佳子力。

30. 象 e3-b6 后 d8-e8　31. 车 a3-a2 象 f8-e7　32. 象 b6-c5 象 e7-f8

卡斯帕罗夫的弈棋生涯中极少有这么为难的时候。此时竟然无棋可走。

33. 马 g3-f5！

"深蓝"经过前几着的准备之后，现在开始出击。

33... 象 d7×f5

还是留下马封锁兵好一些。

34. e4×f5 f7-f6

让白方走 35. f6，黑棋就麻烦了。

35. 象 c5×d6

教科书上认为对方好的棋子就应该消灭它。

35... 象 f8×d6　36. a4×b5

36. 后 b6！? 值得注意。经 36... 后 e7！　37. a×b5 车 ab8　38. 后 e3！防止黑冲 e4。38... a×b5　39. 象 e4，白方优势。

36... a6×b5

卡斯帕罗夫只剩 20 分钟了。

37. 象 c2-e4

"深蓝"长考 15 分钟，用象堵住了黑方冲 e4 的路。

37... 车 a8×a2　38. 后 f2×a2

开放线的控制权不能放弃。

38... 后 e8-d7　39. 后 a2-a7 车 c8-c7

黑方总算保住了次底线。如走 39... 后×a7　40. 车×a7，白方稍优。

40. 后 a7-b6 车 c7-b7　41. 车 a1-a8+ 王 g8-f7　42. 后 b6-a6 后 d7-c7

43. 后 a6-c6 后 c7-b6+　44. 王 g1-f1？!

也许"深蓝"的根据是残局中王应走向中心的理论。但此时还是应走 44. 王 h1！，经 44... 车 b8　45. 车 a6 后 e3　46. 后×d6 车 e8　47. 车 a1 后×e4　48. 车 a7+ 王 g8　49. 后 d7，白胜。

44... 车 b7-b8　45. 车 a8-a6！（图 109）

棋局进行到这儿，卡斯帕罗夫认输了。为什么？谁也不知道。这局棋白方自始至终控制着局面，黑方绞尽脑汁也未能使局面有所改善，几个小时被动挨打的局面使卡斯帕罗夫丧失了信心。这是一个异色格象的残局。这样的残局进攻方的象大大优于防守方的象。白方还拥有一个有根的通路兵。因此，后面的棋他就算不清楚了。他认为白方的优势很大，自己必输了。其实，仔细分析，黑方有和棋的希望，如走45... 后 e3！

图 109

46. 后×d6 车 e8 之后，白方有47. 象 f3、47. 后 c7 或后 d7 等多种着法，但白王都难逃黑后的长将。希望读者自行研究。

这次比赛，卡斯帕罗夫以 1 胜 3 和 2 负败给了"深蓝"。

第78局　波罗根（Bologan）——别利亚夫斯基（Beljavskij）

1999 年弈于恩尼因·里斯·拜因思　C93　75/324

1. e2-e4 e7-e5　2. 马 g1-f3 马 b8-c6　3. 象 f1-b5 a7-a6　4. 象 b5-a4 马 g8-f6　5. 0-0 象 f8-e7　6. 车 f1-e1 b7-b5　7. 象 a4-b3 d7-d6　8. c2-c3 0-0　9. h2-h3 车 f8-e8　10. d2-d4 象 c8-b7　11. 马 b1-d2 象 e7-f8　12. a2-a3 h7-h6　13. 象 b3-c2 马 c6-b8　14. b2-b4 马 b8-d7　15. 象 c1-b2 c7-c5　16. b4×c5 e5×d4　17. c5-c6 d4-d3

新手。以前常走 17...d×c3　18. c×b7 c×b2　19. b×a8 升后 b×a1 升后，双方均势。

18. c6×b7 d3×c2　19. 后 d1×c2 车 a8-b8　20. a3-a4 车 b8×b7　21. a4×b5 a6×b5　22. 象 b2-a3 后 d8-b6

走 22...d5！? 也不错。

23. 马 f3-d4 车 e8-c8

这时，还可以走 23...d5！?。

24. 后 c2-d3 马 d7-e5　25. 后 d3-g3 马 f6-h5　26. 后 g3-e3 象 f8-e7

这一段黑棋双马步步紧逼，子力活跃，威胁走 27... 象 g5 击退白后，再

28... 车×c3，黑棋就大优了。

27. g2-g3！

简简单单一步挺兵，就让黑棋的全部计划落空。

27... 马 e5-c6　28. 马 d4×c6　后 b6×c6　29. 象 a3-b4？！

这一着太"实在"了。应走 29. 马 b3，如黑走 29... 后×c3？　30. 车 ac1！，黑必失子。这种小陷阱应随手设置。如黑棋不上当，白方也有 30. 马 d4 的好格。

29... 马 h5-f6　30. 王 g1-h2
车 c8-e8　**31. 马 d2-b3　后 c6-c8**
32. 后 e3-d3　象 e7-f8　33. 马 b3-d4
后 c8-c4！　**34. 后 d3×c4　b5×c4**
35. 马 d4-f5　g7-g6？

错着。应走 35...d5！　36. 象×f8
车×f8　37. e×d5 马×d5，双方均势。

36. 马 f5×d6　象 f8×d6　37. 象 b4×d6
马 f6×e4？！（图 110）

用马吃兵被白车牵制，总是被动。
应走 37... 车×e4 较好。

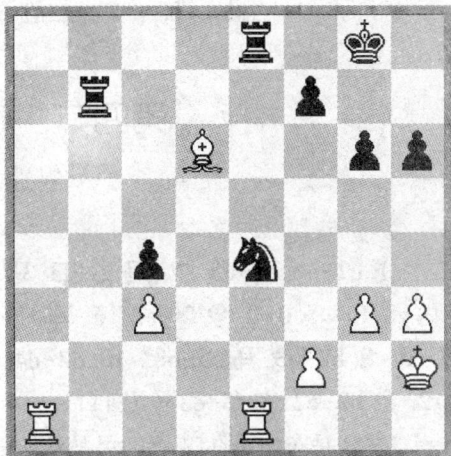

图 110

38. 象 d6-c5！f7-f5　39. 象 c5-d4

这是白象的最佳位置，能攻能守。进攻，它控制了大斜线，威胁黑王；防守，它保护了两个最需要保护的兵。

39... 王 g8-f7　40. 车 a1-a6　车 e8-e7　41. 车 e1-e2　车 b7-d7

看起来双方子力相等，但是，白方凭借车象位置较好这一点点优势，就要努力寻找胜利的机会。

42. 王 h2-g2　车 d7-d6　43. 车 a6-a8

白棋的计划是走车 h8，然后把另一只车从 a2 走到 a8，从敌后打击黑王。

43... 车 d6-e6

不能走 43... 车 e8，因 44. 车×e8 王×e8　45. f3，捉死黑马。由此看出当初 37... 马×e4 的错误。

44. 车 a8-h8　g6-g5　45. 车 e2-b2　g5-g4　46. h3-h4　车 e7-e8

若不走此着，待白方 47. 车 bb8，黑方也不好办。

47. 车 h8-h7+　王 f7-g6？

现在看出白象的威力了，改走 47... 王 f8 稍好。

48. 车 h7-g7+　王 g6-h5

黑王再也不能动了。

49. 车 b2-b5 车 e8-f8　50. f2-f3！

绝妙的一着。

50. . . g4×f3+　51. 王 g2-h3！

威胁 52. g4 杀。黑方认输。

如果黑方顽强抵抗，唯一的着法是 51. . . 马 g5+　52. h×g5 h×g5　53. 车×f5！车×f5　54. g4+ 王 h6　55. g×f5，白胜。

第四节　布雷耶尔变例

索引号　C94-C95

1. e2-e4 e7-e5　2. 马 g1-f3 马 b8-c6　3. 象 f1-b5 a7-a6　4. 象 b5-a4 马 g8-f6　5. 0-0 象 f8-e7　6. 车 f1-e1 b7-b5　7. 象 a4-b3 d7-d6　8. c2-c3 0-0　9. h2-h3 马 c6-b8　10. d2-d4 马 b8-d7　11. 马 b1-d2 象 c8-b7　12. 象 b3-c2 车 f8-e8 (图 111)

这就是布雷耶尔变例。黑马从 c6 退到 b8 再到 d7，重新部署兵力，可以很好地对付白方的 d4 兵。因此，白棋也有在黑棋走了 9. . . 马 b8 之后不冲 10. d4 而改走 10. d3 的着法。图 111，白方有 13. b4、13. a4、13. 马 f1 三种常见走法。

变一

13. b2-b4 象 e7-f8　14. a2-a4 马 d7-b6　15. a4-a5 马 b6-d7

16. 象 c1-b2 g7-g6

双方均势。

变二

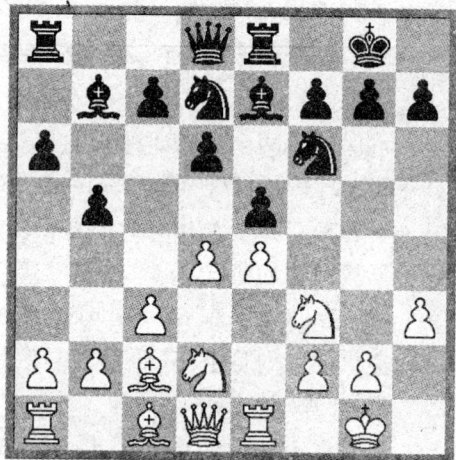

图 111

13. a2-a4 象 e7-f8　14. 象 c2-d3 c7-c6　15. b2-b3 g7-g6　16. 后 d1-c2 车 a8-c8　17. 象 c1-b2 象 f8-g7　18. 车 a1-d1 后 d8-c7

双方均势。

变三

13. 马 d2-f1 象 e7-f8　14. 马 f1-g3 g7-g6　15. a2-a4 象 f8-g7　16. d4-d5

后 d8-b8　17. b2-b3　c7-c6　18. c3-c4

双方呈紧张状态。可以封闭也可以打开。

第79局　里维罗（Rivero）——罗德里格斯（Rodriguez）
1995年弈于古巴锦标赛　C95　64/332

1. e2-e4 e7-e5　2. 马 g1-f3 马 b8-c6　3. 象 f1-b5 a7-a6　4. 象 b5-a4
马 g8-f6　5. 0-0 象 f8-e7　6. 车 f1-e1 b7-b5　7. 象 a4-b3 d7-d6　8. c2-c3
0-0　9. h2-h3 马 c6-b8　10. d2-d4 马 b8-d7　11. 马 b1-d2 象 c8-b7
12. 象 b3-c2 车 f8-e8　13. b2-b3

这是西班牙开局布雷耶尔变例。同年，在林兹，列科——斯帕斯基走的
是：13. a4 象 f8　14. 象 d3 c6　15. b3 后 b6　16. 后 c2 g6　17. 象 b2 马 h5
18. 象 f1，双方均势。

13... 象 e7-f8　14. 象 c1-b2 c7-c5　15. a2-a4

这一着也可以走 15. d×e5。

15... c5×d4　16. c3×d4 e5×d4　17. 象 b2×d4

如果走 17. 马×d4 b×a4　18. b×a4 d5!，黑棋有反攻。

17... 马 d7-e5　18. a4×b5 a6×b5　19. 后 d1-e2 车 a8×a1　20. 车 e1×a1

也可以考虑走 20. 象×a1。

20... 象 b7-c6　21. 象 d4-b2 马 e5×f3+　22. 后 e2×f3 车 e8-e6　23. 象 b2-d4
后 d8-e8　24. 车 a1-e1

这几个回合斗争的焦点集中在 e4 兵身上。

24... d6-d5?!

操之过急。应走 24... 后 a8，控制大斜线，25. 后 d3 马 d7，白方控制
b1-h7 斜线，双方互相争夺斜线上的控制权。

25. e4-e5 g7-g6

黑方及时挺兵为正着。白车无根，e5 兵不敢吃马。黑方若想围剿 e5 兵，
不能成功。如 25... 马 d7　26. 后 d3 g6　27. f4!，白方有攻势。

26. 后 f3-c3 象 f8-h6

阻止白方走 27. f4。

27. 马 d2-f3 马 f6-e4　28. 后 c3-a5 象 h6-g7　29. 象 c2-d3 h7-h6

想控制 g5 格，但乱挺王前兵是要吃亏的。

30. 车 e1-c1 马 e4-g5　31. 马 f3-h2! 象 g7×e5　32. 象 d4×e5 车 e6×e5

33. 马 h2-g4

慌忙之中白方走出缓手。应走 33. f4！ 车 e3　34. f×g5　车×d3　35. 马 g4！，白棋有马 f6、后 b6 等多处威胁。

　　33... 车 e5-e6　34. 马 g4×h6+　王 g8-h7　35. 马 h6-g4　d5-d4　36. 后 a5-d2　后 e8-e7　37. h3-h4　f7-f5　38. h4×g5　f5×g4　39. 后 d2-f4　后 e7-d7　40. 后 f4-g3？

软着。如走 40. 象×b5　象×b5　41. 车 c7　车 e7　42. 车×d7　车×d7　43. 后 e5　象 d3，白方优势。

　　40... 王 h7-g8　41. b3-b4　象 c6-d5？（图 112）

黑方将 c 线开放，实属错误。

　　42. 后 g3-b8+　车 e6-e8

43. 后 b8-b6！ 车 e8-e6　**44. 后 b6×d4**

白后吃了一个重要的 d4 兵，并占据中心要点。

　　44... g4-g3　45. f2×g3　车 e6-d6

46. 象 d3×b5！

图 112

又吃一兵，奠定胜局。黑方认输。以下是：

一、46... 后×b5　47. 车 c8+　王 f7　48. 后 f4+　王 e7　49. 后 f8+　王 e6　50. 车 e8+，白胜。

二、46... 后 d8　47. 车 d1，黑象必失。

三、46... 象×g2　47. 象×d7　车×d4　48. 象 e6+，黑象必失，白胜。

第80局　列科（Lékó）——范·德·斯特林（Van Der Sterren）

1995 年弈于维克安泽公开赛　C95　62/390

　　1. e2-e4　e7-e5　2. 马 g1-f3　马 b8-c6　3. 象 f1-b5　a7-a6　4. 象 b5-a4　马 g8-f6　5. 0-0　象 f8-e7　6. 车 f1-e1　b7-b5　7. 象 a4-b3　d7-d6　8. c2-c3　0-0　9. h2-h3　马 c6-b8　10. d2-d4　马 b8-d7　11. 马 b1-d2　象 c8-b7　12. 象 b3-c2　车 f8-e8　13. a2-a4　象 e7-f8　14. 象 c2-d3　c7-c6　15. b2-b3　g7-g6　16. 后 d1-c2　车 a8-c8　17. 象 c1-b2　象 f8-g7　18. 车 a1-d1　后 d8-c7　19. b3-b4

以 9... 马 b8 为标志的布雷耶尔变例也是执黑棋者常走的变例。双方驾轻就熟一口气走了 19 个回合还没吃掉一个子。以前也有人走 19. 后 b1。

19... 后 c7-b8

如果走 19... 马 b6，可以迫使白方走 20. a5 马 bd7，封闭后翼。

20. a4×b5 a6×b5

如果走 20... c×b5，则 21. d5！

21. d4×e5 马 d7×e5

如走 21... d×e5，则 22. c4 b×c4 23. 象×c4 h6（不让白马到 g5）24. 后 b3 车 e7，白方稍好。

22. 马 f3×e5 车 e8×e5

如走 22... d×e5，还是不大好，经 23. c4 b×c4 24. 象×c4 后 c7 25. 马 f3 h6 26. 后 b3 车 e7，白方稍好。

23. c3-c4 b5×c4?

黑方在这儿设了一个很低级的陷阱，如白方接走 24. 象×e5? c×d3！，但在如此高水平的比赛中，对方岂能上当？所以此着是华而不实反受其累。不如老老实实地走 23... 车 e6 24. c×b5 c×b5 25. 后 b3 象 c6，这样还比刚才好一点。

24. 马 d2×c4 车 e5-e6（图 113）

25. e4-e5！

这是局面性的中心冲击。

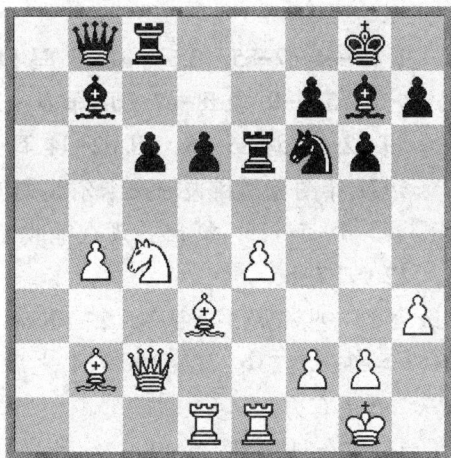

图 113

25... 马 f6-e8

这是唯一的着法。试分析其他着法：

一、25... d×e5? 26. 象×e5 后 a7 27. 车 a1，白方优势。

二、25... d5? 26. e×f6 车×e1+！（若走 26... d×c4 27. 车×e6，黑方更糟）27. 车×e1 d×c4 28. 象×c4 象 f8，白方优势。

三、25... 马 d5 26. e×d6 车×e1+ 27. 车×e1 马×b4 28. 后 d2 马×d3 29. 象×g7 王×g7 30. 后×d3 象 a6 31. 后 d4+，白方优势。

26. e5×d6 车 e6×e1+ 27. 车 d1×e1 马 e8×d6 28. 象 b2×g7 王 g8×g7

29. 后 c2-b2+ 王 g7-g8 30. 马 c4-e5

白马的目标是 f6 格。至此，白方有明显的局面优势。

30... 车 c8-e8 31. 车 e1-d1 车 e8-e6 32. 马 e5-d7 后 b8-d8
33. 马 d7-c5 车 e6-e7

若走 33... 后 f6，则 34. 后 d2 车 e7 35. 象×g6！后×g6（走 35... h×g6 也同样）36. 后×d6，白方优势。

34. 后 b2-d4 后 d8-f8？

漏算（他的想法是 35. 后×d6 车 e1+ 36. 车×e1？后×d6）。黑方应该走 34... 后 c7 35. 象×g6，白方仅得一兵。

35. 后 d4×d6 车 e7-e1+ 36. 象 d3-f1！

黑方白失一马，只好认输。

第81局 图克马科夫——卡尔波夫
1973年弈于列宁格勒   C95

1.e2-e4 e7-e5 2. 马 g1-f3 马 b8-c6 3. 象 f1-b5 a7-a6 4. 象 b5-a4 马 g8-f6 5.0-0 象 f8-e7 6. 车 f1-e1 b7-b5 7. 象 a4-b3 d7-d6 8. c2-c3 0-0 9. h2-h3 马 c6-b8 10. d2-d4 马 b8-d7 11. c3-c4 c7-c6 12. 象 c1-g5

1971 年图克马科夫——卡尔波夫曾走过 12. c×b5 a×b5 13. 马 c3 象 a6 14. d×e5 d×e5 15. 象 g5，现在他改变了着法。

12... h7-h6

尽管一些布局手册认为 12... b×c4 13. 象×c4 马×e4 14. 象×e7 后×e7 15. 车×e4 d5 16. 车 e2 d×c4 之后，黑方局面不错，但卡尔波夫认为走 12... h6 更有力。

13. 象 g5-h4 马 f6-h5

兑掉黑格象，马可以占据 f4 格，对白王威胁很大。

14. 象 h4×e7 后 d8×e7 15. c4×b5 a6×b5 16. 马 b1-c3？

错着。应走 16. 马 bd2。

16... b5-b4 17. 马 c3-b1

黑方取得了先手。

17... 马 h5-f4 18. 马 b1-d2 e5×d4 19. 马 f3×d4 马 d7-e5！

黑方双马雄踞中心，几乎控制了整个局面。

20. 马 d2-f3

阻止黑方走 20... 后 g5。若是那样白棋就糟了。

20... 后 e7-f6 21. 马 f3×e5

兑掉颇有威胁的黑马。若走 21. 车 c1，黑有 21...c5！

21... d6×e5 22. 马 d4-f5

白马没有更好的去处。如走 22. 马 f3 车 d8 23. 后 c2 马×h3+，黑优。改走 22. 马 e2，则车 d8 23. 后 c2 马×h3+ 24. g×h3 后 f3，黑弃马抢攻。

22... 象 c8×f5 23. e4×f5 车 a8-d8

此时不可贪吃小兵，如走 23... 后×f5，则 24. 后 f3 c5 25. 车 ac1，黑方为得一兵而未加强局面优势。

24. 后 d1-f3 车 d8-d2 25. 车 e1-e3

如走 25. 车 ac1 后×f5！ 26. 车×c6？马×h3+，黑方大优。

25... 车 d2×b2 26. 车 a1-e1 车 f8-e8 27. 车 e3-e4 （图 114）

27... 马 f4-d5！

黑方不吃 f5 兵，这是白方始料不及的。

28. 后 f3-g3

白象不能兑马。如走 28. 象×d5 c×d5 29. 车 4e2 e4！，白方很被动。

28... 马 d5-c3！ 29. 车 e4×b4

如改走 29. 车×e5 马 e2+ 30. 车 1×e2 车×e2，白方同样失半子。

29... 马 c3-e2+ 30. 车 e1×e2 车 b2×e2 31. 车 b4-b7？

白方尽管失半子，但仍有和棋的机会。走 31. 后 g6！即可。

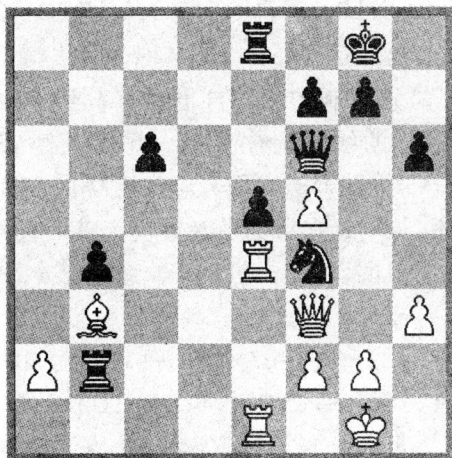

图 114

31... 车 e8-e7 32. 车 b7-b8+ 王 g8-h7 33. 王 g1-f1

此时，白方有一个陷阱：33. 后 g6+ f×g6？ 34. 象 g8+，白方长将。

33... 车 e2-d2

黑方绕过了最后一个陷阱：如走 33... 车 b2，则 34. 后 g6+！ f×g6 35. 象 g8+ 王 h8，白方长将，或 34... 后×g6 35. f×g6+ 王×g6 36. 象×f7+ 王×f7 37. 车×b2，双方和棋，如走 33... 车 e4 34. 后 g6+！ 后×g6 35. f×g6+ 王×g6 36. 象 c2，和棋。实战 33... 车 d2 是唯一的取胜着法。

白方认输。

173

第五节　齐果林变例

索引号　C96—C99

　　齐果林变例是青少年棋手学棋最初就应会的一种开局，也是特级大师们最常用的开局武器，这是被国际象棋理论界研究得最透彻的一种开局变例。因为这个变例相对比较封闭，变化也比较多。就给了棋手较大的选择余地。

　　1. e2-e4 e7-e5　2. 马 g1-f3 马 b8-c6　3. 象 f1-b5 a7-a6　4. 象 b5-a4 马 g8-f6　5. 0-0 象 f8-e7　6. 车 f1-e1 b7-b5　7. 象 a4-b3 d7-d6　8. c2-c3 0-0　9. h2-h3 马 c6-a5　10. 象 b3-c2 c7-c5　11. d2-d4（图 115）

　　这就是齐果林变例。白方的战略思想是先控制中心，再把后翼马经 b1-d2-f1 的线路调往王翼，并伺机经 g3 或 e3 进驻 f5。而黑方则在阻挠白方计划的同时，在后翼发起进攻。以下有 4 种常见的变化。

　　变一

　　11... 马 f6-d7　12. 马 b1-d2 c5×d4 13. c3×d4 马 a5-c6　14. 马 d2-f1

　　也可走 14. d5 马 b4　15. 象 b1 a5 16. 后 e2 车 b8 等，形势复杂。

　　14... e5×d4　15. 马 f3×d4 马 c6×d4 16. 后 d1×d4 马 d7-e5

　　白方稍优。

　　变二

　　11... 马 a5-c6　12. d4-d5 马 c6-a5　13. 马 b1-d2 g7-g6　14. b2-b4 马 a5-b7 15. a2-a4 象 c8-d7　16. 马 d2-f1 后 d8-c7　17. 象 c1-h6 车 f8-c8

　　局面较封闭，白方稍优。

　　变三

　　11... 象 c8-b7　12. 马 b1-d2 c5×d4　13. c3×d4 马 a5-c6　14. d4-d5 马 c6-b4　15. 象 c2-b1 a6-a5　16. 后 d1-e2 后 d8-c7　17. 马 d2-f1 车 f8-c8 18. 象 c1-d2

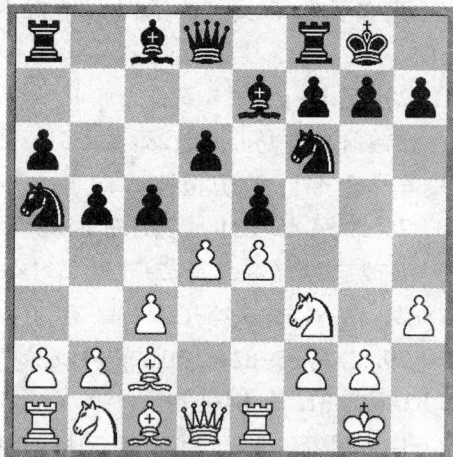

图 115

双方各攻一翼，形势复杂。

变四

11... 后 d8-c7　12. 马 b1-d2　c5×d4　13. c3×d4（图 116）

以上几个变化中的 12...c×d4

13. c×d4，黑方均可改走 12...c4 封闭

c 线，使局面更加封闭。

以下有三种常见变化。

变四 a

13... 象 c8-b7　14. d4-d5　车 a8-c8

也可走 14... 象 c8　15. b4　马 c4

16. 马×c4　b×c4。

15. 象 c2-d3　马 f6-d7　16. 马 d2-f1

f7-f5　17. e4×f5　象 b7×d5　18. 马 f3-g5

象 e7×g5　19. 象 c1×g5　象 d5-a8

20. 马 f1-g3　d6-d5　21. 车 a1-c1

后 c7-d6

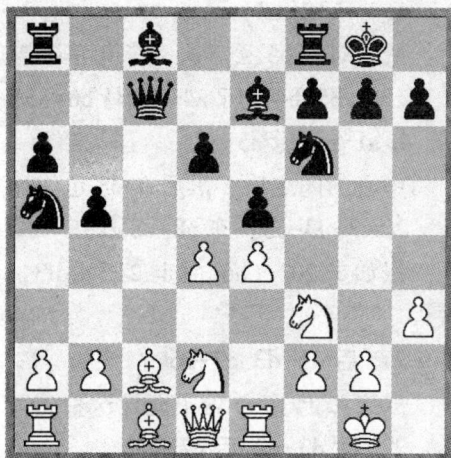

图 116

至此，白方在王翼有攻势，黑方则获得了双兵活动中心。双方大致均势。

变四 b

13... 象 c8-d7　14. 马 d2-f1　车 a8-c8　15. 马 f1-e3　马 a5-c6　16. d4-d5

马 c6-b4　17. 象 c2-b1　a6-a5　18. a2-a3　马 b4-a6　19. b2-b4　g7-g6

20. 象 c1-d2

白方稍优。

变四 c

13... 马 a5-c6　14. 马 d2-b3　a6-a5　15. 象 c1-e3　a5-a4　16. 马 b3-d2

象 c8-d7　17. 车 a1-c1　后 c7-b7　18. 后 d1-e2　车 f8-e8　19. a2-a3　g7-g6

白方稍优。

第 82 局　波罗根（Bologan）——罗曼尼申（Romanishin）

1996 年弈于瑞乔·艾米利亚　C96　68/322

1. e2-e4　e7-e5　2. 马 g1-f3　马 b8-c6　3. 象 f1-b5　a7-a6　4. 象 b5-a4

马 g8-f6　5. 0-0　象 f8-e7　6. 车 f1-e1　b7-b5　7. 象 a4-b3　d7-d6　8. c2-c3

0-0　9. h2-h3　马 c6-a5　10. 象 b3-c2　c7-c5　11. d2-d4　象 c8-b7　12. d4-d5

马 a5-c4　13. b2-b3　马 c4-b6　14. a2-a4　后 d8-c7

西班牙开局齐果林变例是大家最熟悉的开局之一，所以前十几回合基本上是背棋谱。这最后一着也可以走 14... 象 c8。

15. 马 b1-a3

威胁对方 b5 兵。这一着也可以走 15. 马 bd2 或 15. a5 马 bd7 再 16. 马 bd2。

15... b5-b4　16. a4-a5　马 b6×d5!　17. e4×d5　b4×a3　18. c3-c4　后 c7×a5

19. 车 a1×a3　后 a5-c7

中心封闭之后，黑后在 d8 也许比在 c7 要好一点。

20. 马 f3-g5!　车 a8-e8

黑如走 20... h6 白走 21. 马 f3，黑 h6 兵成为弱点。现在白方双象威力很大。

21. 后 d1-d3　g7-g6

如果黑走了 h6 就不能走这着 g6 了。

22. 后 d3-e2　后 c7-d8

黑方浪费了一步棋，黑后不如当初从 a5 一下退到 d8。

23. 象 c1-d2　马 f6×d5　24. 马 g5×h7　王 g8×h7　25. c4×d5

白方走 23. 象 d2 时早看到有 23... 马×d5，只不过将计就计，黑方以为 24. c×d5 象×g5，黑可赚一兵，岂不知白先马×h7 使黑方王城变弱，以后的进攻皆源于此。

25... 王 h7-g7　26. b3-b4!　c5×b4　27. 象 d2×b4

多此一举，其实直接走 27. 车 g3 就很好。为什么要把威胁 h6 格的象走开呢?

27... 后 d8-b6　28. 车 a3-g3! 后 b6-b5

黑后没敢吃象，其实吃了象也很难走 28... 后×b4　29. 车 b1　后 c5　30. 车×b7　后×d5　31. 后 g4!　车 g8 (若走 31... 后×b7　32. 象×g6 不杀王也抽后) 32. 象 e4，白棋攻势强大。

29. 后 e2-h5　车 f8-h8 (图 117)

30. 车 g3×g6+!

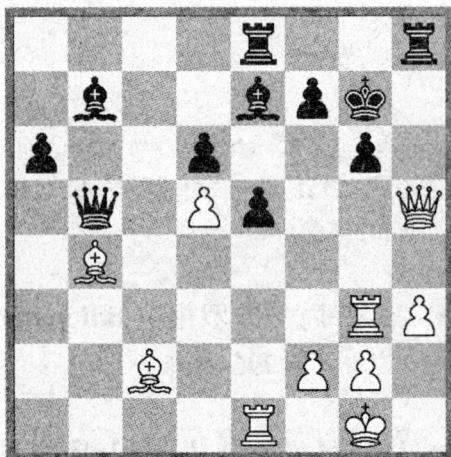

图 117

致命一击。这就是上着走后 h5 而不是后 g4 的道理。

30...f7×g6　31. 后 h5×g6+　王 g7-f8

你看，此时若象还在 d2，就可以走 32. 象 h6+ 了。

32. 后 g6-f5+　王 f8-g8　33. 车 e1-e3　车 h8-h6　34. 车 e3-g3+　王 g8-h8 35. 象 b4-d2！

到底白象还是在 d2 好。黑方认输。

接下来是：35... 车 h4　36. 后 f7，黑方防不住 37. 后 g7#杀王。

第83局　波罗兹凯依（M. Brodskij）——皮盖特（Je. Piket）
1995 年弈于维克安泽　C97　62/391

1. e2-e4 e7-e5　2. 马 g1-f3 马 b8-c6　3. 象 f1-b5 a7-a6　4. 象 b5-a4 马 g8-f6　5. 0-0 象 f8-e7　6. 车 f1-e1 b7-b5　7. 象 a4-b3 d7-d6　8. c2-c3 0-0　9. h2-h3 马 c6-a5　10. 象 b3-c2 c7-c5　11. d2-d4 后 d8-c7　12. 马 b1-d2 车 f8-d8　13. b2-b3 象 c8-d7

还有走 13... c×d4　14. c×d4，把 c 线打开的着法。

14. d4-d5 g7-g6　15. 马 d2-f1 c5-c4　16. b3-b4 马 a5-b7　17. 象 c1-g5 a6-a5　18. a2-a3 车 a8-a6　19. 马 f1-g3 车 d8-a8　20. 车 a1-c1

黑方在 a 线占了上风，白车只好离开。

20... a5×b4　21. a3×b4 后 c7-d8　22. 象 g5-e3

白方不想兑象，不然可走 22. 后 d2。

22... 马 f6-e8　23. 象 c2-b1 马 e8-g7　24. 后 d1-d2 h7-h5　25. 马 g3-e2 f7-f6　26. 马 e2-g3？

这只马跳走又回来，白白浪费两步棋。应走 26. 马 h2，然后冲兵 f4。

26... 后 d8-e8　27. 马 f3-h2 h5-h4　28. 马 g3-f1

足见 26. 马 g3 不好，成了对方兵的攻击目标。

28... g6-g5　29. 马 h2-g4 后 e8-g6　30. 后 d2-d1 马 b7-d8　31. 象 e3-d2 马 d8-f7　32. 后 d1-f3 象 e7-d8　33. 马 f1-e3 马 g7-h5

现在的局面相当封闭，子力的位置是有决定意义的，这 5 个回合双方的马都占到了理想的位置。

34. g2-g3！

这着棋有疑问。应走 34 马 f5。这是个多么好的位置，还不怕对方兑换。

34... 象 d8-b6　35. 王 g1-h2 h4×g3+　36. f2×g3 王 g8-g7

上王是为了把车调往 h 线。白方对此应当有所察觉。

37. 车 e1-e2

此时走 37. 马 f5+! 多好。经 37...
象×f5 38. e×f5 后 h7 39. 象 e3，白方
稍优。

37... 车 a8-h8 38. 车 c1-f1?

此时走 38. 马 f5+ 还不算晚。经
38... 象×f5 39. e×f5 后 h7 40. 王 g2，
还是白方稍优。

38... 象 b6×e3

39. 象 d2×e3（图 118）

黑方再也不用担心 f5 格了。

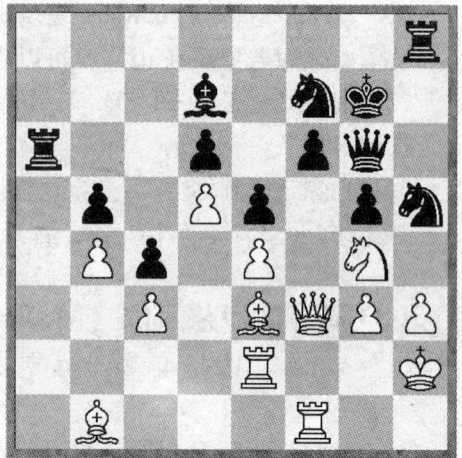

图 118

39... 马 h5-f4!! 40. g3×f4

不吃不行，黑方有车×h3+的威胁。

40... g5×f4 41. 车 e2-g2

逼着。黑方要吃 g4 马。

41... 马 f7-g5 42. 后 f3-e2 车 h8×h3+ 43. 王 h2-g1 象 d7×g4

其实，这一着走 43...f3 也很好。

44. 后 e2×g4 车 h3×e3

若走 44...f×e3?，坏棋。45. 后 d7+，黑方有不少麻烦。

**45. 后 g4-d7+ 后 g6-f7 46. 后 d7×b5 后 f7-a7 47. 王 g1-h1 车 e3×c3
48. 车 g2-h2 车 a6-a3**

白方认输。

请看最后这个局面，黑方各子能攻能守，而白方各子联系失调，白后像一
只离群的孤雁攻不能攻，守不能守，胜负也就不言而喻了。

第 84 局　肖特（Short）——巴雷耶夫（Bareev）
1995 年弈于多特蒙德　C97　64/334

1. e2-e4 e7-e5　2. 马 g1-f3 马 b8-c6　3. 象 f1-b5 a7-a6　4. 象 b5-a4
马 g8-f6　5. 0-0 象 f8-e7　6. 车 f1-e1 b7-b5　7. 象 a4-b3 0-0　8. c2-c3
d7-d6　9. h2-h3 马 c6-a5　10. 象 b3-c2 c7-c5　11. d2-d4 后 d8-c7　12. d4-d5
马 a5-c4　13. a2-a4 象 c8-d7　14. b2-b3 马 c4-b6

走 14... 马 a5 的比较多。

15. a4-a5 马 b6-c8　16. 马 b1-d2 g7-g6　17. 马 d2-f1 马 f6-e8

18. 象 c1-h6 马 e8-g7　19. g2-g4

另外还有两种着法值得注意：19. b4 或 19. 马 3h2。

19... 象 e7-d8　20. 马 f1-g3 马 c8-e7　21. c3-c4 王 g8-h8

22. 王 g1-h2 马 e7-g8

这只马经过 c6-a5-c4-b6-c8-e7-g8 这样一条漫长的路线终于到达了它的位置，把白棋的 h6 象赶走了。

23. 象 h6-e3 b5×c4（图 119）

西班牙开局是开放性开局，但随着棋艺的发展和进步，开放性开局也会出现封闭性局面。看来肖特想把这局西班牙开局走成封闭性的，当他走了 12. d5 和 15. a5 之后战斗就转向了王翼。而 23 个回合才吃掉第一颗棋子，也是很少见的，在封闭性开局的大部分对局中 23 个

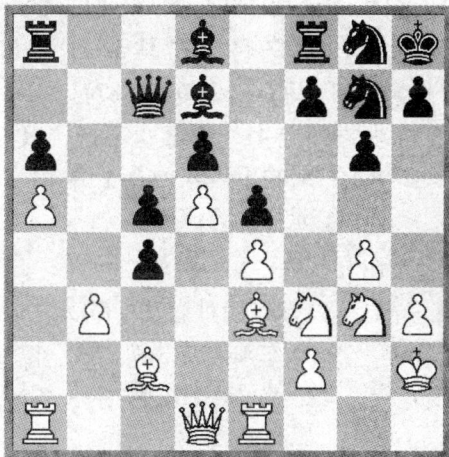

图 119

回合也不会只吃掉一颗棋子。由此可见，开放和封闭是相对的，也是可以相互转化的。

24. b3×c4 f7-f5　25. e4×f5 g6×f5　26. g4×f5 象 d7×f5

从黑方冲兵 f5 开始，只用了三个回合就把一个封闭性很强的局面撕开了一个口子。更好的着法是 26... 马×f5！　27. 后 d3 象 c8！

27. 马 f3-d2！

如果 27. 马×f5 马×f5　28. 象×f5 车×f5　29. 马 d2 象 g5　30. 象×g5（30. 马 e4？ 象×e3　31. 车×e3 马 f6，黑优）车×g5　31. 马 e4 车 f5，黑棋稍好。

27... 象 f5-c8　28. 车 e1-g1 后 c7-d7　29. 车 g1-g2！马 g8-e7

如走 29... 后×h3+？　30. 王 g1 之后有 31. 车 h2！，黑棋被动。

30. 王 h2-g1 马 e7-f5　31. 马 g3×f5 马 g7×f5　32. 后 d1-g4？？

坏棋。应走 32. 象×f5！后×f5　33. 象 h6 车 g8　34. 车×g8+ 王×g8

35. 车 a3！，以下黑棋有三种着法都无法取得平先：

一、35... 象 f6？　36. 车 f3，白胜。

二、35... 王 h8　36. 车 g3 车 a7（如 36... 象 f6　37. 后 g4 后×g4 38. h×g4，白优）37. 后 g4 后×g4　38. h×g4，白优。

三、35... 象 h4　36. 后 f1 后 g6+　37. 后 g2 象 f5　38. 车 b3 后×g2+

39. 王×g2 车 a7 40. 车 b6 象 e7 41. 马 e4，白优。

32... 后 d7-f7 33. 后 g4-e2 车 a8-b8 34. 象 c2-e4 车 b8-b2 35. 后 e2-d3 马 f5×e3 36. 后 d3×e3

如走 36. f×e3？象×h3 37. 车 h2 象 h4！ 38. 车×h3 后 f2+ 39. 王 h1 车×d2 40. 后×d2 后×d2 41. 车×h4 车 f7，黑棋优势。

36... 后 f7-f4 37. 马 d2-f1 车 f8-f7 38. 车 a1-a3 象 d8-h4 39. 后 e3×f4 e5×f4 40. 马 f1-h2 车 f7-e7！ 41. f2-f3

白方如走 41. 马 f3 也不行，以下是 41... 车×e4 42. 马×h4 车 e1+ 43. 王 h2 车 bb1 44. 车 g5 车 h1+ 45. 王 g2 车 hg1+，白方失车，黑胜。

41... 车 e7-g7！

白方认输。

以下白方有两种着法，均无法防御：

一、42. 车×g7 王×g7 43. 车 a1 象×h3，黑棋胜势；

二、42. 马 g4 车×g2+ 43. 王×g2 h5，黑胜。

第 85 局　本杰明（J. Benjamin）——比斯古耶尔（Bisguier）
1995 年弈于拉斯维加斯　C99　63/318

1. e2-e4 e7-e5 2. 马 g1-f3 马 b8-c6 3. 象 f1-b5 a7-a6 4. 象 b5-a4 马 g8-f6 5. 0-0 象 f8-e7 6. 车 f1-e1 b7-b5 7. 象 a4-b3 d7-d6 8. c2-c3 0-0 9. h2-h3 马 c6-a5 10. 象 b3-c2 c7-c5 11. d2-d4 后 d8-c7 12. 马 b1-d2 c5×d4 13. c3×d4 象 c8-d7 14. 马 d2-f1 车 a8-c8 15. 车 e1-e2

一般走 15. 象 d3 或 15. 象 b1。而走 15. 车 e2 便于以后在某条线上叠起双车。这是一个很深远的计划。

15... 车 f8-e8 16. 马 f1-g3 马 a5-c6 17. d4-d5

此时也可走 17. 象 e3。

17... 马 c6-b4 18. 象 c2-b3 a6-a5 19. a2-a3 马 b4-a6 20. 象 c1-e3 a5-a4

此着值得怀疑。正着应为 20... 马 c5 21. 车 c1 后 b8 22. 象 c2 b4。

21. 象 b3-c2 马 a6-c5 22. 王 g1-h2 后 c7-b7 23. 象 e3-d2 象 e7-d8 24. 象 d2-c3 g7-g6？

从现在起，黑棋在执行一个错误的计划。他打算从王翼发动进攻。可是他的子力大部分在后翼，尤其是皇后位置不佳，处于一个攻不能攻、守不能守的位置。应该把子力位置调整好再进攻，这是在封闭局面中进攻的原则。

25. 后 d1-d2!

当黑方王前的黑格变成弱格时，白后准确地捕捉到战机，悄悄瞄准 h6 弱格。

25... 王 g8-g7

本来不应该把王与白方的 c3 象放在同条斜线上，但是为了守住 h6 格，不得不这样走，这就给后面的棋局发展留下了隐患。

26. 车 a1-f1

白方的局面感觉非常灵敏。他准确地预见了将要在 f 线上发生战斗，预先把车埋伏在 f 线。这两步棋白方走得很机敏，为全局的胜利奠定了基础。这也使少年棋手能够学习到特级大师对局面处理的方法：当发现对方的局面弱点时，应抓住战机，积极采取行动，不能犹豫。

26... h7-h5 27. 马 f3-g5

黑方让出了 g5 格，给了白马入侵的机会，也给白棋挺进 f 兵创造了机会。

27... h5-h4 28. 马 g3-h1 马 f6-h5 29. f2-f4

黑棋继续进行他的王翼进攻计划，而白棋也针锋相对地冲起 f 兵，准备攻打 f 线。此时走 f7 弃马早了一点，如 29. 马×f7? 王×f7 30. f4 王 g7! 31. f×e5 d×e5 32. 车 ef2 象 f6 33. 车×f6 马×f6 34. 后 g5 后 b6 35. 象×e5 车×e5 36. 后×e5 车 e8 37. 后 d4 后 d6，白棋一无所获。可见，弃子攻王要等到时机成熟之后才能进行。

29... f7-f6

若走 29... 象×g5 30. f×g5，仍是白优。此时，可知王在 g7 的坏处。

30. f4×e5 d6×e5

若走 30... f×g5 31. e6+，白棋优势。

31. 马 g5-f3 g6-g5 32. 车 e2-f2 马 h5-f4?

白棋果然在 f 线上叠起双车，使 15. 车 e2 成为颇具预见性的一着棋。

黑棋走出坏棋。稍好一点的着法是：32... 王 g6 33. g4，以下黑棋有两种着法：

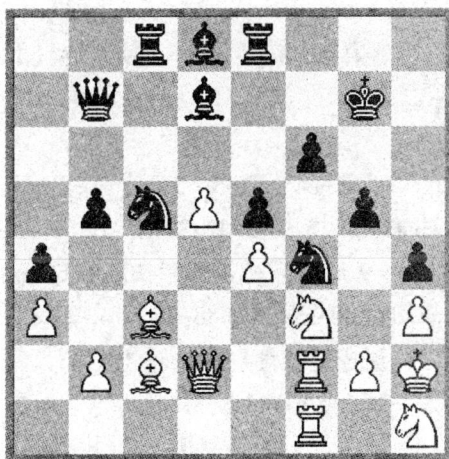

图 120

一、33... 马 f4 34. 马×h4+ g×h4 35. 车×f4 e×f4 36. 后×f4，白棋胜势。

二、33...h×g3+ 34. 马×g3 马f4（如34... 车h8 35. 马×e5+! f×e5 36. 象×e5 马×g3 37. 车f6+! 象×f6 38. 车×f6+ 王h5 39. 象×g3，白胜）35. h4（此时不能走35. 马×g5? f×g5 36. 车×f4 g×f4 37. 车×f4 象g5!）车h8 36. 象×e5!? f×e5 37. 马×e5+ 王g7 38. 车×f4 g×f4 39. 车×f4 象×h4! 40. 车f7+ 王g8 41. 王g2，双方各有顾忌。

33. 马f3×g5! 马c5-b3!

不能接受白方的弃马，因为白方有妙手成杀。如33...f×g5 34. 车×f4! g×f4 35. 后×f4 后b6（如35... 车e7 36. 后f8+ 王h7 37. 象×e5!，白棋胜势）36. 后f7+ 王h6（如36... 王h8 37. 后h5! 王g8 38. 车f7!，白胜）37. 象d2+ 象g5 38. 车f6+，白胜。

34. 象c2×b3 车c8×c3 35. 车f2×f4

目前形势十分复杂。对弈双方争相弃子，却都不敢吃对方的弃子。如35. 后×c3 f×g5 36. 象d1 象b6 37. 车c2 象d4 38. 后c7，白棋优势。

35... 车c3×b3 36. 马g5-e6+! 象d7×e6 37. 车f4×h4 象e6-g8?

败着。如此危急还想保存子力优势？应走37... 车h8 38. 车×h8 王×h8 39. 后h6+ 王g8 40. d×e6 后g7，白方若想赢棋还需费不少时日。

38. 后d2-h6+ 王g7-f7 39. 车h4-g4 王f7-e7 40. 车g4-g7+

黑方认输。

以下是40... 象f7 41. 车×f7+（41. 后×f6+? 王d7 42. 车×f7+ 象e7 43. 后e6+ 王d8，杀不死黑王）41... 王×f7 42. 后h7+ 王f8 43. 后×b7，白胜。

第86局 科尔尼耶夫（Korneev）——加西亚（García）
1996年弈于扎拉格扎 C99 68/323

1. e2-e4 e7-e5 2. 马g1-f3 马b8-c6 3. 象f1-b5 a7-a6 4. 象b5-a4 马g8-f6 5. 0-0 象f8-e7 6. 车f1-e1 b7-b5 7. 象a4-b3 d7-d6 8. c2-c3 0-0 9. h2-h3 马c6-a5 10. 象b3-c2 c7-c5 11. d2-d4 后d8-c7 12. 马b1-d2 c5×d4 13. c3×d4 车f8-d8 14. 马d2-f1 e5×d4

形成开放性局面，若走14... 象b7 15. d5，则形成封闭性局面。

15. 象c1-f4

值得注意的新着法。以往大都走15. 马×d4 d5 16. e5 马e4。

15... 马a5-c4 16. b2-b3 马c4-a3

走16... 马e5 17. 马×d4，也比现在好。

17. 象 c2-d3

黑方 a3 马被关了禁闭，暂时出不去了。

**17. . . 后 c7-b6　18. 马 f1-g3 b5-b4　19. 后 d1-d2 d6-d5　20. 车 a1-c1!
车 a8-a7**

防止白方走 21. 象 c7 捉双。

21. e4×d5 马 f6×d5　22. 象 f4-e5

白方双象双马蓄势待发，对黑王已成合围之势，而黑方各子却不协调，白
方优势不言自明。

22. . . 象 e7-f6　23. 马 g3-h5

一匹白马勇往直前。

23. . . 象 f6×e5　24. 车 e1×e5

又杀出一只车来。

24. . . 车 a7-c7（图 121）

赶快出车与白方抢占开放线。

25. 后 d2-g5!

胸有成竹地把后开往前线。这是一
步战略性的好棋。白方早已算透，如黑
方走 25. . . 车×c1+　26. 王 h2! g6
27. 后 h6!，黑棋无解。

25. . . f7-f6

黑方果然不敢走 25. . . 车×c1+，
现在 f6 捉双!

26. 车 e5×d5!

白棋大胆弃后。

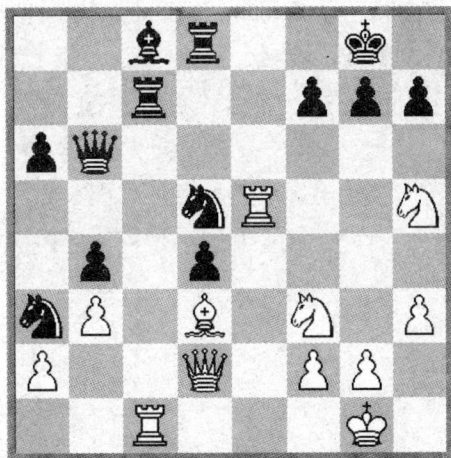

图 121

26. . . f6×g5

黑方只好接受挑战。若走 26. . . 车×c1+　27. 后×c1 车×e5　28. 后×c8+，
白棋得子得势。

27. 车 d5×d8+ 王 g8-f7　28. 车 d8×c8

白方用一后换了黑方车马象。

**28. . . 车 c7×c1+　29. 车 c8×c1 后 b6-a5　30. 马 h5-g3 h7-h6　31. 车 c1-c6
马 a3-b5　32. 马 f3-e5+**

黑方不出马，单后孤掌难鸣，出马又挡了后的路，真是左右为难。现在白
马借机跃出。

32... 王 f7-e7

改走 32... 王 e8 也一样，白方有 33. 马 f5。

33. 马 g3-f5+ 王 e7-d8 34. 车 c6-d6+!

典型的腾格战术。

34... 马 b5×d6

其实走别的黑方也不行了。

一、34... 王 e8 35. 马×g7+ 王 f8 36. 马 e6+ 王 e8（若 36... 王 g8 37. 车 d8+ 后×d8 38. 马×d8，白多子胜）37. 车 d8+ 后×d8 38. 马×d8，白多子胜。

二、34... 王 c8 35. 马 e7+ 王 b7 36. 车 d7+ 王 a8 37. 象 e4+ 王 b8 38. 马 c6+，白棋吃得黑后。

35. 马 e5-c6+

黑方认输。

第七章　马歇尔弃兵

索引号　**C89**

要想学习西班牙开局马歇尔弃兵变例，就不能不知道这个变例是怎样来的。

1908 年，美国冠军马歇尔与古巴棋手卡帕布兰卡进行了一次对抗赛，马歇尔以 1 胜 8 负 14 和惨遭失败。但是，马歇尔十年磨一剑，当他在 1918 年的比赛中再次遇到卡帕布兰卡的时候，在西班牙开局封闭体系里以一步 8...d5 让世界棋坛感到震惊。他用十年时间研究的这个变例给白方设置了很多陷阱。

这局棋他虽然输了，但是他对国际象棋的贡献却是巨大的。他开创了以自己名字命名的一个变例，给后人留下了一份丰厚的国际象棋理论遗产。不仅如此，他对棋艺执着的追求，不断创新的精神也是全世界国际象棋棋手学习的榜样。

现在马歇尔弃兵变例成了很多棋手乐于使用的一件武器。几十年来，全世界的棋手们几乎把这个变例研究透了，几种主要变化已拆解到 20 多个回合。黑棋在弃掉 e5 兵之后，就集中兵力向白棋发动猛烈的进攻。白棋则因吃 e5 兵又退车 e1 浪费了两步棋而被迫防守。因为白棋必须绕过黑棋研究好的一个又一个陷阱，稍有不慎就会掉进陷阱，被黑棋走成漂亮的弃子妙杀。所以那些喜欢激烈拼杀的棋手执黑棋时特别喜欢走马歇尔变例。但是，经过研究证明白方只要应对正确，还是能够守住的。到那时，多一兵的物质优势就显现出来。只要研究透了，执白棋也不怕走成马歇尔弃兵变例。在研究马歇尔弃兵变例的过程中，青少年棋手能学到很多攻王的方法，进一步研究还能学到在激烈对攻的棋局中怎样运子才能产生最大的攻击力以及如何占领攻防要点。进攻的一方要在进攻的同时防守自己的王。防守的一方则要在防守的同时，抓紧时间出子，瞄准对方的弱点出奇制胜。这局棋名气太大了，后人的许多书刊都把它作为范例，详细讲解。本书也不例外。以往都把本局作为白方沉着防御的名局进行讲解，这一次，我们把重点放在黑棋的创新上，看看黑棋给白棋设置了多少陷阱。如果执白棋者没有系统地研究透马歇尔弃兵变例，你执黑棋一定能大获全胜。

第87局　卡帕布兰卡——马歇尔
1918年弈于纽约　C89

1. e2-e4 e7-e5　2. 马 g1-f3 马 b8-c6　3. 象 f1-b5 a7-a6　4. 象 b5-a4 马 g8-f6　5. 0-0 象 f8-e7　6. 车 f1-e1 b7-b5　7. 象 a4-b3 0-0　8. c2-c3 d7-d5!?

这就是当年轰动世界棋坛的那步棋。可是当时，谁也不知道马歇尔研究了什么变化。1908年惨败后，马歇尔执黑棋对卡帕布兰卡时，总是避免弈成西班牙开局。经过十年的研究，他终于找到了这步棋。

9. e4×d5 马 f6×d5　10. 马 f3×e5

卡帕布兰卡在对局自评中写道："我考虑了一会儿，到底还是把兵吃了。我也意识到吃兵之后，要遭到对方所悉心研究过的猛攻。可是，激战的渴望笼罩着我，我感觉到了对手的挑战，而这个对手是完全有理由畏惧我的本领和理解力的（这有我们以往对垒的事实可资证明），可是他花了多少个夜晚，以辛勤、顽强的劳动准备了一系列对我是意外的东西，现在就想趁我还陌生的时候运用一番。我审视了局势，于是决定：就以我的声望而言，我也必须吃掉小兵，接受挑战，因为我的理解力与预见性告诉我，白方的局面到后来还是可守的。"

现代棋艺理论也认为：如果弃兵能造成攻势的话，弃兵是可行的。

10... 马 c6×e5　11. 车 e1×e5 马 d5-f6

后来，苏联棋手研究出可给黑方更多机会的着法：11... c6，在本书后面的对局中将一一向大家介绍。

12. 车 e5-e1

现代理论认为白方更有力的着法是：12. d4 象 d6　13. 车 e2 象 b7（或 13... 马 g4　14. h3 后 h4　15. 马 d2!）14. 马 bd2 后 d7　15. 马 f1，白方较好。

12... 象 e7-d6　13. h2-h3 马 f6-g4!（图122）

弃马！这是马歇尔设置的第一个陷阱。另一进攻性变化是13... 象 b7 14. d4 后 d7。

14. 后 d1-f3!

好棋！攻守兼备，白后既瞄准 f7
兵和 a8 车又保护着自己的王翼。

卡帕布兰卡认为不能吃马：14. h×g4
后 h4　15. 后 f3　后 h2+　16. 王 f1　象×g4
17. 后×g4　后 h1+　18. 王 e2　车 ae8+
19. 王 d3　车×e1　20. 后 h3　车×c1，黑
胜。然而在这个变化中，白方可以不走
19. 王 d3，而走 19. 象 e6！！车×e6+
20. 后×e6！，妙手获胜。因此，黑方应
该以 15... 象 h2+！代替 15... 后 h2+，
此后如果白方不接受 16. 王 h1　象 g3+
长将，那么可有 16. 王 f1　象×g4

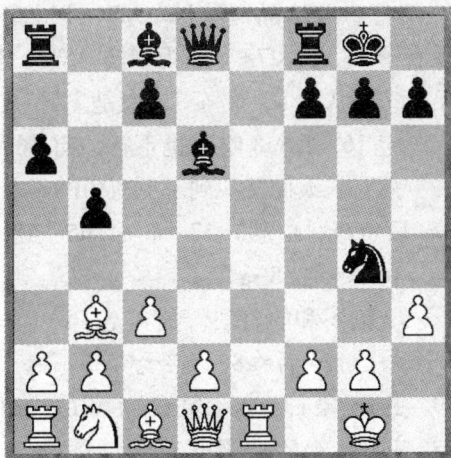

图 122

17. 后 e4（或 17. g3　后 h3+！　18. 后 g2　车 ae8 黑胜）象 f4！再弃一象，
18. g3　后 h5！然后有 19... 象 f3 或 19... 车 ae8 等威胁，白方无法防守。

14... 后 d8–h4

这是黑方的第二个陷阱！

15. d2–d4！

很明显，还是不能吃马：15. h×g4　象×g4！，黑方胜势。另外，白方急躁
进攻也会招致失败：

一、15. 车 e8？象 b7　16. 车×f8+　车×f8　17. 后×g4 车 e8！　18. 王 f1　后 e7
19. 后 d1　后 e4　20. f3　后 e5　21. d4　后 h2，黑方胜势。

二、15. 车 e4　h5　16. d4　象 b7
17. 车×g4　h×g4　18. 后×b7　车 ae8
19. 马 d2　车 e1+　20. 马 f1　g×h3
21. g×h3（否则黑兵 h2#）后×h3
22. 后 g2　象 h2+　23. 王 h1　车×f1+，
黑胜。

15... 马 g4×f2！（图 123）

黑马吃 f2 兵是马歇尔设置的第三
个陷阱。

16. 车 e1–e2

如果白方接受弃马而走 16. 后×f2，
则是 16... 象 h2+！（千万不能走 16...

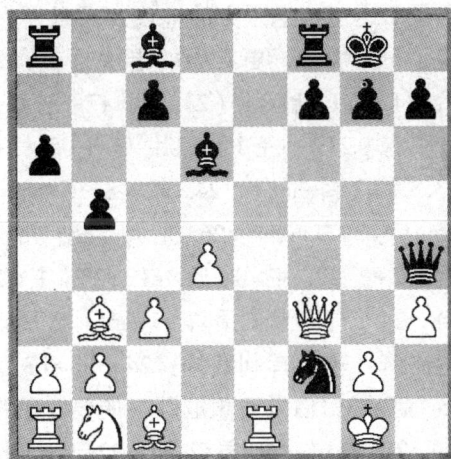

图 123

象 g3?? 17. 后×f7+! 车×f7 18. 车 e8#，白胜）17. 王 f1 象 g3，此时白方没有了 18. 后×f7+，因为黑方 18... 车×f7+反将。那么白方只好走 18. 后 e3 象×h3 19. g×h3 车 ae8，也是黑胜。

走 16. 后×a8 吃车也不行，有 16... 马×h3+!，黑胜。

后来，人们又找到了更有力的一着棋：16. 象 d2! 马 g4（或者 16... 象 g3 17. 后×f7+，白胜）17. 车 e4 h5 18. 象 e1!，把黑后从 h 线赶走。

16... 象 c8-g4

宁输不和的着法。其实走 16... 马 g4! 值得考虑，大约有如下几种变化：

一、17. 后×a8?，接受弃车不好，因为有 17... 后 g3 18. h×g4 后 h2+ 19. 王 f1 象 g3 20. 象 e3 后 h1+ 21. 象 g1 象 h2 22. 王 e1 后×g1+ 23. 王 d2 象 f4+，黑胜。

二、17. 车 e4 h5 18. h×g4?，这只弃马不能吃，因为 18... 象×g4 19. 车×g4 h×g4 20. 后 e3（如 20. 后 f2 g3!）车 ae8，黑胜。

三、17. 车 e8! 马 f6 18. 车×f8+ 王×f8 19. 马 d2（如走 19. 后×a8? 后 e1#）车 b8 20. 马 f1 象 b7 21. 后 f2 后×f2+，局面呈和棋之势。

黑方立即弃子抢攻也不好：16... 马×h3+ 17. g×h3 象×h3 18. 车 e4! 或者 16... 象×h3 17. g×h3 马×h3+ 18. 王 f1，白优。

17. h3×g4! 象 d6-h2+ 18. 王 g1-f1 象 h2-g3 19. 车 e2×f2 后 h4-h1+ 20. 王 f1-e2（图 124）

20... 象 g3×f2?

黑方这步棋不好。使白方能在完成出子后迅速击退黑方的进攻，而且还保持了子力优势。更有力的走法是 20... 后×c1 21. 后×g（21. 象×f7+不好，以下有：21... 王 h8 22. 车 f1 后 c2+ 23. 马 d2 车 ae8+ 24. 象×e8 车×e8+ 25. 后 e3 车×e3+ 26. 王×e3 g5!）后×b2+ 22. 王 d3 后×a1 23. 王 c2 b4 24. g5!，为了预防 g5-g6，黑方被迫让白方转入有利残局：24... b×c3

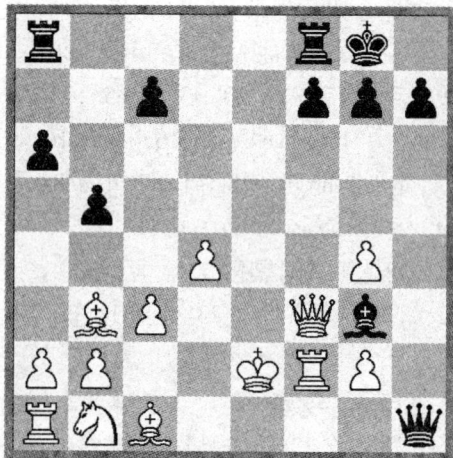

图 124

25. 后×c3，白方要想取胜，还要花很多力气。

21. 象 c1-d2! 象 f2-h4 22. 后 f3-h3! 车 a8-e8+ 23. 王 e2-d3 后 h1-f1+ 24. 王 d3-c2

白王已经处于安全地位，现在可以放心出动后翼子力。

24...　象 h4-f2　25. 后 h3-f3！后 f1-g1　26. 象 b3-d5！

以便在 27. 后 d1 时能保住 g2 兵。

26...　c7-c5　27. d4×c5　象 f2×c5　28. b2-b4　象 c5-d6　29. a2-a4　a6-a5
30. a4×b5　a5×b4　31. 车 a1-a6！b4×c3　32. 马 b1×c3　象 d6-b4　33. b5-b6
象 b4×c3　34. 象 d2×c3　h7-h6　35. b6-b7　车 e8-e3　36. 象 d5×f7+！

黑方认输，因为以下有四步连杀：36...　车×f7　37. b8 升后+　王 h7
38. 车×h6+　王×h6　39. 后 h8+　王 g6　40. 后 h5#，杀。

这局棋，马歇尔虽败犹荣，因为在国际象棋的历史上还没有第二个人因为
输了棋而流芳百世的。马歇尔的这局棋对国际象棋的贡献是无法估量的。

马歇尔弃兵变例的主要变化如下：

1. e2-e4　e7-e5　2. 马 g1-f3　马 b8-c6　3. 象 f1-b5　a7-a6　4. 象 b5-a4
马 g8-f6　5. 0-0　象 f8-e7　6. 车 f1-e1　b7-b5　7. 象 a4-b3　0-0　8. c2-c3

至此，与封闭体系一模一样，只不过黑方本应走 7...d6，等 8. c3 之后，
再走 8...0-0。但棋手们走封闭体系时，也有人走 7. 象 b3 0-0　8. c3 d6。即
黑方短易位与冲兵 d6 两步棋的次序是可以互换的。而马歇尔弃兵变例却一定
要先走 7...0-0，等 8. c3 之后，黑方的着法是：

8...　d7-d5！（图 125）

叹号是为马歇尔的贡献加的！

此图与封闭体系相比，除了 d6 兵
走到 d5 之外，其余各子的位置完全一
样。仅此一点不同，后面就隐藏着一场
激烈的战斗。

9. e4×d5　马 f6×d5　10. 马 f3×e5
马 c6×e5　11. 车 e1×e5（图 126）

当年马歇尔送给白方的"礼物"，
就是这只 e5 兵。其实，只要黑方走了
8...d5，这个弃兵就是一个非接受不可
的"礼物"了。而白方接受了挑战之
后，就要面临黑方设置的一个个陷阱。

变一

此变以马歇尔原局为基础，稍加改进。

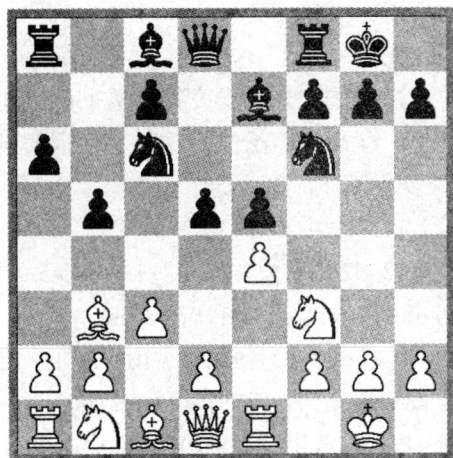

图 125

11... 马 d5-f6　12. 车 e5-e1
象 e7-d6　13. h2-h3　马 f6-g4

14. 后 d1-f3　后 d8-h4　15. d2-d4
马 g4×f2　16. 象 c1-d2！马 f2-g4

17. 车 e1-e4　h7-h5　18. 象 d2-e1！
　　把黑后赶出 h 线，白方优势。

变二

11... c7-c6

实践证明，变一在双方正确应对
下，白方优势很大。因此，变一的着法
在高水平的比赛中已基本绝迹。目前较
为流行的变化均为 11...c6 之后的变化。

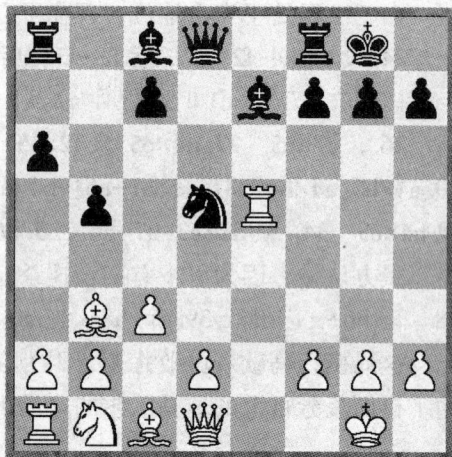

图 126

12. d2-d3　象 e7-d6　13. 车 e5-e1　后 d8-h4　14. g2-g3　后 h4-h3

15. 车 e1-e4　后 h3-d7　16. 马 b1-d2　象 c8-b7　17. 车 e4-e1　c6-c5
　　双方各有顾忌。

变三

11... c7-c6　12. d2-d4　象 e7-d6　13. 车 e5-e2　后 d8-h4　14. g2-g3
后 h4-h3　15. 马 b1-d2　象 c8-f5　16. a2-a4　象 f5-d3　17. 车 e2-e1　车 a8-e8
　　双方大致均势。

变四

这是迄今为止研究得最透彻的一个
变化。理论家们已经将这个变化拆解到
20 多个回合，走法如下：

11... c7-c6（图 127）

12. d2-d4　象 e7-d6　13. 车 e5-e1
后 d8-h4　14. g2-g3　后 h4-h3

15. 象 c1-e3　象 c8-g4　16. 后 d1-d3
车 a8-e8　17. 马 b1-d2　车 e8-e6

18. a2-a4　后 h3-h5　19. a4×b5　a6×b5

20. 马 d2-f1　象 g4-f5　21. 后 d3-d1
　　亦可走 21. 象 d1 捉后，或 21. 后 d2。

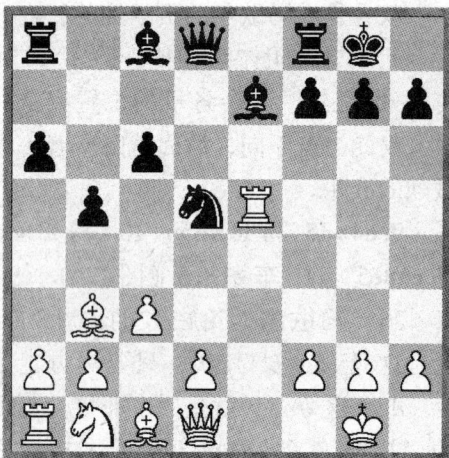

图 127

21... 象 f5-g4　22. 后 d1-d2　后 h5-h3　23. 象 b3-d1
　　双方均势。

第 88 局 伊万丘克（Ivancuk）——索科洛夫（Sokolov）

1996 年弈于阿姆斯特丹 C89 67/442

1. e2-e4 e7-e5 2. 马 g1-f3 马 b8-c6 3. 象 f1-b5 a7-a6 4. 象 b5-a4
马 g8-f6 5. 0-0 象 f8-e7 6. 车 f1-e1 b7-b5 7. 象 a4-b3 0-0 8. c2-c3
d7-d5 9. e4×d5 马 f6×d5 10. 马 f3×e5 马 c6×e5 11. 车 e1×e5 c7-c6 12. d2-d3
象 e7-d6 13. 车 e5-e1 后 d8-h4 14. g2-g3 后 h4-h3 15. 车 e1-e4 后 h3-d7
16. 马 b1-d2 象 c8-b7 17. 后 d1-f1 c6-c5 18. 车 e4-e1 王 g8-h8 19. a2-a4
f7-f5 20. a4×b5 a6×b5 21. 车 a1×a8 象 b7×a8

这是马歇尔弃兵变例的又一路变化，双方轻车熟路，不一会儿就走了 20
多个回合。

22. 象 b3-d1

此着若走 22. 后 h3 后 c6 23. f3 b4 24. c4 马 c7，局势不清。

22. ... g7-g5?!

这一步棋有问题。但是走 22... f4 23. 马 e4 f×g3 24. h×g3 象 e7
25. 后 g2，黑方也未必好。

23. 马 d2-f3 g5-g4 24. 马 f3-e5 后 d7-b7?

错着。应走 24... 后 c7 25. f4
（若走 25. d4? c×d4!） 25... g×f3
26. 马×f3 车 g8，黑棋优势。

25. f2-f3 王 h8-g7?

败着。应走 25... g×f3 26. 象×f3
（若 26. 马×f3 车 g8，黑棋有攻势）
26... 后 c7 27. d4 c×d4 28. c×d4 后 a7
29. 后 f2 f4!，黑棋有攻势。

26. 后 f1-f2 后 b7-c7（图 128）

27. 后 f2-d2!

白棋弃马，好棋。

27. ... 象 d6×e5?

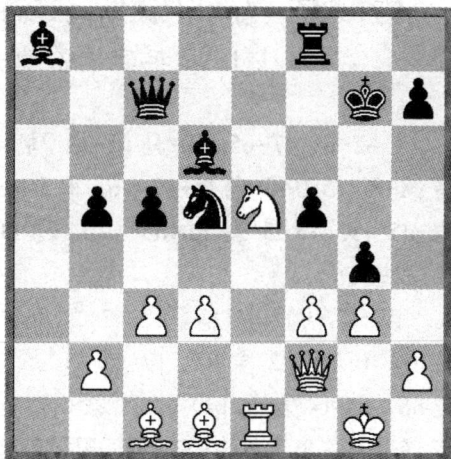

图 128

黑棋吃马欠妥。此时走 27... 王 h8 较好，若白方仍走 28. 后 h6，则有车
f6，黑棋得子。白方若走 28. f4，则白兵封住了后和象的线路，白棋空间局促，
子力调动困难，黑方走 28... 马 f6，然后走后 b7，即可沿大斜线进攻。

28. 后 d2–h6+ 王 g7–f7

无可奈何，走 28... 王 h8，失车；走 28... 王 g8 29. 后 e6+，失象。

29. 后 h6×h7+ 象 e5–g7?

最后的败着。应走 29... 王 f6! 30. 后 h6+ 王 f7，现在黑方把难题推给了白方：

一、走 31. 后 h7+，三次重复和棋。

二、31. 后 h5+ 王 g8 32. f×g4 象 g7 33. g×f5 马 f6，再后 b7 黑棋可沿大斜线进攻，黑优。

三、31. f×g4 车 h8 32. 后 g5 象×g3! 33. 后×f5+ 马 f6 34. 车 e6（若 34. h×g3 后×g3+，黑胜）象 h4! 35. 象 f4（否则黑棋有 35... 后×h2+弃后杀）后 b7 36. 车 e4 后 c8，白棋成了骑虎难下之势，所有的进攻点均被黑方控制，兑掉皇后，白棋多三兵恐怕难抵黑棋多一马的优势。

30. 象 c1–h6! 车 f8–g8 31. 象 h6×g7 车 g8×g7 32. 后 h7×f5+ 马 d5–f6 33. 象 d1–b3+ c5–c4 34. d3×c4 b5×c4 35. 后 f5–e6+ 王 f7–g6

走 35... 王 f8 也不行，有 36. 后×f6+。

36. 象 b3–c2+ 王 g6–h5 37. 车 e1–e5+

黑方认输。

第 89 局　费尔南德斯（Fernandez）——亚当斯（Adams）
1997 年弈于圣地亚哥　C89　68/314

1. e2–e4 e7–e5 2. 马 g1–f3 马 b8–c6 3. 象 f1–b5 a7–a6 4. 象 b5–a4 马 g8–f6 5. 0–0 象 f8–e7 6. 车 f1–e1 b7–b5 7. 象 a4–b3 0–0 8. c2–c3 d7–d5 9. e4×d5 马 f6×d5 10. 马 f3×e5 马 c6×e5 11. 车 e1×e5 c7–c6 12. d2–d4

以下着法值得注意：12. d3 象 d6 13. 车 e1 后 h4 14. g3 后 g4 15. 车 e4 后 d7 16. 马 d2 象 b7 17. 车 e1 c5 18. 马 e4 象 e7 19. 象 g5 f6 20. 象 d2 王 h8 21. c4?! 马 b4! 22. 象×b4 c×b4 23. c×b5 f5 24. 马 d2 a×b5 25. 车 e6 象 f6 26. 马 f3 f4!，黑棋稍好（斯维德勒——索科洛夫 1996 年）。

12... 象 e7–d6 13. 车 e5–e1 后 d8–h4 14. g2–g3 后 h4–h3 15. 象 c1–e3 象 c8–g4 16. 后 d1–d3 车 a8–e8 17. 马 b1–d2 后 h3–h5 18. a2–a4 象 g4–f5 19. 后 d3–f1

亦可走 19. 象 d1。

19...　象 f5–h3　20. 象 b3–d1 (图 129)

这是马歇尔弃兵变例中的一个常见
局势。

**20...　后 h5–f5　21. 后 f1–e2　c6–c5
22. 马 d2–f3　b5–b4?**

如走 22...　象 f4，则有 23. 后 d2！
马×e3　24. f×e3　象 h6　25. a×b5　a×b5
26. 车 a5，白棋稍优。不过，此时可注
意 22...　c4。

23. 后 e2×a6！

好棋。抓住黑棋的疏忽再吃一兵。
走 23. c4 不好。有 23...　马×e3　24. f×e3
c×d4　25. 马×d4 后 g5，形势不明。

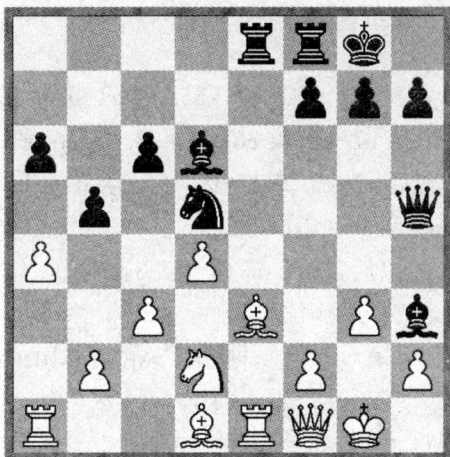

图 129

23...　b4×c3　24. b2×c3！

白棋不敢吃 d6 象。如：24. 后×d6 c×b2　25. 车 b1 马×e3　26. 车×b2
马×d1　27. 车×e8 车×e8，黑棋多子，胜定。但是黑方走 25...　马 c3？，坏棋
26. 车×b2 马×d1　27. 马 h4 后 d3　28. 车 e2！（28. 车 d2？？ 车×e3！，黑胜），
白棋稍优。

24. ...　马 d4×c3

如走 24...　车 e6 保象，则有 25. 后 c4。此后有马 h4 的威胁，黑棋不好。

25. 后 a6×d6　马 c3×d1　26. 马 f3–h4　车 e8×e3！

黑方设了一个陷阱。

27. 车 a1×d1

如走 27. 车×e3？？ 后×f2+，黑胜。如走 27. 车 e×d1？ 后 e4　28. f×e3　后×e3+
29. 王 h1 后 e4+，长将和棋。当然，如走 27. 马×f5？？ 车×e1#，杀。

27...　车 e3×e1+　28. 车 d1×e1　后 f5–c2　29. d4×c5　后 c2×a4　30. 马 h4–g2?

可惜！应走 30. c6，白棋有升变的威胁。

30...　后 a4–b4　31. 后 d6–e5　象 h3–d7

保护 c6 弱点。

32. 马 g2–f4　象 d7–c6　33. 马 f4–h5　f7–f6　34. 后 e5–e7

如走 34. 后 e6+　王 h8　35. 后 e7 车 g8　36. 马×f6！ 后 c3！（36...　gf?
37. 后×f6+ 车 g7　38. 车 d1！ 后 e4　39. 车 d8+ 象 e8　40. c6！ 后 e7　41. c7！
后 e1+　42. 王 g2 后 e4+　43. f3 后 e2+　44. 王 h3 后 f1+　45. 王 h4 后 e2

46. h3 后 c4+ 47. f4, 白胜) 37. 马×g8 后 f3 38. 王 f1 象 b5+ 39. 王 g1 象 c6, 和棋。

34... 车 f8-f7 35. 后 e7-d8+ 车 f7-f8 36. 后 d8-e7 车 f8-f7 37. 后 e7-e6 象 c6-d7 38. 后 e6-e3 车 f7-f8 39. 后 e3-e7 车 f8-f7 40. 后 e7-e3 车 f7-f8 41. 后 e3-c1 车 f8-e8 42. 车 e1×e8+ 象 d7×e8

双方和棋。

以后是 43. 马 f4 象 c6, 均势。

第 90 局 阿尔玛希（Almasi）——哈里夫曼（Halifman）
1997 年弈于乌贝达 C89 69/332

1. e2-e4 e7-e5 2. 马 g1-f3 马 b8-c6 3. 象 f1-b5 a7-a6 4. 象 b5-a4 马 g8-f6 5. 0-0 象 f8-e7 6. 车 f1-e1 b7-b5 7. 象 a4-b3 0-0 8. c2-c3 d7-d5 9. e4×d5 马 f6×d5 10. 马 f3×e5 马 c6×e5 11. 车 e1×e5 c7-c6 12. d2-d3 象 e7-d6 13. 车 e5-e1 后 d8-h4 14. g2-g3 后 h4-h3 15. 车 e1-e4 后 h3-d7

这是马歇尔弃兵变例中的又一路变化。

16. 马 b1-d2 象 c8-b7 17. 后 d1-f1 c6-c5 18. 车 e4-e1 王 g8-h8 19. a2-a4 （图 130）

此时，白棋有另外两路变化。

一、19. 马 e4 象 e7 20. a4 f5, 下步继续冲兵到 f4。

二、19. 象 d1 f5 20. 马 f3 f4。

这两路变化，黑棋的 f 兵进攻均有威胁，黑棋均感到满意。

图 130

19... 马 d5-f4!

这着棋真妙! 威胁下一步象 g2 捉死白后，而白棋又不能走 20. g×f4 吃马，因为有 20... 后 g4+杀王。与以前在此局面下常走的 19... f5 或 19... b4 相比，这着棋更有威胁。白棋怎么办?

20. 马 d2-e4

如果走 20. f3, 黑棋有两路变化。

一、20... 马×d3　21. 后×d3 c4　22. 象×c4 b×c4　23. 后×c4 车 ac8
24. 后 f1 象 c5+，黑棋双象攻势甚猛。

二、20... c4　21. d×c4 （如 21. g×f4 c×b3　22. 马×b3 b×a4，黑棋稍优）
象 c5+　22. 王 h1 马 d3　23. 车 e2 车 ae8，白棋子力偏居后翼，既拥挤又互
相妨碍，王翼则略显空虚。而黑棋子力舒畅，双象攻势甚猛。

20... 马 f4-h3+　21. 王 g1-h1 c5-c4

更好的着法是 21... 马×f2!　22. 后×f2 f5　23. 后 e2 （23. 后 g2 也不算
好）c4　24. d×c4 象×e4+　25. 王 g1 象 b7，以后有车 ae8 或 f4 等进攻手段。

22. d3×c4

如走 22. 象 c2 c×d3　23. 象×d3 马×f2+　24. 后×f2 f5　25. 后 d4 f×e4
26. 象×e4 车 ae8，黑棋有攻势。

22... 马 h3×f2+　23. 后 f1×f2 f7-f5　24. 后 f2-d4

如走 24. 象 f4 f×e4　25. 后 e3，以下黑棋有两种杀法都很漂亮。

一、25... 车×f4　26. g×f4 象×f4　27. 后×f4 e3+　28. 王 g1 后 c6，以后
是后 g2 或后 h1，白棋无法防守。

二、25... 象 c5　26. 后×c5 e3+　27. 王 g1 后 d2，黑棋有后 g2 杀棋，
白棋只好走 28. 后 d5 弃后，黑棋获得子力优势。

24... f5×e4　25. 象 c1-e3

这局棋快走完了，这只象才出动，白棋怎能不输？

25... 后 d7-h3!　26. 后 d4×d6!

黑棋妙手迭出。弃象。白棋吃也不好，不吃也不好。如不吃象：

一、26. 车 g1 车 f2! （有后×h2 杀棋）27. 象×f2 e3+，白棋只能走 28. 后 d5
弃后，黑棋胜。

二、26. 后 d2 象×g3　27. 后 g2 后×g2+　28. 王×g2 象×e1　29. 车×e1
b×c4　30. 象×c4 车 ac8，黑棋多半子。

三、26. 王 g1 象×g3　27. 车 e2 车 f3　28. 车 g2 车×e3，黑方优势。

26... 车 f8-f2!　27. 象 e3×f2 e4-e3+　28. 后 d6-d5

吃车、送后。步步都是被黑棋逼着走的。

**28... 象 b7×d5+　29. c4×d5 e3×f2　30. 车 e1-f1 车 a8-f8　31. a4×b5
后 h4-g4　32. 王 h1-g2 后 g4-f3+　33. 王 g2-h3 车 f8-f5　34. 车 a1-a4
车 f5-h5+　35. 车 a4-h4 车 h5×h4+　36. 王 h3×h4 后 f3-e2**

白方认输。

第91局 卡尔波夫（Karpov）——肖特（Short）

1991年弈于提耳堡 C89 53/341

1. e2-e4 e7-e5 2. 马 g1-f3 马 b8-c6 3. 象 f1-b5 a7-a6 4. 象 b5-a4
马 g8-f6 5.0-0 象 f8-e7 6. 车 f1-e1 b7-b5 7. 象 a4-b3 0-0 8. c2-c3
d7-d5 9. e4×d5 马 f6×d5 10. 马 f3×e5 马 c6×e5 11. 车 e1×e5 c7-c6
12. d2-d4 象 e7-d6 13. 车 e5-e1 后 d8-h4 14. g2-g3 后 h4-h3 15. 象 c1-e3
象 c8-g4 16. 后 d1-d3 车 a8-e8 17. 马 b1-d2 车 e8-e6 18. a2-a4 后 h3-h5
19. a4×b5 a6×b5 20. 马 d2-f1 象 g4-f5 21. 后 d3-d1（图 131）

这也是马歇尔变例中的一个常见局面。此时也可以走 21. 后 d2。

21...象 f5-g4 22. 后 d1-d2
后 h5-h3 23. 象 b3-d1 象 g4×d1

如走 23... 车 fe8 24. f3 象 f5
25. 象 f2，白棋稍好。

24. 车 a1×d1

此时如果走 24. 后×d1 不好，经
24... f5 25. f4 g5 之后，给黑棋造成
对攻的机会。

24... f7-f5 25. f2-f4 g7-g5

与前一回合注解中的 24. 后×d1 相

图 131

比，后在 d2 格即可加强 f4 格和 g5 格的防守又能监护第二横排。此时黑棋勇
弃 g5 兵，看白棋敢不敢吃？

26. 后 d2-g2

这一着很稳健，邀兑白棋很有威胁的皇后。如果走 26. f×g5 车 fe8 27. 象 f2
f4，黑棋有攻势。另外，可参考柳波耶维奇——尼科里奇（1991 年）对局的
着法：26. f×g5 f4! 27. 象×f4 象×f4 28. g×f4 马×f4 29. 马 g3 后 g4
30. 车×e6 马 h3+ 31. 王 g2 马 f4+ 32. 王 g1 马 h3+，长将和棋。

26... 后 h3×g2+ 27. 王 g1×g2 车 f8-e8!

这是对白棋保持压力的唯一好棋。如果走 27... g×f4 28. 象×f4 车×e1
（28... 马×f4+ 29. g×f4 车 g6+ 30. 王 f3 车 g4 31. 车 e6，白棋稍好）
29. 车×e1 象×f4 30. g×f4 马×f4+ 31. 王 f3，白王位置好，所以白棋稍好。

28. 象 e3-d2 车 e6×e1　29. 车 d1×e1 车 e8×e1　30. 象 d2×e1 g5×f4
31. 王 g2-f3 f4×g3　32. h2×g3 王 g8-f7　33. b2-b3 王 f7-e6　34. c3-c4 b5×c4
35. b3×c4 马 d5-f6　36. 象 e1-d2 h7-h5　37. 象 d2-f4 象 d6-b4　38. 马 f1-d2
象 b4×d2　39. 象 f4×d2 马 f6-e4　40. 象 d2-b4 王 e6-f6　41. 王 f3-f4 王 f6-e6
和局。

第 92 局　鲁宾切克（Rubincik）——维特莫斯克斯（Vitomskis）
1989/1991 年通讯赛　C89　53/340

1. e2-e4 e7-e5　2. 马 g1-f3 马 b8-c6　3. 象 f1-b5 a7-a6　4. 象 b5-a4
马 g8-f6　5. 0-0 象 f8-e7　6. 车 f1-e1 b7-b5　7. 象 a4-b3 0-0　8. c2-c3 d7-d5
9. e4×d5 马 f6×d5　10. 马 f3×e5 马 c6×e5　11. 车 e1×e5 c7-c6　12. d2-d4
象 e7-d6　13. 车 e5-e1 后 d8-h4　14. g2-g3 后 h4-h3　15. 象 c1-e3
1991 年在提耳堡，蒂曼——肖特的对局是这样走的：15. 车 e4 g5
16. 后 f3 象 f5　17. 象×d5 c×d5　18. 车 e2 车 ad8！（以前常走 18... 象 e4）
19. 马 d2 车 fe8　20. a4 b4　21. c4 d×c4　22. 马×c4 象 d3　23. 车×e8 车×e8
24. 马 e3 象 f4　25. 后 g2 后 h5　26. g×f4 后 d1+，双方均势。局面看似平稳，
但是这些着法中包含的战术手段却非常丰富。

15... 象 c1-g4　16. 后 d1-d3 车 a8-e8　17. 马 b1-d2 车 e8-e6　18. a2-a4
后 h3-h5　19. a4×b5 a6×b5　20. 马 d2-f1
象 g4-f5　21. 后 d3-d2 象 f5-e4

此时也可走 21... 车 fe8，用双车
在 e 线上施加压力。

22. 象 b3-c2 f7-f5　23. 象 c2-d1
如果走 23. 象×e4 车×e4　24. 后 e2
后 h3　25. 后 f3 f4！！，黑棋有攻势。

23... 后 h5-h3　24. f2-f3（图 132）

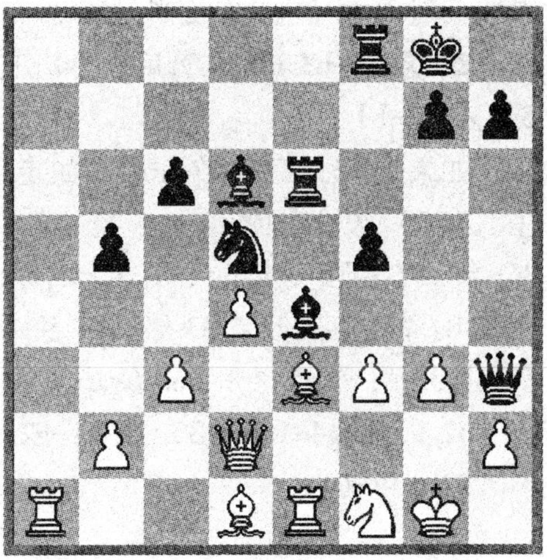

图 132

24... f5-f4　25. f3×e4 f4×g3！

这是在几个回合之前就计划好的着
法，弃象攻王。如果吃象，走 25...f×e3？
26. 后 g2 后×g2+　27. 王×g2 车×e4
28. 象 f3 车 e6　29. 车 a6！白棋稍好。

26. 后 d2-g2！

这只冲向王前的黑兵已经很有威胁了。邀兑黑后可以减轻压力，如一味贪吃，必输无疑。如走26. e×d5？ 车×f1+！，消灭掉这匹防守h2的白马。27. 车×f1 g×h2+　28. 王f2（28. 王h1 后×f1#）车f6+　29. 象f3 后×f3+　30. 王e1 后×f1#，杀。

还有另外一种着法：26. e5？！车×f1+　27. 车×f1 g×h2+　28. 后×h2 车g6+　29. 王h1 后×f1+　30. 象g1 车h6，仍然是黑棋优势。

26... g3×h2+　27. 王g1-h1

现在白棋多一子，而且e4兵还吃着黑马，他不想走成和棋：如27. 马×h2 象×h2+　28. 后×h2 车g6+　29. 王h1 车f1+　30. 车×f1 后×f1+　31. 象g1 车×g1+　32. 后×g1 后h3+，和棋。

27... 后h3×g2+

如果走27... 后h4？，坏棋。28. 象g4 车g6　29. 后f3，白棋多子。

28. 王h1×g2 车e6×e4！

此时，有一路变化既精彩又激烈，但在白棋的正确应对下，结果对黑棋不利。28... 车×f1？　29. 车a8+！象f8（29... 车f8　30. 车×f8+　王×f8　31. e×d5，白方多子）30. 车×f1 马×e3+　31. 王h1 马×f1　32. 象b3！，好棋（上一着走31. 王h1 就是为了能抢到先手走32. 象b3，如果走31. 王×h2？则有马×f1+　32. 王g2 车f6！，黑方多子）32... 王f7　33. 象×e6+ 王×e6　34. 车×f8 马g3+　35. 王×h2 马×e4　36. 车e8+ 王f5　37. 车e5+ 王f4　38. 车e7，形成白方车三兵对黑方马三兵的必胜残局。

29. 象d1-b3 h2-h1升后+　30. 王g2×h1 车e4-h4+　31. 王h1-g2 车h4-g4+　32. 王g2-h1

如果走32. 王h3 车g6！（如走32...h5？，坏棋！本想车f3+一步杀死白王，但33. 象d1 即可守住，经过车×f1　34. 象×g4 h×g4+　35. 王h4 车f3　36. 象g5，白棋多半子），好棋。计划33... 车f3+　34. 王h4 象e7+　35. 王h5 车f5#，杀白王。但是33. 象d1 象f4　34. 象×f4 马×f4+　35. 王h2 车g2+（如走35... 车f5？？　36. 象b3+，白胜）36. 王h1 车×b2，胜负难料。

32... 车g4-h4+　33. 王h1-g2

双方和棋。

第93局　洛艾伦斯（Roelens）——艾伦特（Elent）
1996 年通讯赛对局　C89　68/315

1. e2-e4 e7-e5　2. 马 g1-f3 马 b8-c6　3. 象 f1-b5 a7-a6　4. 象 b5-a4
马 g8-f6　5. 0-0 象 f8-e7　6. 车 f1-e1 b7-b5　7. 象 a4-b3 0-0　8. c2-c3
d7-d5　9. e4×d5 马 f6×d5　10. 马 f3×e5 马 c6×e5　11. 车 e1×e5 c7-c6
12. d2-d4 象 e7-d6　13. 车 e5-e1 后 d8-h4　14. g2-g3 后 h4-h3　15. 象 c1-e3
象 c8-g4　16. 后 d1-d3 车 a8-e8　17. 马 b1-d2 车 e8-e6　18. a2-a4 f7-f5
19. 后 d3-f1 后 h3-h5　20. f2-f4 g7-g5

现在棋手们如果想走马歇尔弃兵变例，前 20 回合几乎就是在背棋谱。不
外乎这几个变化。

21. a4×b5 a6×b5　22. f4×g5

这一着也有走 22. 车 a6 的。在艾伦
特执黑的另一局棋中走的是 22. 象×d5
c×d5　23. f×g5 车×e3　24. 车×e3 f4
25. 车 f3 象×f3　26. 后×f3 后×f3
27. 马×f3 f×g3　28. 王 g2，白棋稍优。

**22...f5-f4　23. 象 e3×f4 象 d6×f4
24. g3×f4 车 f8×f4**

或 24... 马×f4 的着法也值得注意。

25. 后 f1-d3 象 g4-e2！（图 133）

如走 25... 象 f5　26. 象×d5 象×d3
27. 象×e6+ 王 g7　28. 车 e3，白方稍优。

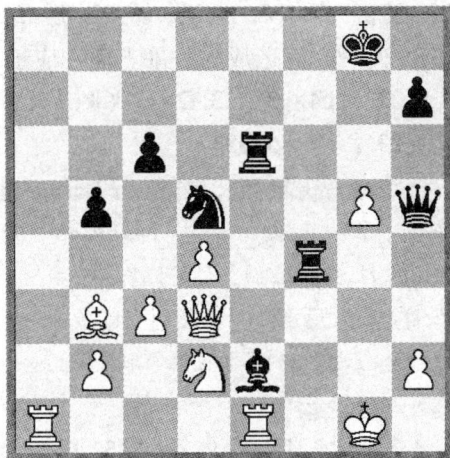
图 133

26. 车 a1-a8+ 王 g8-g7　27. 车 a8-a7+ 王 g7-f8　28. 车 a7-a8+
双方不变作和。

第94局　弗尔缅（Firmian）——亚当斯（Adams）
1996 年弈于纽约　C89　66/304

1. e2-e4 e7-e5　2. 马 g1-f3 马 b8-c6　3. 象 f1-b5 a7-a6　4. 象 b5-a4
马 g8-f6　5. 0-0 象 f8-e7　6. 车 f1-e1 b7-b5　7. 象 a4-b3 0-0　8. c2-c3
d7-d5　9. e4×d5 马 f6×d5　10. 马 f3×e5 马 c6×e5　11. 车 e1×e5 c7-c6

12. d2-d4 象 e7-d6　13. 车 e5-e2

一般都是走 13. 车 e1，此局是变化着法。

　　13... 后 d8-h4　14. g2-g3 后 h4-h3　15. 马 b1-d2 象 c8-f5　16. a2-a4 车 a8-e8　17. 车 e2×e8 车 f8×e8　18. 马 d2-f1 h7-h5　19. a4×b5 a6×b5 20. 车 a1-a6?

错着。应走 20. 马 e3 马×e3　21. 象×e3 象×g3　22. f×g3 车×e3，双方均势；或 20. 象×d5 c×d5。总之，应先兑掉黑马。白车不应离开底线。

　　20... 马 d5-c7!　21. 车 a6-a7

不能走 21. 车×c6，因有 21... 象 e4，白车必失。此时，可以认为是 17. 车×e8 之错。

　　21...h5-h4　22. 马 f1-e3

此时，白后不能离开底线，如 22. 后 h5? 后×f1+!　23. 王×f1 象 h3+ 24. 王 g1 车 e1#，杀王；或 22. 后 f3 车 e1　23. 后 g2 车×c1，黑方得子。这都是 20. 车 a6 造成的后果。现在应走 22. 象 f4!。

　　22...h4×g3　23. f2×g3（图 134）

　　23... 象 d6×g3!

致命一击！其实白方走 23. h×g3 也一样。23... 象×g3　24. f×g3（若 24. 后 f1, 后 h2#, 杀王）车×e3 25. 象×e3 后×g3+　26. 王 f1 象 h3+ 27. 王 e2 象 g4+，抽后。

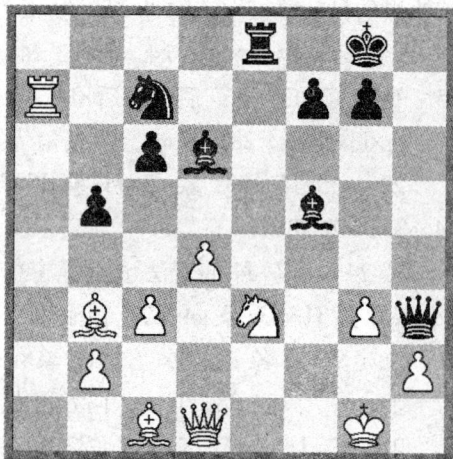

图 134

　　24. h2×g3?

若走 24. 后 e2 象 d6　25. 后 f2 尚能抵抗。吃象后果不堪设想。

　　24... 车 e8×e3

现在是怎么走都胜定了，如 24... 后×g3+　25. 马 g2 象 h3　26. 后 f1 车 e1!，黑胜。

　　25. 象 c1×e3 后 h3×g3+　26. 王 g1-f1 象 f5-h3+　27. 王 f1-e2 象 h3-g4+ 28. 王 e2-d2 象 g4×d1　29. 象 b3×d1 马 c7-d5　30. 车 a7-a8+ 王 g8-h7 31. 车 a8-e8 f7-f5　32. 王 d2-e2 后 g3-h2+　33. 王 e2-d3

如走 33. 象 f2，黑有 33... 后 h5+ 抽车。

　　33... 后 h2×b2

白方认输。

第 95 局　阿尔玛希（Almasi）——亚当斯（Adams）

1997 年弈于普拉　C89　69/333

1. e2-e4 e7-e5　2. 马 g1-f3 马 b8-c6　3. 象 f1-b5 a7-a6　4. 象 b5-a4 马 g8-f6　5. 0-0 象 f8-e7　6. 车 f1-e1 b7-b5　7. 象 a4-b3 0-0　8. c2-c3 d7-d5　9. e4×d5 马 f6×d5　10. 马 f3×e5 马 c6×e5　11. 车 e1×e5 c7-c6　12. 车 e5-e1 象 e7-d6　13. d2-d3 后 d8-h4　14. g2-g3 后 h4-h3　15. 车 e1-e4 后 h3-d7　16. 马 b1-d2 象 c8-b7　17. 车 e4-e1 c6-c5　18. 马 d2-e4 象 d6-e7　19. a2-a4

新着法。以往常走 19. 象 g5。

19... b5-b4

还有两种着法可以考虑：19... 后 c6 和 19... 王 h8。

20. 象 c1-g5

此时走 20. c4?! 不好。经 20... 马 c7 之后，黑马可到 e6 好点，以后还有更好的点 d4。

20... 象 e7×g5

如果走 20... f6，则 21. 象 e3。这样正中白方下怀，黑 d5 马被牵制。

21. 马 e4×g5 b4×c3　22. b2×c3 h7-h6!

好棋。如贪吃兵则要坏事：22... 马×c3?　23. 后 h5! h6　24. 马×f7! 车×f7　25. 象 e6! 后 c7　26. 车 ac1，白方攻势强大。另一种着法也未必好：22... 后 f5　23. 马 e4 马×c3!　24. 后 c2! 马×e4　25. d×e4，白方稍优。

23. 马 g5-e4 后 d7-c6

24. 后 d1-h5?!

走 24. 后 f3!? 好一些，若 24... 马×c3　25. 车 ac1 马×e4　26. d×e4。

24... 车 a8-d8　25. a4-a5

打算走象 a4。

25... f7-f5　26. 马 e4-d2?!

此着有问题。应走 26. 象 a4 后 c7，把黑后从有威胁的位置上赶走。或者走 26. f3 王 h8　27. 马 d2 马×c3。

26... 王 g8-h8

27. 马 d2-f3??（图 135）

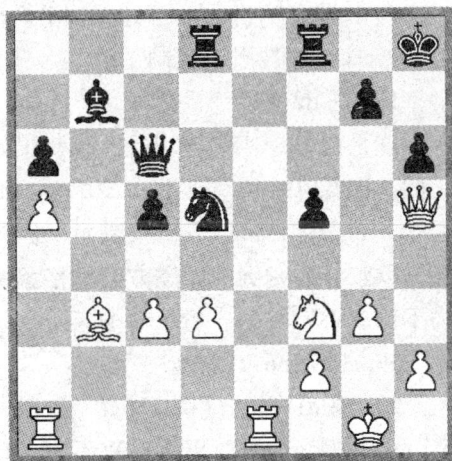

图 135

大漏着。应走27.f3 后f6!?（若27... 马×c3　28. 车e6 车d6　29. 车ae1，白棋稍优）28. 车ac1 马×c3　29. 车e6 后×e6!　　30. 象×e6 马e2+再马×c1，黑棋稍优。

27... 马d5-f6

一锤定音。白马必失。白方认输。

类似27. 马f3? 这样的低级错误是不应该发生在特级大师身上的，但是确实发生了。

第96局　伊万丘克（Ivanchuk）——蒂曼（Timman）

1999 年弈于维克安泽　C89　74/371

1. e2-e4 e7-e5　2. 马g1-f3 马b8-c6　3. 象f1-b5 a7-a6　4. 象b5-a4 马g8-f6　5.0-0象f8-e7　6. 车f1-e1 b7-b5　7. 象a4-b3 0-0　8. c2-c3 d7-d5　9. e4×d5 马f6×d5　10. 马f3×e5 马c6×e5　11. 车e1×e5 c7-c6　12. 车e5-e1 象e7-d6　13. d2-d3 后d8-h4　14. g2-g3 后h4-h3　15. 车e1-e4 马d5-f6

黑方这一着比较少见。

16. 车e4-h4 后h3-f5　17. 马b1-d2 g7-g5　18. 车h4-d4?

新手，一般走18. 车h6。如果黑方急于吃车走18... 王g7，白有19. 马e4!，黑方吃车、逃象、兑马，三种着法都不好。

18... 象d6-c5

白车没有活路了，能去的格子有11 个，却全部被黑棋控制了。

19. 马d2-f3

这是白方走18. 车d4 之前就想好了的。如果19... 象×d4　20. 马×d4 后c5　21. 后f3，白方也很满意。因为在马歇尔弃兵变例中，黑方的黑格象威力不比车小。

19... h7-h6

20. 象c1-f4?!（图136）

图136

白方先弃半子，黑方一直不吃。现在白方再弃一子，看黑方如何处置？

20...象 c8-b7！

给这一着棋加叹号，是给蒂曼控制局面、规避风险的能力而加的。面对白方的弃子，吃哪个都会给白方以反扑的机会。尽管白方未必能成功，但是黑方有一定的风险。比如：

一、20...g×f4　21.车×f4 后g6　22.马e5 后g5　23.马×f7 车×f7　24.后f3，如续走 24...王g7　25.象×f7！；如走 24...象e7　25.后×c6，白方都有攻势。

二、如果吃车：20...象×d4　21.马×d4 后h3　22.象d6 马g4　23.后f3，双方激烈对攻。不过，赛后还是伊万丘克指出了黑棋保持优势的另一种着法：20...车e8！　21.象d6 象b6，暗藏 c5 捉车的凶着。

21.象 f4-d6 象 c5×d6　22.车 d4×d6

一只必死无疑的车就这样逃了出来。但是我们仍然看到了过早出车的坏处。

22...c6-c5　23.马 f3-d2 车 a8-d8　24.车 d6×d8？！

这着棋有点问题。还是走 24.车b6 好，先手捉象。但是黑有 24...车×d3　25.车×b7 马e4　26.马×e4 车×d1+　27.车×d1 后×e4　28.车dd7 c4　29.象d1，黑仍稍优。

24...车 f8×d8

至此黑方虽然没有占得子力上的便宜，但是有较大的局面优势。

25.象 b3-c2 马 f6-g4！　26.后 d1-e2 c5-c4！　27.象 c2-d1

在黑方凌厉的攻势下，白方被迫放弃重要的 d3 兵。如走 27.马e4 c×d3　28.象×d3 车×d3！　29.后×d3 象×e4，黑方得半子并保持攻势。

27...车 d8×d3　28.后 e2×g4 后 f5×g4　29.象 d1×g4 车 d3×d2

经过一番大交换，双方子力相等，但黑车位置较好。就这么一点差别，能赢吗？

30.车 a1-b1 象 b7-e4　31.车 b1-e1 象 e4-d3　32.b2-b4 车 d2×a2 33.车 e1-c1 f7-f5　34.象 g4-h3 王 g8-f7　35.象 h3-f1 象 d3-e4

这个局面很有趣，按照理论白方是好象，黑方是坏象。但是，白方邀兑，黑方却不兑。这说明对弈双方都明白，兵链外的坏象优于没有进攻目标的好象。也许有人会想，白方如果能在黑方冲 f5 兵之前，进象攻击黑后翼兵就好了。那好，让我们看看改走 32.象c8 a5　33.车e5 车×b2　34.象a6 b4 35.c×b4 a×b4　36.车c5 象e4　37.王f1 c3，黑兵升后不可阻挡。

36.象 f1-g2 王 f7-f6　37.象 g2×e4 f5×e4　38.车 c1-e1 王 f6-f5

39. 王g1-f1 车a2-a3　40. 车e1-e3 a6-a5　41. b4×a5 车a3×a5　42. 车e3-e2 车a5-a1+　43. 王f1-g2 车a1-a3　44. 车e2-c2 王f5-e5　45. 王g2-f1 b5-b4　46. c3×b4 c4-c3　47. 王f1-e2 王e5-d4　48. b4-b5 车a3-b3　49. 车c2×c3 车b3×c3　50. b5-b6 车c3-b3　51. b6-b7 车b3×b7

白方认输。

第97局　朱迪·波尔加（Ju·Polgar）——亚当斯（Adams）

1999年弈于多斯赫尔玛纳斯　C89　75/317

1. e2-e4 e7-e5　2. 马g1-f3 马b8-c6　3. 象f1-b5 a7-a6　4. 象b5-a4 马g8-f6　5. 0-0 象f8-e7　6. 车f1-e1 b7-b5　7. 象a4-b3 0-0　8. c2-c3 d7-d5　9. e4×d5 马f6×d5　10. 马f3×e5 马c6×e5　11. 车e1×e5 c7-c6　12. d2-d3 象e7-d6　13. 车e5-e1 后d8-h4　14. g2-g3 后h4-h3　15. 车e1-e4 后h3-f5　16. 马b1-d2 后f5-g6　17. 车e4-e1 f7-f5　18. 后d1-f3

新手。由于亚当斯在重大国际比赛中多次将棋局导入马歇尔变例，这不能不引起朱迪·波尔加的警觉。比如，在列科——亚当斯的对局中走的是：18. f4 象×f4　19. 后f3 象b8　20. 象×d5 c×d5　21. 马b3 后f7　22. 马d4 象a7　23. 象f4 象d7，最终走成和棋。而在本次比赛阿南德——亚当斯的对局中走的是：18. a4 车b8　19. a×b5 a×b5　20. 马f3 f4　21. 马e5 象×e5　22. 车×e5 f×g3　23. f×g3 象g4　24. 后e1 象h3　25. 象e3 车f1+　26. 后×f1 象×f1　27. 车×f1 车f8　28. 车×f8+，最终也走成和棋。

18. ... 王g8-h8　19. 象b3-d1 f5-f4　20. g3-g4

白方原计划走20. 后h5 邀兑皇后，现在走不成了，如走20. 后h5 f×g3！21. h×g3 象×g3！22. 后×g6（如22. f×g3 后×g3+　23. 王h1 后×e1+　24. 王h2 车f2+　25. 王g3 后g1+　26. 王h4 车h2#）22. ... 象×f2+　23. 王g2 h×g6　24. 车h1+ 王g8，在这一变化中白方损失两兵。

20. ... h7-h5　21. h2-h3 马d5-f6！?　22. 后f3-g2

如走22. 后×c6，经22. ... h×g4　23. 后×a8 f3！　24. h4 g3！，黑棋攻势强大。

22. ... h5×g4　23. h3×g4 象c8×g4　24. 车e1-e6 后g6-h5　25. 象d1×g4 马f6×g4　26. 车e6×d6 车a8-e8　27. 马d2-e4

如走27. 马f3 车e2！，然后车×f2。经过一番拼杀，白方得一子，但黑棋有攻势。你觉得这样的局面谁能赢呢？

27...马 g4-e5 28. f2-f3 马 e5×f3+   29. 王 g1-f2 马 f3-h4!

如走 29...马 e5 30. 象 d2 马 g4+ 31. 王 g1 f3 32. 后 g3 f2+ 33. 王 g2，黑兵必失，且白有车 h1 的威胁。

30. 后 g2-h1！（图 137）

30...g7-g5！

黑棋控制了整个局面，现在开始冲兵攻王。

31. b2-b4 g5-g4 32. 象 c1-b2 g4-g3+ 33. 王 f2-g1 马 h4-f3+ 34. 王 g1-g2 马 f3-h2

威胁后 f3 杀。黑方把马走得有如神助。

35. c3-c4+ 王 h8-g8 36. 后 h1-d1？

应走 36. 王 g1! f3?!   37. 马×g3 f2+   38. 王 g2，黑棋进攻受挫，白方优势。

图 137

36...f4-f3+ 37. 王 g2×g3 后 h5-g4+ 38. 王 g3-f2 后 g4-h4+ 39. 王 f2-e3

如走 39. 王 g1 后 g4+ 40. 王 f2 后 g2+ 41. 王 e3 后 g5+ 42. 王 f2 马 g4+ 43. 王 f1（若 43. 王 g1 车×e4！）后 h4，黑胜。

39...后 h4-f4+ 40. 王 e3-d4 后 f4-e5+ 41. 王 d4-e3 马 h2-g4+ 42. 王 e3-d2 后 e5×b2+ 43. 后 d1-c2

如走 43. 王 e1 车×e4+ 44. d×e4 后 f2#，杀。

43...后 b2×a1 44. 车 d6-g6+ 王 g8-h7 45. 车 g6×g4 f3-f2

白方认输。

亚当斯走的马歇尔弃兵果然厉害，超一流高手中最喜欢走马歇尔弃兵变例的就是亚当斯。

第八章　其他近代变例

索引号　C86-C88　C90-C91

当封闭体系和马歇尔弃兵等都学会了之后，小棋手们应当学一学其他近代变例。这些变例是在封闭体系的基础上发展起来的。你必须在学会了封闭体系和马歇尔弃兵之后，才能体会到这些变化的目的。这些变化大部分没有名字，现在，选择几种常见的变化分列如下：

一、索引号　C86

1. e2-e4 e7-e5　2. 马 g1-f3 马 b8-c6　3. 象 f1-b5 a7-a6　4. 象 b5-a4 马 g8-f6　5. 0-0 象 f8-e7　6. 后 d1-e2

与封闭体系相比，此变用 6. 后 e2 代替了常用的 6. 车 e1。

6. . . b7-b5　7. 象 a4-b3 0-0　8. c2-c3

以下黑棋有两路变化：

变一

8. . . d7-d6（图 138）

这个图与封闭体系相比只有一点不同，就是用后 e2 取代了车 e1。

变一 a

9. a2-a4 马 c6-a5　10. 象 b3-c2 象 c8-e6　11. a4×b5 a6×b5　12. d2-d4 象 e6-c4　13. 象 c2-d3 象 c4×d3　14. 后 e2×d3 马 a5-c4　15. 车 a1×a8 后 d8×a8

双方均势。

变一 b

9. d2-d4 象 c8-g4　10. 车 f1-d1 e5×d4　11. c3×d4 d6-d5　12. e4-e5 马 f6-e4　13. 马 b1-c3 马 e4×c3　14. b2×c3

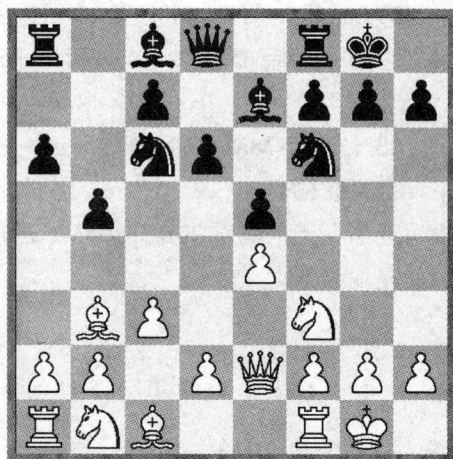

图 138

后 d8-d7

双方均势。

变二

8...d7-d5　9. d2-d3　象 c8-b7　10. 车 f1-d1　车 f8-e8　11. 马 b1-d2 象 e7-f8　12. 马 d2-f1　h7-h6

双方均势。

二、索引号　C88

1. e2-e4 e7-e5　2. 马 g1-f3 马 b8-c6　3. 象 f1-b5 a7-a6　4. 象 b5-a4 马 g8-f6　5. 0-0 象 f8-e7　6. 车 f1-e1 b7-b5　7. 象 a4-b3 0-0

当黑方走 7...0-0 时，就有可能走马歇尔弃兵，如果白方不怕，就可以走 8. c3，随黑方选择走 8...d5（马歇尔弃兵）或 8...d6（封闭体系）。当白方不愿意给黑方这个选择权时，或者白方不愿走马歇尔弃兵时，走 8. a4 或 8. h3 就是避开马歇尔弃兵的办法。

变一

8. a2-a4　象 c8-b7　9. d2-d3（图 139）

大多数棋手在 8. a4 之后走 9. d3，不但避开了马歇尔弃兵，同时也避开了封闭体系的常见着法。这样就使棋手们在一个完全不同的局面中争斗。在西班牙开局中，总是由黑方来选择变例，而这一章中的几个变例都是由白方来选择的。这个变例是拒马歇尔弃兵变例的主要着法。

9...d7-d6

以下白棋常走 10. 马 bd2 或者 10. 象 d2。

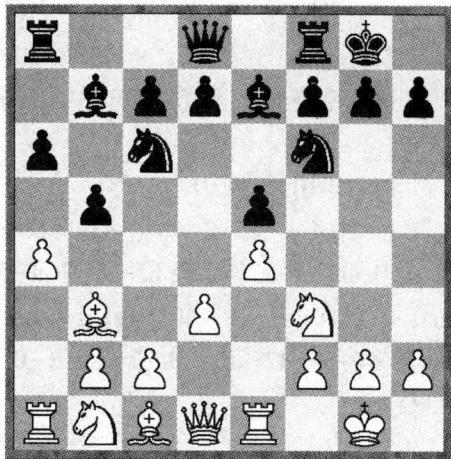

图 139

双方均势。

变二

8. h2-h3　象 c8-b7　9. d2-d3　d7-d6　10. a2-a3　后 d8-d7　11. 马 b1-c3 车 a8-e8

双方均势。

三、索引号　C90

1. e2-e4 e7-e5　2. 马 g1-f3 马 b8-c6　3. 象 f1-b5 a7-a6　4. 象 b5-a4

马 g8-f6　5. 0-0　象 f8-e7　6. 车 f1-e1 b7-b5　7. 象 a4-b3 d7-d6　8. c2-c3 0-0　9. d2-d3（图 140）

白方把 d 兵走到 d3 而不是 d4，就避开了大家常走的套路，力求在阵地战中掌握不大的，但是持久的先手。近年来，高手们常走这个变化。

9. ... 马 c6-a5　10. 象 b3-c2 c7-c5 11. 马 b1-d2

变一

11. ... 马 f6-d7　12. 马 d2-f1 马 d7-b6　13. 马 f1-e3 象 e7-f6

双方均势。

变二

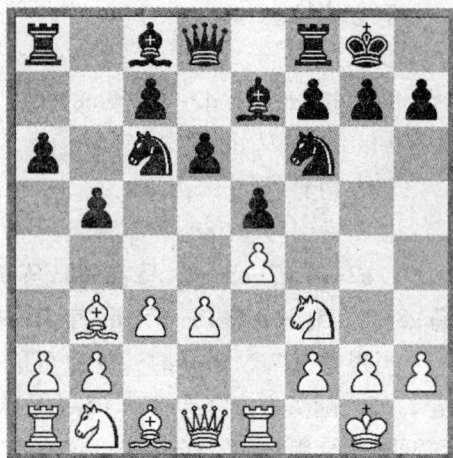

图 140

11. ... 马 a5-c6　12. 马 d2-f1 车 f8-e8　13. 象 c1-g5 h7-h6　14. 象 g5×f6 象 e7×f6　15. 马 f1-e3 马 c6-e7　16. 象 c2-b3 象 c8-b7

双方均势。

这两个变化，黑方在变一中侧重于后翼进攻，在变二中侧重于王翼的防守。

四、索引号　C91

1. e2-e4 e7-e5　2. 马 g1-f3 马 b8-c6 3. 象 f1-b5 a7-a6　4. 象 b5-a4 马 g8-f6 5. 0-0 象 f8-e7　6. 车 f1-e1 b7-b5 7. 象 a4-b3 d7-d6　8. c2-c3 0-0 9. d2-d4

与封闭体系相比，白方没走 9. h3，而是走了 9. d4，黑方相应的对策是：

9. ... 象 c8-g4（图 141）

这就解释了封闭体系中 9. h3 的作用。

图 141

10. d4-d5 马 c6-a5　11. 象 b3-c2 c7-c6　12. d5×c6 后 d8-c7　13. 马 b1-d2 后 c7×c6　14. h2-h3 象 g4-e6 15. 马 d2-f1 车 f8-e8

双方均势。

第98局 努恩（Nunn）——莫罗泽维奇（Morozevic）

1995年弈于阿姆斯特丹 C84 64/322

1. e2-e4 e7-e5 **2.** 马g1-f3 马b8-c6 **3.** 象f1-b5 马g8-f6 **4.** d2-d3 d7-d6 **5.** c2-c3 象f8-e7

这种变化虽然很古老，但是在大型国际比赛中还是有人在用。

6. 0-0 0-0 **7.** 车f1-e1 a7-a6 **8.** 象b5-a4 马f6-d7

以前常见的着法是8... 车e8。

9. 象a4-c2 马d7-b6 **10.** d3-d4 象e7-f6 **11.** h2-h3 象c8-d7 **12.** 马b1-a3

把马走到a3不好，没有任何出路。还是应该走12. b3，控制黑方b6马，然后走象e3和马bd2较好。

12... 马c6-e7 **13.** 象c1-e3 马e7-g6 **14.** 后d1-d2 后d8-e7 **15.** 车a1-d1 车a8-d8 **16.** 后d2-c1 h7-h6 **17.** d4×e5 马g6×e5

显然不能走17...d×e5，打开了a3-f8斜线只能对白方有利。接下去走18. b4 马c8 19. 象c5 马d6 20. 马c4 象e6 21. 马e3，白方把一个位置很不好的a3马调整到e3，改善了子力结构。

18. 马f3-d4 c7-c5 **19.** 马d4-e2

若走19. 马f5 象×f5 20. e×f5 后c7，双方均势。

19... 象f6-h4

好棋，及时地制止了白方冲兵f4的企图。

20. 马e2-f4 后e7-f6 **21.** 车e1-f1 g7-g5 **22.** 马f4-h5（图142）

不如走22. 马d3，伺机与黑方e5马交换，以减轻黑子对白方的压力。至此，黑方已有后、双象、马在攻王，而白方各子极不协调。

22... 马e5-f3+!

好棋，以攻为守。若走22... 后g6，则23. f4 后×h4 24. f×e5，或23...g×f4 24. 马×f4，白方获得很大的攻势。

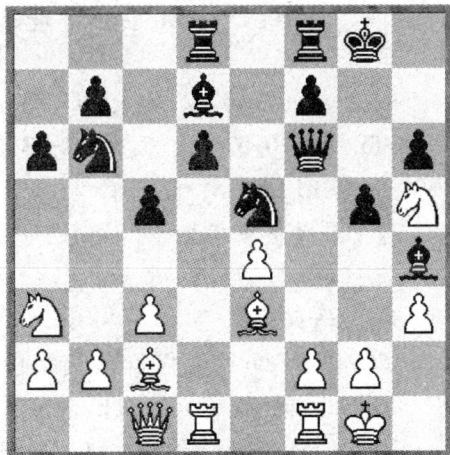

图142

23. 王 g1–h1

唯一之着。若走 23. g×f3 后×f3 24. 王 h2（若 24. 车×d6 象×h3，白负）后×h5，黑方优势。

23... 后 f6–g6 24. 马 h5–g3

若走 24. g4，黑有 24... 象 c6！。

24... 象 h4×g3 25. f2×g3 马 f3–e5

不让白方走 e5，打开 b1–h7 斜线，那样，黑棋就被动了。

26. 车 f1–f2 马 b6–c8 27. 车 d1–f1 f7–f6 28. b2–b4 b7–b6 29. 后 c1–d2 象 d7–c6 30. 象 c2–b3+ 王 g8–g7 31. 象 b3–d5 马 c8–e7 32. 象 d5×c6 马 e7×c6 33. b4–b5 a6×b5 34. 马 a3×b5 马 e5–c4 35. 后 d2–c1 后 g6×e4

这几个回合白方走得毫无章法，黑方后双马已经牢牢地控制了局势。

36. 车 f1–e1 马 c6–e5！

白方顾此失彼，已经无法防守黑马向 d3 格的进犯了。

37. 象 e3×g5 后 e4–g6 38. 象 g5–f4 马 e5–d3！

黑方把他的两匹马走得出神入化，成为本局取胜的功臣。

39. 车 e1–e7+ 车 f8–f7 40. 象 f4×h6+ 王 g7–g8 41. 车 e7×f7 王 g8×f7

白方认输。

白方 4 个子，有 3 个在黑方口中。只好认输。

第 99 局　泽秀尔金（Zezjulkin）——布尔真什（Berzinsh）
1995 年弈于玻来斯　C84　65/333

1. e2–e4 e7–e5 2. 马 g1–f3 马 b8–c6 3. 象 f1–b5 a7–a6 4. 象 b5–a4 马 g8–f6 5. 0–0 b7–b5 6. 象 a4–b3 象 c8–b7 7. 马 b1–c3 象 f8–e7 8. d2–d3 0–0 9. 象 c1–g5

这个开局是黑方改变了行棋次序，先出后翼象，再出王翼象。而白棋也走出了新手。常见的是 9. 车 e1。

9... 马 c6–a5

黑方以弃 e5 兵为代价来交换白象，未免损失大了一点。一般都是走 9... d6 10. 象×f6 象×f6 11. 象 d5。

10. 马 f3×e5 马 a5×b3 11. a2×b3 b5–b4

如走 11... 马×e4 12. d×e4 象×g5 13. 马×d7 车 e8 14. 马 c5，白方优势。

12. 马 c3-a4 d7-d5   13. 象 g5×f6 象 e7×f6   14. 马 a4-c5 象 f6×e5

15. 马 c5×b7 后 d8-f6   16. e4×d5 车 f8-b8   17. 马 b7-a5

如走 17. 马 c5? 后 d6!。

17... 象 e5×b2   18. 车 a1-a4 车 b8-b5   19. 后 d1-g4 象 b2-c3

20. 马 a5-c6

白马在 c6 能控制 b8、d8、e7 等许多重要的格子，是一个非常好的位置。

20... h7-h5!

好棋。暗设陷阱，白方如走 21. 后×h5?? 后×c6!，黑方得子。此时，如黑方走 20... 后 d6   21. 车×a6! 车 e8!（如走 21... 车×a6??   22. 后 c8+ 后 f8   23. 马 e7+ 王 h8   24. 后×f8#，杀）22. 后 e4! 车×e4   23. 车 a8+ 后 f8   24. 车×f8+ 王×f8   25. d×e4，白方多二兵。

21. 后 g4-c4 后 f6-d6   22. 车 a4×a6

如走 22. 后×b5 a×b5   23. 车×a8+ 王 h7   24. 车 d8 后 f4，白方的 c2 兵是弱点。

22... 车 a8×a6   23. 后 c4×b5
车 a6-a2   24. 后 b5-b8+ 王 g8-h7
25. 后 b8-e8 后 d6×d5（图 143）

26. d3-d4!

这一步挺兵意义深远，几个回合之后才能看出来。

26... 后 d5-e6

此时，如走 26... 象×d4?

27. 马×b4 象×f2+   28. 王 h1!（如走
28. 车×f2? 车 a1+   29. 车 f1 后 d4+
30. 王 h1 车×f1#，杀）28... 车 a8
29. 后 e2 后 d4   30. 马 d3 象 e3

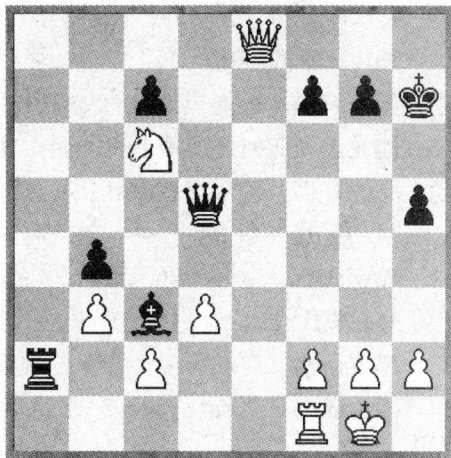

图 143

31. 后×h5+ 王 g8   32. 后×f7+，白方胜势。

27. 马 c6-e7! 象 c3×d4   28. 后 e8-g8+ 王 h7-h6   29. 后 g8-h8+ 王 h6-g5

30. 后 h8-d8 c7-c5

如走 30... 象 f6?   31. 后 d2+ 王 h4   32. 后 f4+ 后 g4   33. 马 f5#，杀。此变皆因白方 26. d4 献兵之功。而现在再回过头来看第 26 回合时如不走 26. d4 而直接走 26. 马 e7 后 e6   27. 后 g8+ 王 h6   28. 后 h8+ 王 g5   29. 后 d8 象 f6!，此时 d 兵挡住了白后到 d2 的路，只好走 30. 后 d5+ 后×d5   31. 马×d5 车×c2

211

32. 马×b4 车 b2　33. 马 d5 车×b3，双方均势。

31. h2-h4+! 王 g5-g4

黑王不敢吃兵。如：31... 王×h4?　　32. 马 g6++ 王 g4　33. 后 h4+ 王 f5
34. 马 e7+! 王 e5　35. 车 e1+，黑方失后。

32. 马 e7-c6! 后 e6-f6

如走 32... 后×c6　33. 后 g5#，杀。若走 32... 象 f6　33. 后 d3! 后×c6
34. 后 h3+ 王 f4　35. 车 e1 车 a1　36. g3+ 王 f3　37. 后 f5#，白胜。

33. 后 d8-d5??

胜利即将到来之时走出了一个大败着。因为有：33... 象×f2+!　34. 车×f2
（如走 34. 王 h1 后×h4#，杀）34... 车 a1+　35. 王 h2 后×h4#，黑胜。

其实此时白方应走 33. 后 d7+，如果：

一、33... 王×h4　34. 马×d4 后×d4　35. 后 f5 后 g4　36. g3+ 王 h3
37. 后 d5 后 g6　38. 车 e1 王 g4　39. 车 e4+ 王 f3　40. 后 d3#，白胜。

二、33... 后 f5　34. 马 e5+ 象×e5　35. f3+ 王 f4　36. 后 d2+ 王 g3
37. 后 f2+ 王 f4　38. g3#，白胜。

33... 车 a2-a1??

无独有偶。可能黑方一直处于劣势，他的思维还没从逃生的框框中解脱出
来。他没想到此时还有取胜的可能。总之，他没有看到 33... 象×f2+! 这步激
动人心的好棋。轻易地就把吓出一身冷汗的泽秀尔金放了。

34. 后 d5-e4+ 后 f6-f4　35. 后 e4-e2+ 王 g4×h4

如走 35... 王 f5　36. 马 e7+ 王 f6　37. 马 d5+，抽吃黑后。

36. 车 f1×a1

黑方认输。

因为 36... 象×a1　37. g3+，得后。

第 100 局　埃尔维斯特（Ehlvest）——阿南德（Anand）

1995 年弈于里加　C86　63/304

1. e2-e4 e7-e5　2. 马 g1-f3 马 b8-c6　3. 象 f1-b5 a7-a6　4. 象 b5-a4
马 g8-f6　5. 后 d1-e2 b7-b5　6. 象 a4-b3 象 f8-e7　7. c2-c3 0-0　8. 0-0
d7-d5!

行棋至此，白方与正常的封闭体系稍有不同。阿南德在最后一着走
8...d5，将棋局导向斯特赫特尔变例，这是一路较为冷僻的着法。显然阿南德

是有备而来，因为白车在 f1 而不是在 e1，所以白方绝不敢把棋局导向马歇尔变例。这就是 8...d5 这着棋可行的理论依据。在中心形成紧张兵形，激烈的战斗由此展开。

9. d2-d3　象 c8-b7　10. 车 f1-d1　车 f8-e8　11. 马 b1-d2　象 e7-f8
12. 马 d2-f1

白方想走 13. 象 g5。

12...h7-h6

新手。以往走的是 12...马 a5。

13. a2-a3　马 c6-b8!

这匹马在 c6 已无作用，应该转移了。现在阿南德想走马 b8-d7-c5。另一种思路是马经 d7 到 g6，但是显然不好。

14. 马 f1-e3　d5×e4　15. d3×e4　马 b8-d7　16. 马 e3-d5　马 d7-c5
17. 马 d5×f6+

如走 17. 马 b6? 黑走 17...马×b3　18. 车×d8　车 a×d8　19. 车 b1 c×b6，黑方一后换白方车马象三子，有超值补偿。

17...后 d8×f6　18. 象 b3-c2　后 f6-c6　19. 车 d1-e1

走 19. 车 d5! 较积极。

19...车 a8-d8　20. 象 c1-d2

如走 20. b4　马 a4!　21. 象×a4 b×a4　22. 象 b2 f6，黑方较好。

20...后 c6-e6　21. 车 a1-b1　后 e6-c4　22. b2-b4

埃尔维斯特认为，如走 22. b3
后×e2　23. 车×e2　马 e6，黑方很舒服。
所以他走了 22. b4。

22...马 c5-d3

唯一的好棋。

23. 象 c2-b3　后 c4-c6

24. 象 b3-d5（图 144）

白方这只象气势汹汹地直逼黑后，
黑马又在白后口中。面临难题，黑方毅
然走出——

24...车 d8×d5!　25. e4×d5
后 c6×d5　26. 车 e1-d1 e5-e4
27. 马 f3-e1 车 e8-e6

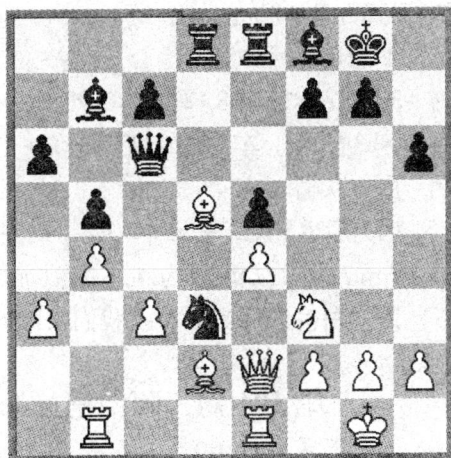

图 144

213

埃尔维斯特没有想到，逼迫黑方弃车砍象之后，形势反而对黑方有利。黑方的白格象由于没有了对手而威力大增。

28. 象 d2-e3 象 f8-d6?!

太急。先走 28... 车 g6 29. 马 c2 再象 d6 会更好。但是这个 28... 象 d6 太有诱惑力了。

29. 象 e3-c5!

走 29. g3 可不好，黑有 29... 后 f5，然后再走后 h3、马 e5、马 f3 等，白方防不胜防。

29... 象 d6×c5

意图暴露太早容易遭到对方反击，若黑车在 g6，白象就不敢放弃 f4 格的守卫。

30. b4×c5 车 e6-g6 31. 后 e2-e3

白马不敢与黑马交换，因为打开大斜线之后，白方无法防守。现在防守 g2 格的重任落在白马身上，它不敢乱动。

31... 后 d5-h5 32. c3-c4

黑方已完全控制了局面，白方已无好棋可走。

32... b5×c4 33. 车 d1-d2

如走 33. 车×b7 后×d1 34. 王 f1 车 f6，白棋崩溃。另有 33. 车×d3 e×d3 34. 车×b7 后×d1!，黑方有 d2 及车 e6 等手段，白方无法防守。

33... 象 b7-c6 34. 车 d2-c2 象 c6-d5 35. h2-h3 王 g8-h7 36. 王 g1-h1 f7-f5 37. f2-f4

不能让黑兵冲到 f4。

37... e4×f3 38. 马 e1×f3 车 g6-e6 39. 后 e3-d4 象 d5×f3 40. g2×f3 后 h5×h3+ 41. 车 c2-h2 后 h3×f3+ 42. 车 h2-g2 车 e6-g6

白方认输。

因为后边是 43. 车 g1 车 g4 44. 王 h2! 后×g2+!（若贪吃，走 44... 车×d4, 45. 车×g7+，白方反败为胜），黑方胜。

黑方白格象的威力给了我们很深的印象。

第 101 局 阿南德（Anand）——肖特（Short）
1997 年弈于多特蒙德 C87 70/329

1. e2-e4 e7-e5 2. 马 g1-f3 马 b8-c6 3. 象 f1-b5 a7-a6 4. 象 b5-a4

马 g8-f6 5. 0-0 象 f8-e7 6. 车 f1-e1 d7-d6 7. c2-c3

同年，托帕洛夫——肖特，走的是：7. 象×c6+ b×c6 8. d4 e×d4
9. 马×d4 象 d7 10. 马 c3 0-0，双方均势。

7... 象 c8-g4 8. d2-d3 马 f6-d7 9. 象 c1-e3 象 g4×f3 10. 后 d1×f3
象 e7-g5 11. 马 b1-d2 0-0 12. 象 a4-c2 h7-h6 13. 车 e1-f1

已经走到 e1 的车为什么再回 f1 呢？我们且看阿南德有什么打算。

13... 马 d7-b6 14. 车 a1-d1！

现在，可以走 15. 象×b6 了。

14... 象 g5×e3？ 15. f2×e3

正中下怀，白棋的 f 车得到一条半开放线。有时候，一方走的棋需要对方
"配合"才能成为好棋。因此，黑方的 14... 象×e3 是坏棋。

15... g7-g6 16. 后 f3-g3 后 d8-g5 17. 后 g3-h3 王 g8-g7 18. 车 f1-f3
车 f8-g8 19. 车 d1-f1 车 a8-f8 20. 象 c2-b3

激烈的战斗正从 f 线上展开，双方的攻防要点是 f7 格。白方在 f 线上获得
的攻势，受益于黑方的 14... 象×e3。

20... 马 c6-d8 21. 马 d2-c4 马 b6×c4 22. 象 b3×c4

双方已经交换了三个弱子，但是一个兵也没有交换，这种情况并不多见。

22... 后 g5-e7 23. 车 f3-f6 车 f8-e8

此着走 23... 马 e6 较好。经过 24. 象×e6 f×e6 25. 车×f8 车×f8 26. 车×f8
后×f8 27. 后×e6，白方得一兵。

24. 后 h3-h4

阿南德要保持他的攻势，没有选择：24. 车×f7+ 马×f7 25. 车×f7+ 后×f7
26. 象×f7 王×f7 27. 后×h6，白方得两兵。

24... 车 g8-f8 25. b2-b4 后 e7-d7

白方有冲兵 a4 的打算，黑方及时地遏止了白方冲兵的可能。现在走
25... 马 e6？已经不可能了，经过 26. 象×e6 f×e6 27. 车×f8，白棋得一车。

26. 象 c4-d5！ c7-c6

白方引诱黑方冲兵 c6，则 d6 兵就成了落后兵。而黑方又不愿意冲兵 b5
让白象占住 d5 好点，所以只有冲 c6。也许黑方想等以后有机会时冲起 d5 来，
可是白方 e 线上的叠兵阻止了黑冲 d5 的计划。

27. 象 d5-b3 马 d8-e6

从可以走 23... 马 e6 到不能走 25... 马 e6 再到可以走 27... 马 e6，这里
的细微差别还望读者仔细品味。

28. 后 h4-g3 后 d7-d8

如走 28... 马 f4？ 29. e×f4 王×f6 30. f×e5++ 王 g7 31. e×d6，以下有两种着法：

一、31... f6 32. c4 然后 c5，白棋优势。白棋中心兵阵太凶，黑棋空间局促。

二、31... 车 d8 32. 后 e5+ 王 h7（若 32... f6 33. 后 e7+！ 王 h8 34. 车×f6，黑棋形势更差）33. 车 f6，白棋优势。

29. 后 g3-f3 马 e6-g5？

走 29... 后 e7 较好。

30. 后 f3-g4 d6-d5

终于冲起了 d5 兵，如走 30... 后×f6 31. 车×f6 王×f6 32. 后 d7 车 e7 33. 后×d6+ 马 e6 34. d4，白棋优势。

31. e4×d5 c6×d5 32. h2-h4 马 g5-h7 33. 车 f6-f5 f7-f6 34. h4-h5 马 h7-g5 35. h5×g6 后 d8-d6 36. d3-d4？

不大精确，还是冲 e4 好，如：

一、36... d4 则 37 象 f7，白棋优势。

二、36... d×e4 37. d×e4 王×g6 38. 象 d5，白棋优势。

36... 马 g6-e4 37. d4×e5 车 e8×e5 38. 车 f5×e5 后 d6×e5 39. 车 f1-f5 后 e5×c3 40. 车 f5×d5 后 c3×e3+？

坏棋。失去最后成和的机会。若走 40... 后 e1+ 41. 王 h2 后 h1+ 42. 王×h1 马 f2+ 43. 王 h2 马×g4+ 44. 王 g3 马 e5 45. 车 d6 王×g6 46. 车 b6，白棋稍优，但和棋可能极大。

41. 王 g1-h2 马 e4-g5（图 145）

42. 后 g4-d7+ 王 g7×g6

此时，阿南德已将优势转为胜势。

图 145

43. 象 b3-c2+ 王 g6-h5

此时如走 43... f5，则 44. 车 d6+ 王 h5 45. 象 d1+ 王 h4 46. 车×h6#，白胜。

44. 后 d7-f5！ 王 h5-h4 45. 车 d5-d3 后 e3-e5+ 46. g2-g3+ 王 h4-h5 47. 象 c2-d1+

黑方认输。

事实证明，阿南德在 24 回合时没有去拿攻王的优势兑换两个兵是正确的，后 8 兵对双车 6 兵的棋并不好走。阿南德稳稳地压住对方，一点点扩大优势，最后突然出击，取得胜利。

第 102 局　普萨赫斯（Psakhis）——米科夫（Mikov）
1997 年弈于纽约　　C88　　69/330

1. e2-e4 e7-e5　2. 马 g1-f3 马 b8-c6　3. 象 f1-b5 a7-a6　4. 象 b5-a4 马 g8-f6　5. 0-0 象 f8-e7　6. 车 f1-e1 b7-b5　7. 象 a4-b3 0-0　8. h2-h3

由于普萨赫斯的等级分比对手高 135 分，所以，他认为执白棋在正规的局面里应该能取胜。于是他决定改变一下行棋次序，不走 8. c3 而走 8. h3，从而避开了给白方带来很多麻烦的马歇尔弃兵变例。自从 1996 年卡斯帕罗夫用 8. h3 来对付卡姆斯基之后，它就成了白方避开马歇尔弃兵变例的流行着法。

8... 象 c8-b7　9. d2-d3

因为没有走 8. c3，那么 9. d3 也就成了白方常用的着法了。也就是说，没有必要先冲 c3，再冲 d4 了。

9... 车 f8-e8　10. a2-a3

机敏。因为没走 8. c3，现在给白格象让出 a2 格以避免黑马的纠缠。

10... h7-h6　11. 马 b1-c3

既然不走兵 c3，就把这个格让给马吧。这样一变可以避开那些众所周知的熟套。

11... 象 e7-f8　12. 象 c1-d2 d7-d6　13. 马 c3-d5

适时出击，这就是走 11. 马 c3 的好处。

13... 马 c6-b8

黑方不愿走成 13... 马×d5　14. 象×d5 的样子。

14. 马 d5×f6+ 后 d8×f6　15. 马 f3-h2

针对黑后在 f6 格的不利位置，及时把马调到 g4 格去。

15... 马 b8-d7　16. 马 h2-g4 后 f6-g6　17. 车 e1-e3!

白方的局面感觉真好。发现黑后在 g6，这个位置不好，白方就打算把车调到 g3 格去。

17... h6-h5　18. 马 g4-h2

此时，如白方弃马去攻击 f7 兵走 18. 车 f3?，是坏棋。经 18... h×g4

19. 象×f7+ 后×f7 20. 车×f7 王×f7 21. 后×g4 马f6之后，黑方多半子且形势稳固，而白方的进攻子力全不见了。

18...马 d7-c5 19. 车 e3-g3 后 g6-h7
为了保住冲得太前的 h 兵，黑后只好受委屈了。

20. 象 b3-a2 h5-h4 21. 车 g3-f3
攻击 f7 兵。

21...马 c5-e6 22. 马 h2-g4 车 a8-d8 23. 车 f3-f5
在大家的印象中，车能参加战斗一般是比较晚的。而在这局棋中，没有开放线，车却能屡屡参加战斗确实是不多见的。

23...象 b7-c8 24. 象 a2×e6 车 e8×e6
如走 24...象×e6 25. 车 h5! 后 g6 36. 车 g5!，威力颇大的白象兑掉黑马的目的就是为了让车占领 g5 格。

25. 车 f5-h5! 后 h7-g6 26. 车 h5×h4 车 e6-e8 27. 车 h4-h5 f7-f6
不能让白车占 g5 格。

28. f2-f4 e5×f4
不吃怎么办？难道让白兵冲到 f5 吗？

29. 象 d2×f4 c7-c6 30. 后 d1-f3 象 c8-e6 31. 后 f3-g3
白车真安全，刚才不怕被吃，后到 g3 还是不怕。

31...王 g8-f7 32. 后 g3-h4 d6-d5（图 146）
黑方终于在中心展开了攻击，白方怎么办？黑王足够安全，如果白方没有更好的攻击手段只好听任黑方打开中心。

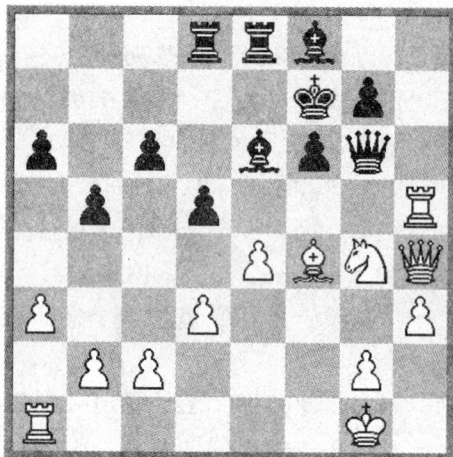
图 146

33. 马 g4-e5+!!
弃马好棋。这不是一般人能找到的好棋。

33...f6×e5 34. 车 a1-f1?!
走 34. 象×e5 更好。以后是 34...象 e7（如 34...象 c5+ 35. d4!）
35. 车 f1+ 象 f6 36. 象×f6 g×f6 37. 车 h6!，白棋胜势。

34...象 e6×h3?
黑方错失良机。应走 34...e×f4! 35. 车×f4+ 后 f6 36. 车×f6+ g×f6，黑势良好。

35. 象 f4-g5+ 王 f7-e6　36. 后 h4×h3+ 王 e6-d6　37. 象 g5×d8 车 e8×d8

白方不但吃回弃子，反而多出半子。

38. 车 h5-h8

另有一条取胜的捷径：38. e×d5! c×d5　39. 车×e5! 王×e5　40. 后 e3+ 王 d6　41. 后 b6+，白方得子胜。

38... 象 f8-e7　39. 车 h8×d8 象 e7×d8　40. 后 h3-f5?!

若走 40. e×d5 c×d5　41. 后 c8! 更好。

40... 象 d8-b6+!　41. 王 g1-h2 后 g6-h6+　42. 后 f5-h3 后 h6-d2 43. e4×d5 c6×d5　44. 后 h3-h5

走 44. 车 f7! 取胜更快。

44... 象 b6-e3　45. 后 h5-g6+ 王 d6-c5　46. b2-b4+ 王 c5-d4 47. 后 g6-c6!

威胁 48. 后 c5#杀。比走 47. 后 b6+ 王 c3 好。

47... 象 e3-f4+　48. 王 h2-h3 王 d4-e3　49. 后 c6×d5

黑方认输。

因为，黑方若走 49... 后×c2　50. 后 e4+ 王 d2　51. 车 f2+，白胜。若走 49... 后 c3，则 50. 后 f3+ 王 d4　51. 后 e4#，白胜。

第 103 局　亚当斯（Adams）——考斯顿（Kosten）
1997 年全英锦标赛　C88　70/332

1. e2-e4 e7-e5　2. 马 g1-f3 马 b8-c6　3. 象 f1-b5 a7-a6　4. 象 b5-a4 马 g8-f6　5. 0-0 象 f8-e7　6. 车 f1-e1 b7-b5　7. 象 a4-b3 0-0　8. h2-h3

白棋这种走法属于求变，只为避免走成马歇尔弃兵变例。还有一种走法为：8. a4 象 b7　9. d3 d6　10. 马 bd2 马 d7　11. c3 马 c5，双方均势。

8... 象 c8-b7　9. d2-d3 d7-d6　10. a2-a3 后 d8-d7

同年，希洛大——托帕洛夫走的是：10... 马 b8　11. 马 bd2 马 bd7 12. 马 f1 h6　13. 马 g3 车 e8　14. 马 f5 象 f8　15. 马 h2 d5　16. 马 g4 c6，双方均势。

11. 马 b1-c3 车 a8-e8　12. 马 c3-d5

此着也有走 12. 马 e2 或 12. 象 a2 的。

12... 马 c6-a5?!

此着欠考虑，没有看到白方意图，白马是要交换黑方黑格象的。下棋时能否猜到对方的意图是衡量一个棋手水平高低的标志之一。如走 12... 马×d5 13. 象×d5 马 d8，双方大致均势。或者走 12... 象 d8 13. 象 d2 马 d4 14. 马×f6+ 象×f6 15. 马×d4 e×d4 16. 后 g4，双方大致均势。

13. 马 d5×e7+ 后 d7×e7 14. 象 b3-a2 c7-c5 15. 马 f3-h4 马 a5-c6

正着应走 15... 象 c8，守住 f5 格，不让白马进驻。

16. c2-c3 象 b7-c8 17. 象 c1-g5 王 g8-h8

这里走 17... h6? 坏棋。18. 马 g6！白棋得子，可以看出白象控制 a2-g8 斜线的威力。

18. 象 a2-d5 马 c6-d8 19. 马 h4-f5 后 e7-c7?

白马在 f5 威胁太大，应走 19... 象×f5，兑掉它。

20. 象 g5×f6 g7×f6 21. 后 d1-f3

也可以考虑走 21. a4。

21... 车 f8-g8 22. g2-g3 马 d8-e6 23. 王 g1-h2 马 e6-g5 24. 后 f3-e3 车 g8-g6 25. a3-a4 b5×a4 26. 车 a1×a4 车 e8-g8

黑车走到 g6 之后就不能走象×f5 了。

27. 车 e1-a1

当黑棋向王翼调动子力的时候，白棋却另辟蹊径，转向后翼进攻。

27... 马 g5-e6 28. 马 f5-h4

此着不如走 28. 象 c4 有力，可以一举打通 a 线。

28... 车 g6-g5 29. 后 e3-f3 后 c7-e7 30. 马 h4-f5 后 e7-f8（图 147）

31. 车 a4×a6 马 e6-c7?

在时间紧张的情况下黑方走出坏棋。但是走 31... 象×a6 也未必好。

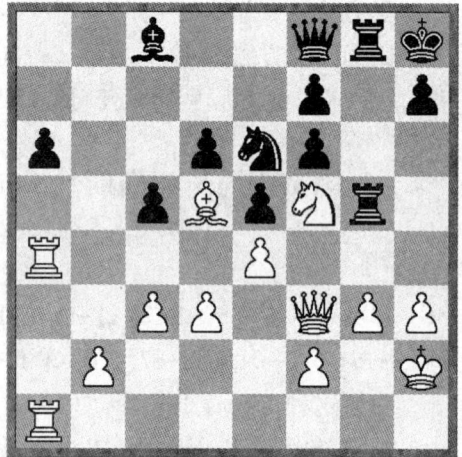

图 147

32. 车×a6 马 c7 33. 马×d6 马×d5（33... 马×a6？ 34. 后×f6+ 车 8g7 35. 马×f7+，白棋胜势）34. e×d5，白棋优势。

32. 马 f5×d6 马 c7×d5

如走 32... 马×a6 33. 后×f6+ 车 5g7 34. 马×f7+ 后×f7 35. 象×f7 车 f8 36. 后×e5，白棋多子多兵，胜势。

33. 马 d6×c8 后 f8×c8 34. e4×d5 车 g5-f5 35. 后 f3-e2 后 c8-d8 36. c3-c4 后 d8-f8 37. 车 a6-a8 后 f8-h6 38. 王 h2-g2 车 f5-h5 39. d5-d6

黑方认输。

这个小兵已经不可阻挡地要升后了。

第 104 局　蒂曼（Timman）——赫克特尔（Hector）

1997 年弈于马尔马　C88　70/331

1. e2-e4　e7-e5　2. 马 g1-f3　马 b8-c6　3. 象 f1-b5　a7-a6　4. 象 b5-a4
马 g8-f6　5. 0-0　象 f8-e7　6. 车 f1-e1　b7-b5　7. 象 a4-b3　象 c8-b7　8. d2-d4

白棋一般都是先冲 c3 再冲 d4，但是黑棋也会在马 a5 之后冲起 c5。总之，
d4 格是双方争夺的要点。

8...马 c6×d4?!（图 148）

开局百科全书认为这是一步正着。

开局刚走了 8 个回合，能有什么棋？
但是像蒂曼这样的超一流棋手，确实具
有超乎寻常的局面感觉。

9. 象 b3×f7+!

没想到还有这样一着棋！以往大家
都是走 9. 马×d4　e×d4，比如：同年，
赫勒尔斯——赫克特尔的对局就是这样
走的。接下去是：10. e5　马 e4　11. 后 g4
象 g5　12. 象 f4　象×f4　13. 后×f4　马 g5
14. 后×d4　马 e6　15. 后 d2　后 h4

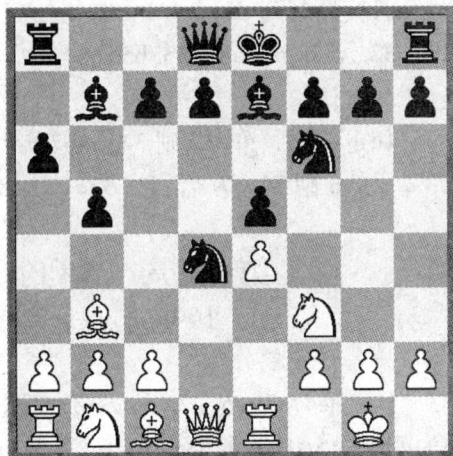

图 148

16. 马 c3　0-0，双方均势。但是蒂曼却在这样一个大家熟悉的局面中走出了新
颖的着法。

9...王 e8-f8!

赫克特尔考虑再三没敢吃象。如走 9...王×f7，则 10. 马×e5+　王 f8
11. 后×d4，白方大优。

10. 象 f7-d5!　马 d4×f3+　**11. 后 d1×f3**　象 b7×d5　**12. e4×d5**　象 e7-d6
13. 象 c1-g5　王 f8-f7　**14. 马 b1-d2**　h7-h6　**15. 象 g5×f6**　后 d8×f6　**16. 后 f3-h3**

对方的王前比较暴露的时候不应兑后，这是一般的原则。

16...后 f6-e7　**17. 马 d2-e4**　车 h8-e8　**18. c2-c3**　王 f7-g8

黑方经过努力避免了失兵，而且终于完成了人工易位，但是黑方王前空虚
必有后患。

19. 后 h3-d3 车 a8-b8　20. b2-b4 后 e7-f7　21. a2-a4 象 d6-f8　22. a4×b5 a6×b5　23. 车 a1-a7 d7-d6　24. 车 e1-a1 车 e8-c8

白方机敏地调动双车攻击黑方弱点——c7 兵。黑方不得不被动防守。

25. h2-h3 王 g8-h8　26. 车 a1-a6

白方先消除了底线弱点，再进车攻击黑 d6 兵，显得有条不紊。黑方很难对付两只深入敌后的白车。

26... 后 f7-d7　27. 车 a6-c6 象 f8-e7

打算调象到 d8 来防守 c7，可惜为时已晚。

28. c3-c4 b5×c4　29. 后 d3×c4 车 b8-b6　30. b4-b5 车 b6×c6　31. d5×c6 后 d7-d8　32. 马 e4-c3

打算调马到 d5。

32... 车 c8-a8　33. b5-b6!

黑方认输。

如走 33... 车×a7 则 34. b×a7 后 a8　35. 后 a6 然后再后 b7，白胜。如走 33... c×b6 则 34. c7 后 c8　35. 车×a8 后×a8　36. c8 升后+，白胜。

第 105 局　盖列尔（E. Geller）——谢军
1993 年弈于维也纳　C88　58/367

1. e2-e4 e7-e5　2. 马 g1-f3 马 b8-c6　3. 象 f1-b5 a7-a6　4. 象 b5-a4 马 g8-f6　5. 0-0 象 f8-e7　6. 车 f1-e1 b7-b5　7. 象 a4-b3 0-0　8. a2-a4 象 c8-b7

同年在比尔区际赛上，斯皮尔曼——斯米斯洛夫走的是：8... b4　9. d3 d6　10. a5 象 e6　11. 马 bd2 象×b3　12. 马×b3 d5，双方均势。

9. d2-d3 d7-d6　10. 马 b1-d2 马 c6-a5　11. 象 b3-a2 c7-c5　12. 马 d2-f1 b5-b4!

这一着比常见的 12... 马 d7 或 12... 象 c8 要好一点。

13. 马 f1-e3 象 b7-c8　14. c2-c3 车 a8-b8　15. 马 f3-d2!?

同年，伊夫科夫——谢军走的是：15. c×b4 车×b4　16. 象 d2 车 b8　17. 象 c3 马 c6　18. 马 d2 象 e6，双方均势。

15... 象 c8-e6　16. 马 e3-d5?! 马 f6×d5　17. e4×d5 象 e6-d7　18. 马 d2-c4 马 a5×c4　19. 象 a2×c4 a6-a5　20. c3×b4 车 b8×b4　21. b2-b3 象 e7-g5

如果走 21... f5　22. f4　象 f6　23. 车 a2，局势难料。

22. 象 c1-d2　车 b4-b8　23. 后 d1-c1　象 g5×d2　24. 后 c1×d2　f7-f5

25. f2-f4　e5×f4　26. 后 d2×f4　后 d8-f6　27. 车 a1-a2

白方打算在开放的 e 线上叠起双车。

27... g7-g5！

黑方能够展开局面的唯一好棋。

28. 后 f4-f2　f5-f4　29. 车 a2-e2　f4-f3　30. 车 e2-e7　车 b8-d8

31. 后 f2×f3　后 f6×f3　32. g2×f3　车 f8×f3

至此，进入黑方占优的残局，这是明显的好象对坏象的残局。

33. 王 g1-g2　车 f3-f7　34. d3-d4　c5×d4　35. 车 e7×f7　王 g8×f7

36. 车 e1-d1

白方双车白占了一条开放线，却一直没有作为，但是，一旦放弃了它却给黑方以可乘之机……

36... 车 d8-e8　37. 车 d1×d4　车 e8-e3

还是这条开放线，白车占着没有作用，黑车占着却大有可为。现在，黑车占开放线是决定性的局面优势。

38. h2-h4??（图 149）

坏棋。现在，白方应该在后翼行动，搞出点威胁来。比如：38. b4!? a×b4 39. 象 b5　象×b5　40. a×b5　b3　41. 车 b4，白方在后翼制造出一个通路兵，很有威胁。如果，在这个变化中黑方走 39... 象 f5　40. 车 f×b4　车 a3　41. 象 c6，黑方也不能不顾忌这只 a 线通路兵。

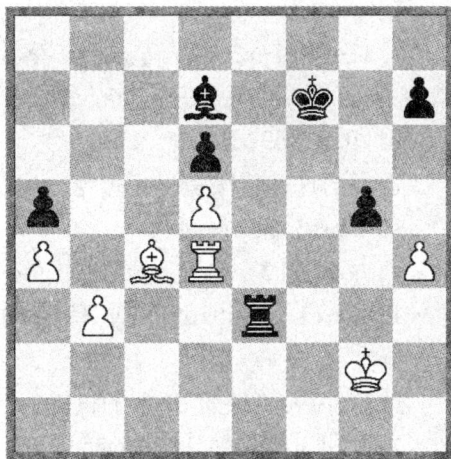

图 149

38... g5-g4！

好棋。从此，这只 h4 兵就成了一只离群的孤雁，而黑方的 g4 兵变成通路兵对白方的威胁也增加了不少。

39. 车 d4-d3　车 e3-e2+　40. 王 g2-g3　车 e2-e1　41. 车 d3-d2　车 e1-e3+　42. 王 g3-g2　象 d7-f5　43. 王 g2-f2?

既然 h4 兵保不住了还是应该走 43. b4！a×b4　44. 车 b2，在后翼制造一个通路兵。

43... 车 e3-h3　44. 王 f2-g1

此时走 44. b4 也不晚，恐怕黑车不大敢吃 h4 兵吧。

44.... 车 h3×h4　45. 象 c4-f1 g4-g3　46. 车 d2-g2 车 h4-g4　47. 象 f1-e2 车 g4-g5　48. 象 e2-f3 h7-h5　49. b3-b4 a5×b4

白方终于冲兵 b4，但是晚了。

50. a4-a5 h5-h4　51. 车 g2-b2?

应该走 51. a6! h3　52. a7，双方冲兵比速度，看谁先升后。

51.... h4-h3　52. a5-a6 g3-g2　53. 象 f3×g2

无可奈何。如果 52. a7，则 h2+，黑方先升后了。

53.... 象 f5-e4

白方认输。

如果白方走 54. a7 象×d5。

第 106 局　阿南德（Anand）——索科洛夫（Sokolov）
1996 年弈于维克安泽　C88　65/335

1. e2-e4 e7-e5　2. 马 g1-f3 马 b8-c6　3. 象 f1-b5 a7-a6　4. 象 b5-a4 马 g8-f6　5. 0-0 象 f8-e7　6. 车 f1-e1 b7-b5　7. 象 a4-b3 0-0　8. a2-a4 b5-b4　9. d2-d3 d7-d6

白方的这种着法是为了避免走成熟悉的局面。

10. a4-a5 象 c1-g4

白方不走 h3，黑象就来牵制，这是常见的着法。

11. 象 c1-e3 d6-d5　12. 马 b1-d2 h7-h6

伏有冲兵 d4 捉死 e3 象的棋。

13. h2-h3 d5-d4　14. h3×g4 d4×e3 15. f2×e3 马 f6×g4　16. 象 b3-d5

走 16. 马 h2 邀兑也很好，这只黑马对白王的威胁很大。

16.... 后 d8-d7　17. 马 d2-c4 象 e7-f6　18. 马 f3-d2 h6-h5 19. 车 e1-f1 车 a8-d8　20. 车 f1-f5 g7-g6（图 150）

21. 后 d1×g4！

图 150

这个叹号是为阿南德的勇气加的。

21... h5×g4

还能不接受弃后吗？比如走 21... 象 g7 22. 后 f3 g×f5 23. 后×h5 马 e7 24. 车 f1 马×d5 25. e×d5 后×d5 26. 车×f5 f6 27. b3，局势不明。

22. 车 f5×f6 马 c6-e7 23. 象 d5×f7+!

现在如黑方走 23... 车×f7，则 24. 马×e5 后 b5 25. 马×f7! 车 f8 26. 车 af1 王 g7，黑方优势。但黑方没这样走。

23... 王 g8-g7? 24. 车 a1-f1 后 d7-b5 25. g2-g3!

很重要的一步棋，以后白车可以经 f2 调往 h 线。

25... 车 d8-d7 26. 车 f1-f2 后 b5-c5?!

黑方竟无好棋可走。如：26... 马 g8？ 27. 车×g6+ 王 h7 28. 车 h2#，白胜。

27. 马 d2-b3 后 c5-a7

如再回后 b5，白有好棋：28. d4! e×d4 29. 马×d4 提后并有马 e6+及车 h2#，杀。所以，黑方只好弃车换马：29... 车×d4 30. e×d4，以后有马 e5-g6等。

28. 马 c4×e5? （图 151）

白马早就想吃 e5 兵，现在机会终于来了，在此阿南德疏忽了黑后 a7 的用意。

图 151

28... 后 a7×e3!

黑棋弃掉 d7 车，换来了后的机动性，这是一个大胆决策，至此看出 27. 后 a7 的用意。索科洛夫赛后指出白方此时有妙手：28. 车×a6! 后×a6 29. 马 c5 后 c6 30. 马 e6+! 后×e6（若 30... 王 h6?? 31. 车 h2#，杀）31. 象×e6，白方并不难走。

29. 马 e5×d7 车 f8-h8!

仅仅三步棋，黑方就摆脱了困难转入反攻。威胁：30... 后 e1+ 31. 王 g2 后 h1#，杀，或 30... 后 e1+ 31. 车 f1 后×g3#，杀。

30. 王 g1-g2 车 h8-h3! 31. 象 f7×g6 马 e7×g6

把象吃掉，免得节外生枝。

32. 王 g2-f1 车 h3-h1+ 33. 王 f1-g2 车 h1-d1

威胁：34... 马 h4+　35. 王 h2 马 f3+　36. 车 6×f3 g×f3，白方双车尽失。

34. 车 f6×g6+

唯一着法。

34... 王 g7×g6　35. 马 d7-e5+ 王 g6-g7　36. 马 e5×g4 后 e3-e1
37. 王 g2-f3 后 e1-h1+　38. 王 f3-f4 车 d1-f1　39. 王 f4-e3 后 h1-g1
40. 王 e3-f3 车 f1×f2+　41. 马 g4×f2 后 g1-b1

现在白棋没有战斗力了，但是阿南德还在坚持。

42. 马 b3-d4 后 b1×b2　43. 马 d4-f5+ 王 g7-f7　44. 马 f5-e3 后 b2-a2
45. d3-d4 后 a2×a5　46. e4-e5 后 a5-a1　47. 王 f3-e4 a6-a5　48. d4-d5 a5-a4

白方认输。

本局黑方面对白方的弃子抢攻，弈得不急不躁，阻止了白方扩大攻势的可能。在双方胶着，难有作为之时大胆弃车将子力走活转入反攻，并且再也没给对方机会，终于取胜。

第 107 局　斯米林（Smirin）——佛罗洛夫（A·Frolov）
1993 年弈于比尔区际赛　C90　58/369

1. e2-e4 e7-e5　2. 马 g1-f3 马 b8-c6　3. 象 f1-b5 a7-a6　4. 象 b5-a4 马 g8-f6　5. 0-0 象 f8-e7　6. 车 f1-e1 b7-b5　7. 象 a4-b3 d7-d6　8. c2-c3 0-0　9. d2-d3

白方这种走法是求变，力求避开双方熟悉的套路。比如：肖特——柳波耶维奇是这样走的：9. a4 b4　10. h3 车 b8　11. a5 象 e6（1993 年弈于摩纳哥）。

9... 马 c6-a5　10. 象 b3-c2 c7-c5　11. 马 b1-d2 马 a5-c6

在同一个比赛中，斯米林——托帕洛夫是这样走的：11... 象 b7　12. 马 f1 车 e8　13. a4 h6　14. 马 g3 象 f8。

12. 马 d2-f1 车 f8-e8　13. h2-h3 象 e7-f8　14. 象 c1-g5 h7-h6
15. 象 g5-h4 象 f8-e7

行棋至此可以看出黑方若之前走 13...h6，让白象到不了 g5 会比现在好一点。

16. 马 f1-e3 马 f6-d7　17. 象 h4-g3 象 e7-f6　18. a2-a4 b5-b4?
走 18... 车 b8 较好。

19. 马 e3-d5 马 d7-b6　20. 马 d5×f6+ 后 d8×f6　21. a4-a5 马 b6-d7

22. 象 g3-h4 g7-g5

王前兵冲得过高，王前有空虚感，不如走 22. 后 g6。

23. 象 h4-g3 马 d7-f8 24. 马 f3-d2 象 c8-e6 25. 象 c2-a4 车 e8-c8 26. d3-d4?!

冲兵稍急，应走 26. 象×c6 车×c6 27. c×b4 c×b4 28. d4!，白方优势。黑方 c6 车不能走车 c3。

26...b4×c3 27. b2×c3 c5×d4 28. 象 a4×c6 车 c8×c6 29. c3×d4 车 c6-c3!

好棋。如走 29...e×d4 30. 象×d6!，黑不敢 30...车×d6，因有 31. e5! 捉双。

30. 后 d1-b1 车 a8-c8 31. 后 b1-b4 象 e6-d7

如走 31...车 d3 32. d5 车 d4 33. 后×d6 车×d2 34. 后×a6 车 cc2 35. 车 f1，白棋优势。a 兵有升后的威胁。

32. 马 d2-f1 e5×d4 33. e4-e5 d6×e5 34. 象 g3×e5 后 f6-c6 35. 后 b4×d4 车 c3-c4 36. 后 d4-b2 马 f8-g6?!

此着有疑问，应走 26...车 c2。

37. 马 f1-e3 车 c4-c5 38. 象 e5-d4 车 c5-b5 39. 后 b2-d2 马 g6-f4 40. 象 d4-b2?

软着。应走 40. 车 ac1。

40...车 c8-b8 41. 车 a1-a2 f7-f6 42. 象 b2-a1 车 b5-b1 43. 车 e1×b1 车 b8×b1+ 44. 王 g1-h2 马 f4×h3?! （图 152）

孤注一掷，黑棋已经很困难了，攻也不行，守也不行。若进攻，走 44... 象×h3 45. 后 d8+ 王 f7 46. 车 c2 后 e6 47. 车 c7+ 王 g6 48. 车 e7 后 c8 49. 车 g7+! 王 h5 50. 象×f6，白方优势。若防守，走 44... 王 g7 45. 车 c2 后 b7（45... 后 e6 46. 车 c7，白方得子）46. 后 d4，黑方无法守住 f6 格。

45. 后 d2-d3!

好棋。双重攻击。既捉 b1 车又有 g6 打将。若走 45. 车 c2? 马×f2! 46. 车×c6 车 h1+ 47. 王 g3 马 e4+ 48. 王 f3 马 d2+，黑方得子胜。

图 152

45... 后 c6-c7+   46. g2-g3 后 c7-c1?!

这叫孤注一掷，白方必须连将杀王，否则有后 g1、后 h1 两个杀，白方无法防守。但其实这着棋应改为 46... 后 b7，攻守兼备。

47. 后 d3-g6+

黑方王前兵冲得太高的毛病，现在成了致命伤。

47... 王 g8-f8   48. 后 g6×f6+ 王 f8-e8   49. 后 f6-h8+ 王 e8-f7
50. 后 h8-g7+ 王 f7-e8   51. 后 g7-g8+ 王 e8-e7   52. 马 e3-f5+ 象 d7×f5
53. 车 a2-e2+ 王 e7-d6   54. 后 g8-f8+ 王 d6-c6   55. 后 f8-f6+ 王 c6-b7

黑方不甘心走 55... 王 b5   56. 后×f5+，让白方连吃带打。

56. 车 e2-e7+ 王 b7-b8

黑王一路躲避黑格，现在无法躲了，若走 56... 王 a8 则有 57. 后×a6+ 王 b8
58. 后 a7+ 王 c8   59. 车 e8#，杀黑王。

57. 象 a1-e5+ 王 b8-c8   58. 后 f6-f8#

只差一步棋黑后就能将杀白王，可是白方没有给黑方这个机会。

第 108 局   卢茨（CH. Lutz）——亚当斯（Adams）
1994 年弈于德国   C90   62/386

1. e2-e4 e7-e5   2. 马 g1-f3 马 b8-c6   3. 象 f1-c4 马 g8-f6

哎，还是西班牙布局吗？怎么走成双马防御了？不要着急，请看：

4. d2-d3 象 f8-e7   5. 0-0 0-0   6. 车 f1-e1 d7-d6   7. c2-c3 马 c6-a5
8. 象 c4-b5 a7-a6   9. 象 b5-a4 b7-b5   10. 象 a4-c2 c7-c5

怎么样？又变成西班牙开局了吧，而且和上一局一模一样。

11. 马 b1-d2 马 f6-d7   12. 马 d2-f1 马 d7-b6   13. 马 f1-e3 象 e7-f6
14. d3-d4

此时，也可以走 14. a4。

14... e5×d4   15. c3×d4 c5×d4   16. 马 f3×d4 车 f8-e8   17. b2-b3 d6-d5

软着。较好的着法是：17... 象 e5   18. 象 b2 后 f6。

18. e4×d5 象 c8-b7   19. 后 d1-d3 g7-g6   20. 象 c1-d2 马 b6×d5
21. 马 e3-g4 车 e8×e1+

尽管在开放线上兑车吃点亏，但还是兑了好一些，不然吃亏更大：21...
象 g7   22. 车×e8+ 后×e8   23. 象×a5 马 f4   24. 后 d2 马 e2+   25. 马×e2
象×a1   26. 马 d4，白方多半子，且双马双象虎视眈眈，黑方子力失调，难以防守。

22. 车 a1×e1　象 f6-g7（图 153）

23. 马 d4-f5！马 a5-c6

不接受弃马正确。如果吃马，立刻
输棋。如 23...g×f5？　24. 后×f5 马 e7
（若 24...f6　25. 马 h6+ 王 f8　26. 后 e6
后 c7　27. 后 g8#，白胜）25. 马 h6+
象×h6　26. 后×h7+ 王 f8　27. 象×h6+
王 e8　28. 象 f5，白胜。

**24. 马 f5×g7 王 g8×g7　25. 象 d2-
h6+ 王 g7-h8　26. 车 e1-d1 马 c6-b4
27. 后 d3-d4+ f7-f6　28. 象 c2-e4**

图 153

白方轻松地化解了黑马强兑 c2 象的企图，而且还伏有 29.a3 要吃马的
一着。

28... 后 d8-e7！

黑方进后妙棋。他看穿了白方的计划，将计就计设下陷阱。白如接走
29. a3？马 c6　30. 后×d5？车 d8！，白方无法避免失子。

29. 马 g4×f6

这一着可以称为转折点。白方自 23. 马 f5 开始的进攻被黑方成功地守住，
白方已找不到攻击点了，遂抓住机会强行兑子，简化局面。

**29... 后 e7×f6　30. 后 d4×f6+ 马 d5×f6　31. 象 e4×b7 车 a8-b8
32. 象 b7-f3 马 b4×a2**

在中心如此开放的局面下，白方双象的优势显而易见。

33. 车 d1-d6 马 f6-g8　34. 象 h6-e3 马 g8-e7

逼着，因白方有 35. 象 d4#。

35. 车 d6×a6 马 a2-b4　36. 车 a6-a7 马 e7-f5　37. 象 e3-g5 车 b8-f8

黑方对 f6 格不大放心，但总是防守就免不了被动挨打，倒不如走 37...
车 c8，与之对攻，说不定能有转机。

38. h2-h3 马 b4-c2　39. 象 f3-d5 马 c2-d4　40. g2-g4 h7-h6！

41. 象 g5-d2

若走 41. g×f5 h×g5　42. f×g6，当然白优，但是黑方有 41... 车×f5！

42. 象×h6 车×d5　43. 象 g7+ 王 g8　44. 象×d4 车×d4。车兵残局很难赢。

41... 车 f8-d8　42. g4×f5 车 d8×d5（图 154）

现在到了对局的关键时刻，黑方有马 f3 的威胁。如白方走 43. 象 c3，则 g×f5。今后白象不兑黑马就形成车象三兵对车马三兵的局面，白方很难取胜；若以象兑马，赚得 b 兵，即：44. 车 b7 王 g8 45. 象×d4 车×d4 46. 车×b5，白方即便能取胜也很艰苦。因此……

43. f5–f6！

走这着棋需要良好的局面感觉和准确的计算能力。

43… 马 d4–f3+

另一着法也不能阻止白兵升后：

43… 马 e2+ 44. 王 f1 车×d2 45. 车 a8+！王 h7 46. f7 马 f4！ 47. 车 h8+！。

44. 王 g1–g2 马 f3×d2 45. 车 a7–a8+！王 h8–h7 46. f6–f7 车 d5–g5+ 47. 王 g2–h1 车 g5–f5

如走 47… 马 f3 48. 车 h8+！，白胜。

48. f7–f8（升后）车 f5×f8 49. 车 a8×f8

至此，白方已成必胜局面，以下只不过是走完过场而已。

49… Kg7 50. Rb8 N×b3 51. Rb7+ Kf6 52. Rb6+ Kf7 53. R×b5 Nd4 54. Rb4 Ne6 55. Kg2 Kf6 56. Kg3 Kf5 57. Rb5+ Kf6 58. Ra5 Ng5 59. Ra6+ Kf5 60. Ra5+ Kf6 61. h4 Ne6 62. h5 g×h5 63. R×h5 Kg6 64. Ra5 Ng7 65. Ra6+ Kg5 66. f4+ Kh5 67. Kf3 Nf5 68. Ke4 1–0

这局棋白方两度弃子，攻杀激烈。黑方将计就计，巧设陷阱，中局搏杀煞是好看。如果你能在第二个图中找到 43. f6 这着棋，说明你已经从战术型棋手向局面型棋手迈进了。

第 109 局　朱迪·波尔加（Ju·Polgar）——叶江川
1996 年弈于埃里温　C90　67/443

1. e2–e4 e7–e5 2. 马 g1–f3 马 b8–c6 3. 象 f1–b5 a7–a6 4. 象 b5–a4 马 g8–f6 5. 0–0 象 f8–e7 6. 车 f1–e1 b7–b5 7. 象 a4–b3 d7–d6 8. c2–c3 0–0 9. d2–d3 马 c6–a5

同年，亚当斯——索科洛夫走的是：9… 马 d7 10. 马 bd2 马 b6

11. 马 f1 a5 12. 马 e3 a4 13. 象 c2 象 f6，双方均势（1996 年弈于纽约）。

10. 象 b3-c2 c7-c5 11. 马 b1-d2 马 a5-c6 12. 马 d2-f1 h7-h6
13. a2-a4 象 c8-e6 14. 马 f1-e3 车 a8-c8!

好棋。若走 14... 后 c7 15. a×b5
a×b5 16. 车 ×a8 车 ×a8 17. 象 b3，
白棋稍好。

15. 后 d1-e2?!

皇后走到 e2 不算好。

15... 车 f8-e8 16. a4×b5 a6×b5
17. c3-c4 b5×c4 18. d3×c4 马 f6-h7
19. 马 e3-d5 象 e7-g5 20. 马 f3×g5
马 h7×g5 21. 象 c1-e3 车 c8-b8
22. h2-h4 马 g5-h7 23. 象 c2-a4
象 e6-d7 24. g2-g3 马 h7-f6
25. 车 a1-d1?（图 155）

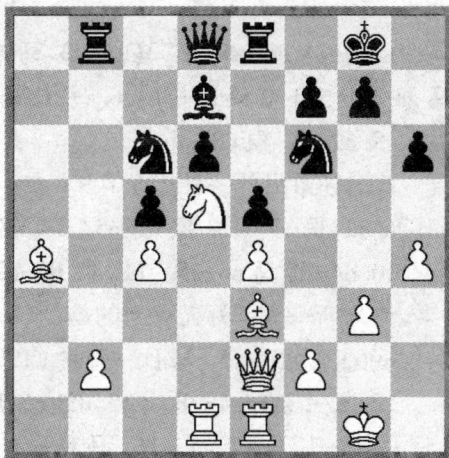

图 155

一步看似平常的棋，却带来了想不到的灾难。假如白后不在 e2（后在 d2），
这步棋也没什么错误。可是现在白方这样的子力配置却给黑棋带来了机会。
白棋这一着应走 25. 象 ×c6 或 25. 象 b5 马 ×d5 26. e×d5 马 d4 27. 象 ×d4
e×d4，黑棋稍好。

25... 马 c6-d4! 26. 象 e3×d4 象 d7×a4 27. 车 d1-a1?

坏棋。第 25 着的坏棋给朱迪·波尔加的心里带来巨大的压力，她已经无
法摆脱失误的阴影，以至于无法进行正常的思考了。其实，现在走 27. 马 ×f6+
还是可以的，经过 27... 后 ×f6 28. 车 a1 e×d4 29. 车 ×a4 车 b3!，尽管仍
是黑棋稍好，但至少白方没有失子。

27... 马 f6×d5 28. 象 d4×c5

无可奈何。还有三种着法，均难逃失子的命运：

一、28 车 ×a4 马 b6；

二、28. e×d5 e×d4；

三、28. c×d5 象 b5。

28... d6×c5 29. e4×d5 车 b8-b4

黑棋净多一象。白方认输。都是 25. 车 d1 惹的祸。

第110局 苏托夫斯斯基（Sutovskij）——加布里尔（Gabriel）
1997年弈于霍姆堡 C91 70/334

1. e2-e4 e7-e5 2. 马 g1-f3 马 b8-c6 3. 象 f1-b5 a7-a6 4. 象 b5-a4 马 g8-f6 5. 0-0 象 f8-e7 6. 车 f1-e1 b7-b5 7. 象 a4-b3 d7-d6 8. c2-c3 0-0 9. d2-d4 象 c8-g4

此时还有另外一种走法：9...e×d4 10. c×d4 象 g4 11. 象 e3 马 a5 12. 象 c2 马 c4 13. 象 c1 c5 14. b3 马 a5 15. d5 马 d7。

10. d4-d5 马 c6-a5 11. 象 b3-c2 c7-c6

亚当斯——伊万丘克走的是：11...后 c8 12. 马 bd2 c6 13. h3 象 d7 14. d×c6 象×c6 15. 马 f1 马 c4（1997年弈于利纳雷斯）。

12. h2-h3 象 g4-c8 13. d5×c6 后 d8-c7 14. 马 b1-d2 后 c7×c6 15. 马 d2-f1 马 a5-c4 16. 马 f1-g3 g7-g6 17. a2-a4 象 c8-b7

如走 17...象 d7，则 18. b3 马 a5 19. 象 d2，白棋稍好。

18. 后 d1-e2

此时一般走 18. b3 马 b6 19. a5 马 bd7 20. 象 d2 d5，双方均势。

18... 车 f8-c8

黑方打算冲兵 b4。

19. a4×b5 a6×b5 20. 车 a1×a8 车 c8×a8 21. 象 c2-d3 象 b7-c8 22. b2-b3 马 c4-a5 23. b3-b4 马 a5-c4

白棋用两步棋把 b 兵冲到 b4，这种走法很有学问。先冲 b3 把黑马赶到 a5，再冲 b4 让黑马再回 c4，现在轮白方走棋；若是一下子冲到 b4 则该黑方走棋，也就是说白方多争到一步棋。你会说：白棋冲兵 b3 时，黑马可以退到 b6。如：22. b3 马 b6，则 23. 象×b5 后×c3 24. 后 e3 后 c7 25. 象 b2，然后车 c1 捉后，白棋优势。所以，黑棋宁愿失一步先，而不愿打开 c 线。

24. 马 f3-d2 象 c8-e6 25. 马 d2×c4 b5×c4 26. 象 d3-b1 d6-d5 27. 象 c1-g5 d5-d4 28. c3×d4 e5×d4 29. 后 e2-f3!

此时若走 29. e5?，黑有 29...d3 好棋，白后没有好去处，黑方通路联兵有威胁。

29... 象 e6-d7?

坏棋。消极防守。应走 29...王 g7!，分析一下局面：黑棋 c、d 两线的通路联兵很有威胁，象在 e6 可随时帮助联兵推进；而白棋对黑方王前黑格的威胁，黑棋能守住。试看几路变化：30. 后 f4 d3 31. 后 h4 后 b7！好棋，这个位置能攻能守。以后是：

一、32. e5 马 g8！ 33. 马 e4 后×b4，黑优。

二、32. 马 f5+ 象×f5 33. e×f5 后×b4，黑优。

三、32. f4 后×b4 33. 车 f1 车 a1 34. e5 马 d5 35. f5 车×b1 36. f6+ 象×f6 37. e×f6+ 王 g8 38. 后 h6 车×f1+ 39. 马×f1 后 f8，黑优。优势表现在通路联兵要升后。

30. b4-b5！ 后 c6-e6

没办法，皇后不能离开第 6 横线。皇后是机动性最强的棋子，让它担当防守任务是国际象棋之大忌。

31. e4-e5 车 a8-e8 32. 后 f3-d1 象 e7-b4

如走 32... 马 h5 33. 象×e7 马×g3 34. 象 d6 马 f5 35. 象×f5 后×f5 36. b6！，白优。优势仍然表现在兵要升后。

33. 后 d1×d4！

好棋。不拘泥于子力的静态价值。如走 33. 象×f6？ 错棋。经 33... 后×f6！ 34. 后×d4（34. e×f6？ 车×e1+ 35. 后×e1 象×e1，黑优）后 e6 35. 车 d1 象×b5 36. 马 e4 象 e7（36... 后×e5？ 37. 马 f6+ 王 f8 38. 马×e8，白优），双方均势。

33... 象 b4×e1 34. 象 g5×f6 象 d7×b5（图 156）

现在，白棋虽然少半子，但 f6 象的威力比车还大。白棋要想办法打开 g 线或者把后走到 h6 格。而黑方则要赶快把黑格象撤回来把 f6 象兑掉。

35. 马 g3-f5！

好棋！看准了黑方不敢开 g 线。进马威胁对方。黑方不敢 35...g×f5？因为 36. 后 f4！，白棋胜势。

35... 象 e1-b4 36. 后 d4-b2

此时走 36. 马 h6+ 王 f8，没什么威胁。37. 后 b2 象 e7！ 38. 后×b5 象×f6 39. e×f6 后 d6！ 40. 后 a5 后×f6，这种残局，谁胜谁负很难预料。

36...g6×f5 37. 后 b2×b4

图 156

黑方没了黑格象，黑格的弱点便无法弥补。g 线又开放了，今后只要白后能转移到 g 线就是必胜局面。从理论上说，这种局面黑方一定要保留黑格象。此时应走 36... 象 f8!?，以下有两种变化：

一、37. 后×b5 g×f5 38. 象×f5 后×f5 39. 后×e8 后 b1+ 40. 王 h2 后 f5 41. 象 e7 后 f4+ 42. 王 g1 后 c1+，长将成和。

二、37. 马 d4 后 d5 38. 后×b5（38. 马×b5？车 b8!）后×b5 39. 马×b5 车 b8 40. 马 c3 车 b3 41. e6 f×e6 42. 象 c2 车 b4 43. 王 f1 象 g7 44. 象×g7 王×g7，这样的局面，胜负难料。

37... 后 e6-d5 38. 后 b4-c3! f5-f4

白后到 g3 就胜了，黑兵守住 g3 格。

39. 后 c3-e1

此时，白方有一步假棋：39. 后 c2？后 d3! 40. 后 c1 后 d4 41. 后 c2（如果白方想在 b1-h7 斜线上形成象在前，皇后在后从白格攻击黑方王翼的阵型，则黑方有妙手：41. 象 f5 车 a8! 42. 后 c2 车 a1+ 43. 王 h2 后 d1，黑棋优势）后 d3 42. 后 b2 后 d1+ 43. 王 h2 象 c6，黑方并不难走。

39... 后 d5-d4?

也许是时间紧张？黑方想阻止白方先挺 f3 再走后 h4 的企图，结果走出坏棋。在这关键时刻应尽快弃车换象，走 39... 车 e6 40. f3 车×f6 41. e×f6 h5!，双方胜负难料。

40. 后 e1-e2 王 g8-f8 41. 后 e2-g4

白后终于到达 g 线，黑方只好认输。以下的着法是 41. 车 a8 象 f5，然后，白后 g7 将杀黑王。

第 111 局 沃特松（W. Watson）——小伍德（P. Littlewood）
1991 年弈于伦敦 C91 53/343

1. e2-e4 e7-e5 2. 马 g1-f3 马 b8-c6 3. 象 f1-b5 a7-a6 4. 象 b5-a4 马 g8-f6 5. 0-0 象 f8-e7 6. 车 f1-e1 b7-b5 7. 象 a4-b3 d7-d6 8. c2-c3 0-0 9. d2-d4

西班牙开局封闭体系通常走 9. h3，但也有走 9. d4 和 9. d3 等变化的。

9... 象 c8-g4

白方走 9. h3 的目的就是防止黑方象 g4 牵制，现在白方走了 9. d4，黑方也就当仁不让了。

10. d4-d5 马 c6-a5　11. 象 b3-c2 c7-c6　12. h2-h3 象 g4-c8

这只象也可退到 h5 格，继续保持牵制。如果白方再冲兵 g4，白方王前显得有点空荡。现在退回 c8 原位，与正常的齐果林变例相比，黑方少走了一步棋，对于那些想避开熟套、寻求变化的棋手来说宁愿如此。因为在封闭性局面中少走一步棋算不了什么，而变化却能给黑棋带来机会。

13. d5×c6 后 d8-c7

对方吃了你的兵，不一定要马上吃回来，青少年棋手特别要注意学习这一点。

14. 马 b1-d2 后 c7×c6　15. a2-a4 象 c8-e6

在同年的另外一场比赛中，沃特松——伊万诺夫，黑方走出了另外一种变化：15... 象 b7　16. 象 d3 马 c4?!　17. 后 b3！（以前常走 17. 后 e2）17... 车 fc8?!　18. 马×c4！b×c4　19. 象×c4 后×c4　20. 后×b7 象 d8　21. 马 d2 后 d3　22. 车 e3 后 c2，很有意思的局面，双方都是单后独闯敌营。23. 后 b3 后×b3　24. 马×b3，白方稍好。

16. 马 f3-g5 象 e6-d7　17. 马 d2-f1 h7-h6　18. 马 g5-f3 车 f8-c8

好像沃特松特别喜欢这一路棋。同年的又一次比赛中他还遇到黑方的其他变化：18... 象 e6　19. 马 g3 车 fc8　20. 马 h4 象 f8　21. 马 hf5 王 h8！22. 马 h5 马 g8，局面不明。

19. 马 f1-e3 象 d7-e6　20. 马 f3-h4 象 e7-f8

注意，白方在这儿设了一个弃兵的陷阱。20... 马×e4?!　21. 象×e4? 后×e4　22. 马 ef5 后 b7，黑棋得一兵。但是白棋可以走 21. 马 ef5！象×h4 22. 象×e4 d5　23. 象×d5 象×d5 24. a×b5 a×b5　25. 马×h4，白棋稍好。

21. 马 h4-f5 g7-g6?（图 157）

坏棋。此时走 21... 马×e4?! 也未必好。经过 22. a×b5 a×b5　23. 后 g4 d5（23... 马 f6?　24. 马×h6+ 王 h8 25. 后 h4，白棋有攻势）24. 马×d5!? 象×d5　25. 象×h6，白棋有攻势。此时走 21... 后 d7 值得注意。

22. 马 e3-g4！马 f6×g4

若走 22... g×f5　23. 马×f6 +，白优。

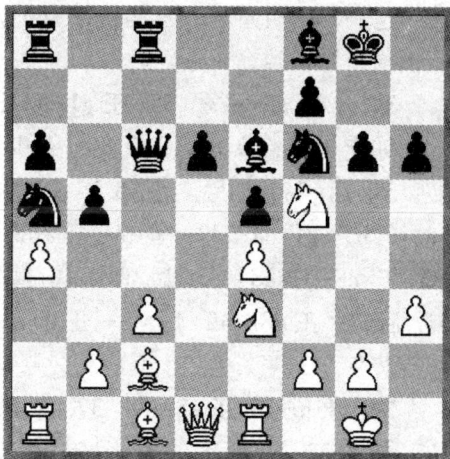

图 157

23. h3×g4 王 g8-h7

如走 23...g×f5　24. g×f5　象 d7　25. 车 e3，白棋有攻势。

24. 车 e1-e3 d6-d5!? 25. 马 f5×h6! d5-d4

如走 25...象×h6　26. e×d5　象×d5　27. 车 h3　象×g2　28. 车×h6+ 王 g7，白棋优势。

26. 车 e3-h3 王 h7-g7 27. 马 h6-f5+ 王 g7-g8 28. 象 c1-g5 f7-f6 29. a4×b5 a6×b5 30. 象 g5×f6 象 e6×f5 31. 车 a1×a5

吃掉 a5 马，白棋的象 b3 就很有威胁。

31... 车 a8×a5

黑棋形势很危险，还有几个着法也不能解救。

一、31...后×f6　32. 车×a8　车×a8　33. e×f5，白棋有象 b3 及吃 g6 兵等威胁。

二、31...象×g4　32. 后×g4　后×f6　33. 象 b3+ 王 g7　34. 车×a8　车×a8　35. 车 f3，白棋胜势。

三、31...象×e4　32. 象 b3+ 象 d5　33. 车×a8　后×a8 [33...车×a8　34. 后 f3! 车 a1+　35. 王 h2 e4　36. 后×e4　后 d6（不能走 36...后×f6，有 37. 后×d5+ 王 g7　35. 后 g8#，白胜）37. 象 e5，白棋胜势] 34. 象×e5，白棋优势。

32. 象 c2-b3+ 象 f5-e6 33. 车 h3-h8+

此时走 33. 后 f3? 不对，黑棋有 33...象 g7!，黑棋优势。

33... 王 g8-f7 34. 后 d1-f3

这局棋很有意思，全局快结束了，白棋才第一次走他的皇后。但就是这一步棋给了黑棋致命一击。

34... 车 a5-a1+ 35. 王 g1-h2 王 f7-e8

如走 35...象×b3?，有 36. 象 d8! 王 e6（若 36...王 e8　37. 后×f8+ 王 d7　38. 后 e7#，白胜。若 36...王 g7　37. 后×f8#，白胜）37. 后 f6+ 王 d7　38. 车 h7+ 王 e8　39. 车 e7+ 王×d8　40. 车 e6+ 王 c7　41. 车×c6+ 王 b7　42. 车×c8 王×c8　43. 后×f8+，白棋胜势。如果 40 回合黑走 40...王 d7　41. 后 f7+ 王 d8　42. 后×f8+ 王 c7　43. 车×c6+ 王×c6　44. 后×c8+，仍是白棋胜势。

36. 象 f6-g5 王 e8-d7 37. 车 h8-h7+ 王 d7-d6

如走 37...王 e8　38. 后 f6，有 39. 车 e7+和 39. 象×e6 双重威胁。

38. 象 b3×e6 车 c8-e8

如走 39... 王×e6，则 40. 后 f6#，白胜。

39. 象 e6-d5　后 c6-c8　40. 后 f3-f6+

这是白棋第二次走皇后。

40... 王 d6-c5?

应走 40... 车 e6，还能再抵抗一阵。41. 象×e6　后×e6　42. 后×f8+　王 c6 43. 后 d8。

41. b2-b4#

最后一步是小兵立大功，将杀黑王。

第九章　西班牙开局变例统计

第一节　大师们喜欢西班牙开局的哪些变例?

通过表 1 至表 3 的统计，我们发现在西班牙开局里，各种变例的对局数相差不多，大师们走各种变例的比例差别不大。但是，在表 1（等级分>2400分，1971 年至 2003 年 11 月）和表 2（等级分>2500 分，1971 年至 2003 年 11 月）中排前几名的都是：扎依采夫变例，柏林防御，现代变例和齐果林变例。而在表 3（等级分>2400 分，2002 年 11 月至 2007 年 12 月）里情况发生了很大的变化。柏林防御竟占了对局总数的 17.1%，现代变例占了 13.4%，兑换变例则猛升至 7.2%，拒马歇尔变例也猛升至 9.8%。齐果林变例仍然维持在9.2%，变化不大。而扎依采夫变例却从 12.6% 猛降至 5.3%，不规则变例（C84-87），开放变例等则略有下降。这说明在这五年里，大师们喜欢走的对局发生了很大的变化。

大师们喜欢柏林防御应该与克拉姆尼克有关。2000 年克拉姆尼克与卡斯帕洛夫大斗柏林防御，卡斯帕洛夫竟然没有占到便宜，使得柏林防御名声大振。现代变例是外国棋手们非常喜欢的一个变例。在前几年的世界大赛中曾见到叶江川大师走过现代变例，战绩还不错。

说起来从 C84 到 C99 都是黑棋第五步棋走 5... 象 e7，如果统计 C84-C99的总和，当然还是走 5... 象 e7 的多。表 1 占总数 50.4%，表 2 占总数54.3%，表 3 占总数 47%。总之，差不多占西班牙开局的一半左右。

封闭体系 C90-99 在表 1 里占 34.7%，在表 2 里占 38.5%，是否可以说明高手喜欢走封闭体系的比较多。它的基本着法是：1. e4 e5　2. Nf3 Nc6　3. Bb5 a6　4. Ba4 Nf6　5. 0-0 Be7　6. Re1 b5　7. Bb3 d6　8. c3 0-0　9. h3.

第二节 寻找白棋胜率高和黑棋胜率高的变例

因为表 3 有>20 回合的选项，即排除了<20 回合的短和棋，所以表 3 的白棋胜率和黑棋胜率都高一点，但是这丝毫不影响胜率之比的准确性。在三张表中一致的是：C79 白棋胜率高。

黑棋胜率高的是兑换变例和马歇尔弃兵变例。这基本符合我们以前学到的国际象棋理论，兑换变例是白棋拿好象兑换黑棋的坏马，总是有点吃亏的感觉。

而马歇尔弃兵变例的黑棋还是很有攻击力的，不然的话为什么有那么多棋手走黑棋的时候喜欢走马歇尔弃兵变例？为什么有那么多棋手走白棋的时候走拒马歇尔弃兵变例 C88 呢？作者花了很多时间去研究马歇尔弃兵变例，感觉黑棋还是很满意的，尤其是学棋 3~5 年的小棋手，拿黑棋的时候走马歇尔弃兵很容易战胜那些对马歇尔弃兵没有深入研究的小棋手。

现代变例 C78 是一个黑棋主动选择的变例，而且黑棋的胜率也还满意。C78 的主变是这样的：1. e4 e5 2. Nf3 Nc6 3. Bb5 a6 4. Ba4 Nf6 5. 0-0 b5 6. Bb3 Bb7 7. Re1 Bc5 8. c3 d6。这个变例在国际赛场上走的人不少，希望能引起国内棋手们的注意。

表 1 西班牙开局，变例统计

等级分>2400， 1971 年至 2003 年 11 月 在西班牙开局里大师们喜欢走哪些变例？

序号	变例	索引号	1-0	白胜率（%）	0-1	黑胜率（%）	和棋	合计	占总数（%）
	西班牙开局	C60-99	4198	28.1	2674	17.9	8070	14942	100
1	扎依采夫变例	C92	416	24.0	222	12.8	1092	1730	11.4
2	柏林防御	C65-67	504	30.6	331	20.1	813	1648	10.9
3	现代变例	C77-78	368	27.9	305	23.1	648	1321	8.7
4	不规则变例	C84-87	340	26.6	259	20.3	678	1277	8.4
5	齐果林变例	C96-99	332	27.3	166	13.6	719	1217	8.0
6	兑换变例	C68-69	247	20.5	215	17.9	742	1204	7.9
7	封闭体系	C90-91	363	32.7	230	20.7	517	1110	7.3
8	各种古老变例	C60-64	373	33.7	215	19.4	518	1106	7.3

续表

序号	变例	索引号	1-0	白胜率（%）	0-1	黑胜率（%）	和棋	合计	占总数（%）
9	开放变例	C80-83	277	28.3	166	16.9	537	980	6.5
10	改进的斯坦尼茨	C70-76	294	33.0	171	19.2	427	892	5.9
11	布雷耶尔变例	C94-95	211	23.7	114	12.8	564	889	5.9
12	拒马歇尔	C88	239	31.7	139	18.4	377	755	5.0
13	马歇尔弃兵	C89	90	25.7	70	20.0	190	350	2.3
14	斯米斯洛夫变例	C93	93	29.8	45	14.4	174	312	2.1
15	不规则变例	C79	51	33.8	26	17.2	74	151	1.0

表 2　西班牙开局，变例统计

等级分>2500，　1971 年至 2003 年 11 月　在西班牙开局里大师们喜欢走哪些变例？

序号	变例	索引号	1-0	白胜率（%）	0-1	黑胜率（%）	和棋	合计	占总数（%）
	西班牙开局	C60-99	1474	26.8	878	15.9	3153	5505	100
1	扎依采夫变例	C92	172	24.8	87	12.5	435	694	12.6
2	柏林防御	C65-67	175	27.3	124	19.3	343	642	11.7
3	现代变例	C77-78	128	25.3	95	18.8	283	506	9.2
4	齐果林变例	C96-99	124	26.8	59	12.8	279	462	8.4
5	开放变例	C80-83	119	27.9	66	15.5	242	427	7.8
6	布雷耶尔变例	C94-95	100	23.8	49	11.7	271	420	7.6
7	封闭体系	C90-91	130	32.1	80	19.8	195	405	7.4
8	兑换变例	C68-69	76	20.2	60	16.0	240	376	6.8
9	不规则变例	C84-87	95	26.0	69	18.9	201	365	6.6
10	拒马歇尔	C88	89	28.1	44	13.9	184	317	5.8
11	改进的斯坦尼茨	C70-76	92	33.1	46	16.5	140	278	5.0
12	各种古老变例	C60-64	80	32.0	37	14.8	133	250	4.5
13	马歇尔弃兵	C89	44	23.8	36	19.5	105	185	3.4
14	斯米斯洛夫变例	C93	39	28.3	22	15.9	77	138	2.5
15	不规则变例	C79	11	27.5	4	10.0	25	40	0.7

表 3　西班牙开局，变例统计

等级分>2400，>20 回，2002 年 11 月至 2007 年 12 月　　在西班牙开局里大师们喜欢走哪些变例?

序号	变例	索引号	1-0	白胜率（%）	0-1	黑胜率（%）	和棋	合计	占总数（%）
	西班牙开局	C60-99	1774	31.4	1151	20.4	2730	5655	100
1	柏林防御	C65-67	300	31.0	202	20.9	466	968	17.1
2	现代变例	C77-78	269	35.4	164	21.6	326	759	13.4
3	拒马歇尔	C88	149	26.8	118	21.3	288	555	9.8
4	齐果林变例	C96-99	176	33.7	101	19.3	245	522	9.2
5	封闭体系	C90-91	130	26.7	115	23.7	241	486	8.6
6	兑换变例	C68-69	114	28.0	85	20.9	208	407	7.2
7	开放变例	C80-83	114	31.8	57	15.9	187	358	6.3
8	不规则变例	C84-87	109	30.8	59	16.7	186	354	6.3
9	扎依采夫变例	C92	76	25.2	67	22.3	158	301	5.3
10	布雷耶尔变例	C94-95	108	36.7	57	19.4	129	294	5.2
11	各种古老变例	C60-64	71	34.8	43	21.1	90	204	3.6
12	改进的斯坦尼茨	C70-76	68	37.4	39	21.4	75	182	3.2
13	马歇尔弃兵	C89	45	26.2	28	16.3	99	172	3.0
14	斯米斯洛夫变例	C93	35	53.0	13	19.7	18	66	1.2
15	不规则变例	C79	10	38.5	3	11.5	13	26	0.5